中国社会科学院创新工程学术出版资助项目

国家社科基金重大特别委托项目
西藏历史与现状综合研究项目

中国社会科学院创新工程学术出版资助项目

国家社科基金重大特别委托项目
西藏历史与现状综合研究项目

西藏那曲牧民定居后
生活能源消费及其保障

杨 涛 著

社会科学文献出版社
SOCIAL SCIENCES ACADEMIC PRESS (CHINA)

西藏历史与现状综合研究项目
编 委 会

总　序

郝时远

　　中国的西藏自治区，是青藏高原的主体部分，是一个自然地理、人文社会极具特色的地区。雪域高原、藏传佛教彰显了这种特色的基本格调。西藏地区平均海拔 4000 米，是人类生活距离太阳最近的地方；藏传佛教集中体现了西藏地域文化的历史特点，宗教典籍中所包含的历史、语言、天文、数理、哲学、医学、建筑、绘画、工艺等知识体系之丰富，超过了任何其他宗教的知识积累，对社会生活的渗透和影响十分广泛。因此，具有国际性的藏学研究离不开西藏地区的历史和现实，中国理所当然是藏学研究的故乡。

　　藏学研究的历史通常被推溯到 17 世纪西方传教士对西藏地区的记载，其实这是一种误解。事实上，从公元 7 世纪藏文的创制，并以藏文追溯世代口传的历史、翻译佛教典籍、记载社会生活的现实，就是藏学研究的开端。同一时代汉文典籍有关吐蕃的历史、政治、经济、文化、社会生活及其与中原王朝互动关系的记录，就是中国藏学研究的本土基础。现代学术研究体系中的藏学，如同汉学、东方学、蒙古学等国际性的学问一样，曾深受西学理论和方法的影响。但是，西学对中国的研究也只能建立在中国历史资料和学术资源基础之上，因为这些历史资料、学术资源中所蕴含的不仅是史实，而且包括了古代记录者、撰著者所依据的资料、分析、解读和观念。因此，中国现代藏学研究的发展，不仅需要参考、借鉴和吸收西学的成就，而且必须立足本土的传统，光大中国藏学研究的中国特色。

作为一门学问，藏学是一个综合性的学术研究领域，"西藏历史与现状综合研究项目"即是立足藏学研究综合性特点的国家社会科学基金重大特别委托项目。自2009年"西藏历史与现状综合研究项目"启动以来，中国社会科学院建立了项目领导小组，组成了专家委员会，制定了《"西藏历史与现状综合研究项目"管理办法》，采取发布年度课题指南和委托的方式，面向全国进行招标申报。几年来，根据年度发布的项目指南，通过专家初审、专家委员会评审的工作机制，逐年批准了一百多项课题，约占申报量的十分之一。这些项目的成果形式主要为学术专著、档案整理、文献翻译、研究报告、学术论文等类型。

承担这些课题的主持人，既包括长期从事藏学研究的知名学者，也包括致力于从事这方面研究的后生晚辈，他们的学科背景十分多样，包括历史学、政治学、经济学、民族学、人类学、宗教学、社会学、法学、语言学、生态学、心理学、医学、教育学、农学、地理学和国际关系研究等诸多学科，分布于全国23个省、自治区、直辖市的各类科学研究机构、高等院校。专家委员会在坚持以选题、论证等质量入选原则的基础上，对西藏自治区、青海、四川、甘肃、云南这些藏族聚居地区的学者和研究机构，给予了一定程度的支持。这些地区的科学研究机构、高等院校大都具有藏学研究的实体、团队，是研究西藏历史与现实的重要力量。

"西藏历史与现状综合研究项目"具有时空跨度大、内容覆盖广的特点。在历史研究方面，以断代、区域、专题为主，其中包括一些历史档案的整理，突出了古代西藏与中原地区的政治、经济和文化交流关系；在宗教研究方面，以藏传佛教的政教合一制度及其影响、寺规戒律与寺庙管理、僧人行止和社会责任为重点，突出了藏传佛教与构建和谐社会的关系；在现实研究方面，则涉及政治、经济、文化、社会和生态环境等诸多领域，突出了跨越式发展和长治久安的主题。

在平均海拔 4000 米的雪域高原，实现现代化的发展，是中国改革开放以来推进经济社会发展的重大难题之一，也是没有国际经验可资借鉴的中国实践，其开创性自不待言。同时，以西藏自治区现代化为主题的经济社会发展，不仅面对地理、气候、环境、经济基础、文化特点、社会结构等特殊性，而且面对境外达赖集团和西方一些所谓"援藏"势力制造的"西藏问题"。因此，这一项目的实施也必然包括针对这方面的研究选题。

所谓"西藏问题"是近代大英帝国侵略中国、图谋将西藏地区纳入其殖民统治而制造的一个历史伪案，流毒甚广。虽然在一个世纪之后，英国官方承认以往对中国西藏的政策是"时代错误"，但是西方国家纵容十四世达赖喇嘛四处游说这种"时代错误"的国际环境并未改变。作为"时代错误"的核心内容，即英国殖民势力图谋独占西藏地区，伪造了一个具有"现代国家"特征的"香格里拉"神话，使旧西藏的"人间天堂"印象在西方社会大行其道，并且作为历史参照物来指责 1959 年西藏地区的民主改革、诋毁新西藏日新月异的现实发展。以致从 17 世纪到 20 世纪上半叶，众多西方人（包括英国人）对旧西藏黑暗、愚昧、肮脏、落后、残酷的大量实地记录，在今天的西方社会舆论中变成讳莫如深的话题，进而造成广泛的"集体失忆"现象。

这种外部环境，始终是十四世达赖喇嘛及其集团势力炒作"西藏问题"和分裂中国的动力。自 20 世纪 80 年代末以来，随着苏联国家裂变的进程，达赖集团在西方势力的支持下展开了持续不断、无孔不入的分裂活动。达赖喇嘛以其政教合一的身份，一方面在国际社会中扮演"非暴力"的"和平使者"，另一方面则挑起中国西藏等地区的社会骚乱、街头暴力等分裂活动。2008年，达赖集团针对中国举办奥运会而组织的大规模破坏活动，在境外形成了抢夺奥运火炬、冲击中国大使馆的恶劣暴行，在境内制造了打、砸、烧、杀的严重罪行，其目的就是要使所谓"西藏问题"弄假成真。而一些西方国家对此视而不见，则大都出于"乐观其成"的"西化""分化"中国的战略意图。其根本原因在于，中国的经济社会发展蒸蒸日上，西藏自治区的现代化进程不断加快，正在彰显中国特色社会主义制度的优越性，而西方世界不能接受中国特色社会主义取得成功，达赖喇嘛不能接受西藏地区彻底铲除政教合一封建农奴制度残存的历史影响。

在美国等西方国家的政治和社会舆论中，有关中国的议题不少，其中所谓"西藏问题"是重点之一。一些西方首脑和政要时不时以会见达赖喇嘛等方式，来表达他们对"西藏问题"的关注，显示其捍卫"人权"的高尚道义。其实，当"西藏问题"成为这些国家政党竞争、舆论炒作的工具性议题后，通过会见达赖喇嘛来向中国施加压力，已经成为西方政治作茧自缚的梦魇。实践证明，只要在事实上固守"时代错误"，所谓"西藏问题"的国际化只能导致搬石砸脚的后果。对中国而言，内因是变化的依据，外因是变化的条件这一哲学原理没有改变，推进"中国特色、西藏特点"现代化建设的时间表是由中国确定的，中国具备抵御任何外部势力破坏国家统一、民族团结、社会稳定的能力。从这个意义上说，本项目的实施不仅关注了国际事务中的涉藏斗争问题，而且尤其重视西藏经济社会跨越式发展和长治久安的议题。

在"西藏历史与现状综合研究项目"的实施进程中，贯彻中央第五次西藏工作座谈会的精神，落实国家和西藏自治区"十二五"规划的发展要求，是课题立项的重要指向。"中国特色、西藏特点"的发展战略，无论在理论上还是在实践中，都是一个现在进行时的过程。如何把西藏地区建设成为中国"重要的国家安全屏障、重要的生态安全屏障、重要的战略资源储备基地、重要的高原特色农产品基地、重要的中华民族特色文化保护地、重要的世界旅游目的地"，不仅需要脚踏实地地践行发展，而且需要科学研究的智力支持。在这方面，本项目设立了一系列相关的研究课题，诸如西藏跨越式发展目标评估，西藏民生改善的目标与政策，西藏基本公共服务及其管理能力，西藏特色经济发展与发展潜力，西藏交通运输业的发展与国内外贸易，西藏小城镇建设与发展，西藏人口较少民族及其跨越式发展等研究方向，分解出诸多的专题性研究课题。

　　注重和鼓励调查研究，是实施"西藏历史与现状综合研究项目"的基本原则。对西藏等地区经济社会发展的研究，涉面甚广，特别是涉及农村、牧区、城镇社区的研究，都需要开展深入的实地调查，课题指南强调实证、课题设计要求具体，也成为这类课题立项的基本条件。在这方面，我们设计了回访性的调查研究项目，即在 20 世纪五六十年代开展的藏区调查基础上，进行经济社会发展变迁的回访性调查，以展现半个多世纪以来这些微观社区的变化。这些现实性的课题，广泛地关注了经济社会的各个领域，其中包括人口、妇女、教育、就业、医疗、社会保障等民生改善问题，宗教信仰、语言文字、传统技艺、风俗习惯等文化传承问题，基础设施、资源开发、农牧业、旅游业、城镇化等经济发展问题，自然保护、退耕还林、退牧还草、生态移民等生态保护问题，等等。我们期望这些陆续付梓的成果，能够从不同侧面反映西藏等地区经济社会发展的面貌，反映藏族人民生活水平不断提高的现实，体现科学研究服务于实践需求的智力支持。

　　如前所述，藏学研究是中国学术领域的重要组成部分，也是中华民族伟大复兴在学术事业方面的重要支点之一。"西藏历史与现状综合研究项目"的实施涉及的学科众多，它虽然以西藏等藏族聚居地区为主要研究对象，但是从学科视野方面进一步扩展了藏学研究的空间，也扩大了从事藏学研究的学术力量。但是，这一项目的实施及其推出的学术成果，只是当代中国藏学研究发展的一个加油站，它在一定程度上反映了中国藏学研究综合发展的态势，进一步加强了藏学研究服务于"中国特色、西藏特点"

的发展要求。但是，我们也必须看到，在全面建成小康社会和全面深化改革的进程中，西藏实现跨越式发展和长治久安，无论是理论预期还是实际过程，都面对着诸多具有长期性、复杂性、艰巨性特点的现实问题，其中包括来自国际层面和境外达赖集团的干扰。继续深化这些问题的研究，可谓任重道远。

在"西藏历史与现状综合研究项目"进入结项和出版阶段之际，我代表"西藏历史与现状综合研究项目"专家委员会，对全国哲学社会科学规划办公室、中国社会科学院及其项目领导小组几年来给予的关心、支持和指导致以崇高的敬意！对"西藏历史与现状综合研究项目"办公室在组织实施、协调联络、监督检查、鉴定验收等方面付出的努力表示衷心的感谢！同时，承担"西藏历史与现状综合研究项目"成果出版事务的社会科学文献出版社，在课题鉴定环节即介入了这项工作，为这套研究成果的出版付出了令人感佩的努力，向他们表示诚挚的谢意！

2013 年 12 月北京

前　言

2006 年，西藏自治区开始实施安居工程，大力提高游牧民定居点建设和城镇化水平。到 2013 年年底，西藏安居工程已实施完成 46.03 万户，约占整个自治区农牧民户数的 90%。

游牧民定居、安居工程以及城镇化水平的提高，不仅带来了生产方式的改变，也带来了生活用能需求的改变。而能源作为人类生存和发展的重要物质基础，攸关国计民生和国家生态安全，是一项重要的基本公共服务。

对于西藏那曲这样一个地区，电网基础设施建设滞后，广大农牧民生活能源仍以牛羊粪为主，整体上处于能源贫困状态。因此，研究这类地区牧民定居前后生活能源消费的新变化、新需求、新问题，并采取必要措施以保障能源需求的满足，将有益于那曲地区民生改善和生态安全。

本书将“定居”理解为一种居住行为，而不仅仅是一个时间节点，重点研究定居行为对生活能源消费的影响，以及伴生出来的生活能源消费问题和应对措施。为完成这些研究，本书从五个方面进行了专门研究。

第一，立足于西藏那曲地区城镇化水平低和电力消费水平低的基本区情，从定居和能源贫困两个方面来进行文献综述，归纳总结了牧民定居的动力、过程、模式以及影响；总结归纳了能源贫困的度量标准、形成原因和缓解措施。

第二，从理论上剖析牧民定居对生活能源消费的影响机制，为那曲地区农牧民生活能源消费实证研究提供理论指导。牧民定居对生活能源消费影响机制的研究分析涉及作用手段、传递路径、演进阶段等主要议题。

第三，以那曲地区为案例，分析牧区定居的机制和特征。牧区与农区具有不同的产业结构、居住分散程度，因此出现定居机制上的不同特征，

1

尤其是定居过程、定居动力和定居模式。

第四，以那曲地区4个村庄的调研问卷为基本材料，研究那曲地区牧民在特定的定居模式下，定居行为对农牧民生活能源消费产生的影响。这种影响涉及生活能源消费的数量变化、结构变化，以及4个村庄的差异。

第五，从规范研究角度，优化那曲牧民未来生活能源消费升级的目标和实现战略。生活能源消费优化目标的选择既要符合历史趋势，又要立足那曲区情。因此本部分分析涉及生活能源消费升级的国内外经验启示、那曲牧民生活能源消费升级面临的各类问题约束、升级的目标选择、实现战略和保障机制等议题。

通过对上述五个方面的分析，我们得出如下六个结论。

第一，通过对国内外文献的综述发现，单独分析牧民定居、单独分析牧民生活能源消费的文献较多，而专门分析定居对生活能源消费影响的文献却较少，基本处于空白状态。

第二，通过分析定居对生活能源消费的影响，表明定居借助于空间位移和住房更新两个手段，通过定居所带来的就业与收入增长、能源基础设施接近和能源偏好提升三种传递路径，实现对农牧民生活能源消费的影响。在此影响下，农牧民人均生活能源消费呈现 U 形变化。

第三，西藏那曲地区牧民的定居呈现自己的特点。定居过程主要体现为城镇化和村落化两种模式，城镇化定居模式的主要动力是城乡收入差距和城乡基本公共服务差距；而村落化模式的主要动力则是草场资源退化、草场资源确权的不断深化、安居工程的实施。整体来讲，那曲定居水平仍处于城镇化初期阶段，增长速度缓慢、东中西各县差异显著、定居动力的外部依赖性大。

第四，通过建立农牧民生活能源消费变化的评价指标体系，结合那曲地区4个村庄的田野调查和问卷访谈数据，研究发现：生活能源消费变化评价指标应当包括生活能源消费数量和结构变化两个方面，生活能源消费须从能源能量、能源支出、能源时间三个维度来度量。4个村庄定居方式的差异，再加上虫草资源禀赋的不同，使得4个村庄农牧民收入水平、接近电力网络程度、煤气和柴油运输成本都出现不同；正是这些不同使得牧民的生活能源消费数量和结构变化也出现了差异。

第五，那曲地区4个村庄生活能源消费的调研表明，定居后农牧民生活能源消费面临着公平问题、结构问题、效率问题和环境问题。公平问题体现在那曲地区 11 个县之间生活能源设施分布得不均衡尤其是电力和液化气销售网络，以及生活能源设施在分配过程中的不公平。结构问题体现在生活能源中对牛粪依赖程度高、能源贫困深、能源发展指数低。效率问题体现在用能工具的低效率、能源生成的低效率和设施维护的低效率。环境问题体现在室内空气污染、燃料与肥料间的冲突。而要实现那曲地区农牧民生活能源消费的升级，却又面临着气候寒冷、收入水平低、能源资源少、运输条件差、人口密度低、文化水平低、城镇动力弱等 7 个主要约束。

第六，通过总结国内外农村生活能源消费升级的经验，提出那曲地区农牧民生活能源消费升级的目标：在社会目标、环境目标和经济目标权重有别的约束下，推进电网向农牧区的建设与延伸，推进煤气（液化气）销售网络向县乡的延伸，提高太阳能的应用范围和使用效率，提高牛粪用能工具的效率，加强对农牧民用能观念的引导和技术服务，逐步实现农牧民生活能源结构向清洁化、优质化和电气化转变，形成一条符合牧区实际的牛粪资源替代与互补共存的生活能源消费升级模式，消除能源贫困。为实现上述目标，需要采取定居模式差异化战略、农牧民收入增长战略、电力供给可靠性战略、煤气销售乡村化战略、可再生能源高效化战略、能源项目示范引导战略。与此同时，需要明晰政府与市场分工、完善支持政策和加强能源组织力量等保障机制。

在本书写作的同时，我们发表了阶段性成果并呈交给相关决策部门。先后发表的 3 篇学术论文：《西藏农牧民生活电力消费及保障研究》（《中国藏学》2013 年第 3 期），《城乡家庭直接能源消费和 CO_2 排放变化的分析与比较》（《资源科学》2013 年第 1 期），《产业结构演进对能源消费的影响机理分析》（《中国环境科学学会学术年会论文集》，2013 年第 3 卷）。同时，还向西藏自治区和中国藏学研究中心提交了 2 篇调研报告：《西藏农牧民生活能源消费及保障调研报告》（2013 年提交给西藏自治区办公厅），《西藏半农半牧区农牧民生活电力消费及保障调查研究》（2012 年提交给中国藏学研究中心学术委员会）。

由于课题研究的时间紧和笔者自身学术水平的限制，书中仍有一些没有来得及深入研究的议题和不完善之处。但是本书作为国内从定居角度来研究生活能源消费的专著，希望能为读者提供或多或少的启示。

目　录

第一章　绪论

第一节　研究问题的提出

一　研究背景

（一）西藏农牧民定居潜在需求大

西藏自治区地处青藏高原，由于自然条件和历史因素的作用，形成了人口密度显著低于全国和全球的特点。2013 年，西藏自治区每平方公里人口仅为 2.5 人，不及同期全国平均水平的 2%、世界平均水平的 6%，如图 1 - 1 所示。

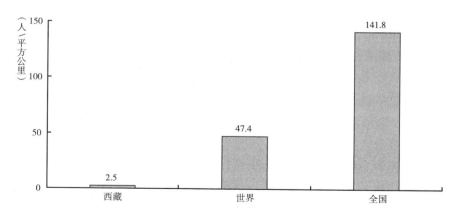

图 1 - 1　西藏自治区人口密度与全国及世界的比较（2013）

注：西藏自治区和全国人口密度根据 2013 年的《国民经济和社会发展公报》人口数据计算得出，世界人口数据来源于 2013 年美国人口调查局的估计。

西藏自治区不仅人口密度低，而且绝大多数人口分散于广大的农牧区，城镇化水平比较低。2013 年，西藏自治区城镇化水平仅为 23.71%，远低于同期北上广等省市，也低于全国平均水平 53.7%，甚至与同处青藏高原的青海（48.5%）也有较大差距。

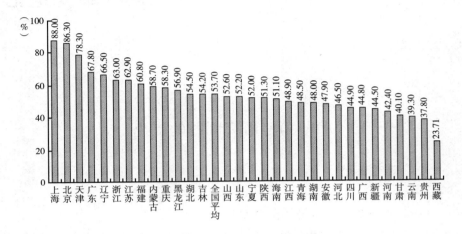

图 1 - 2　西藏自治区城镇化率与全国比较（2013）

因此，西藏自治区长期以来面临快速提高城镇化水平的巨大压力和需求。与此压力相回应，2006 年，西藏自治区开始实施安居工程，大力提高游牧民定居点建设和城镇化水平。到 2013 年年底，西藏自治区安居工程已实施完成 46.03 万户①，约占整个自治区农牧民户数的 90%。

（二）能源日益成为基本公共服务

2010 年，治理西藏的重要会议——中央第五次西藏工作座谈会在北京召开。会议指出，到 2015 年基本公共服务能力显著提高，生态环境进一步改善；到 2020 年基本公共服务能力接近全国平均水平，生态安全屏障建设取得明显成效。可见，公共服务及其均等化被提到了前所未有的高度。

能源作为人类生存和发展的重要物质基础，攸关国计民生和国家生态安全，并构成了基本公共服务的一项重要内容。

2012 年，国务院通过的《能源发展"十二五"规划》，明确将"实施

① 《西藏安居工程"收官"230 万农牧民圆了"新房梦"》，http：//news. xinhuanet. com/local/2014 - 01/10/c_ 118919080. htm。

能源民生工程，推进城乡能源基本公共服务均等化"作为"十二五"的七大目标之一。规划要求完善农村能源基础服务体系、大力发展农村可再生能源、加快农村电网建设、加强边疆偏远地区能源建设以及提高居民天然气供给普及率①。

在国家层面不断强调"能源是基本公共服务"的背景下，西藏自治区也于 2010 年在《西藏自治区"十二五"时期综合能源发展规划》中，强调了能源作为一项普遍服务的重要性。规划要求要在突出能源保障重点的同时，统筹城乡和区域能源协调发展，加强城乡用能基础设施和能源供应普遍服务体系建设，大力推进能源基本公共服务均等化，逐步缩小和消除能源供应的城乡差距、区域差距，提高能源普遍服务水平②。

因此，无论是国家层面还是西藏自治区层面，能源已成为广大农牧民日益需要的一项基本公共服务。

二 提出问题

城镇化水平的提高和游牧民定居与安居工程，不仅带来了生产方式的改变，也带来了生活用能需求的改变。国内外既有研究表明，城市化会带来生活能源需求在品质上的提升，尤其是商品能源需求增加、清洁能源需求增加，对能源获取与使用的便利性提出更高需求③。

因此，西藏自治区城镇化水平的提升和定居活动的增加，必然会引致居民对生活能源消费产生与定居相对应的新需求。随着农牧民收入水平的持续增长（如图 1-3 所示），他们对商品能源和清洁能源的购买力也会不断增长。

2001 年以来，在自我发展能力增强、中央支持及对口援助增长的共同推动下，西藏自治区农牧民收入不断增长。人均纯收入从 2001 年的 1404 元，快速增长到 2013 年的 6578 元，增长了 3.68 倍、年均增长率达到 13.7%的水平。

---

① 《能源发展"十二五"规划》，http://www.gov.cn/zwgk/2013 - 01/23/content_2318554.htm。
② 《西藏自治区"十二五"时期综合能源发展规划》，http://www.xdrc.gov.cn/Type.khtml?typeid = 79&BigClassID = 270&smallclassid = 11。
③ 李艳梅：《中国城市化进程中的能源需求及保障研究》，北京交通大学，2004。

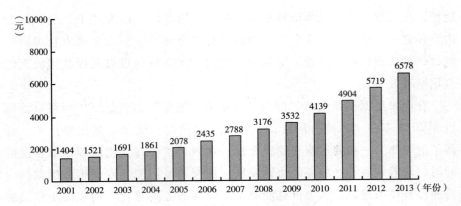

图 1－3　西藏农牧民人均纯收入增长趋势（2001～2013）

数据来源：《西藏统计年鉴》相关年份。

但是农牧民生活能源购买需求能否被满足，能源需求能否最终成为能源消费，还要受能源供给领域的制约。事实上，在西藏农牧民收入持续增长的同时，能源供给尤其作为主要清洁能源形式的电力供给却很有限，从而导致人均电力消费数量较少。

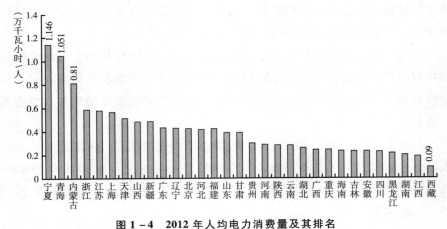

图 1－4　2012 年人均电力消费量及其排名

数据来源：根据《中国统计年鉴 2013》中分地区电力能量与将来人口之比计算得出。

以 2012 年为例，西藏自治区人均电力消费量仅为 0.09 万千瓦小时，排名最后，远低于全国平均水平，更是低于同样拥有大量牧区的青海

（1.051 万千瓦小时）和内蒙古（0.81 万千瓦小时）。

相应的，西藏自治区农牧民生活能源则严重依赖于传统生活能源尤其是牛粪、薪柴，如图 1 - 5 所示。

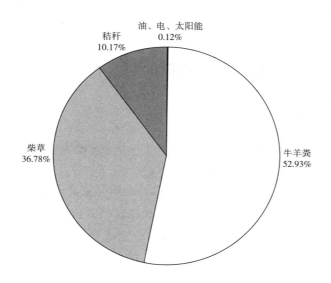

图 1 - 5　西藏农牧民生活能源消费构成（2006）

数据来源：《西藏自治区薪柴规划能源发展规划》。

2006 年，西藏自治区农牧民生活能源消费构成中，传统生活能源（牛羊粪、柴草和秸秆）占据了生活能源的 99.88%。

在国际上，对于无法获取电力，而不得不以传统薪柴畜粪为主要生活能源的情形被称为能源贫困（energy poverty）。如果以此定义来衡量西藏自治区当前农牧民生活能源状况，那么我们可以初步判断西藏自治区目前处于能源贫困的状态，电力消费不到居民生活用能的 1%。

因此，在能源日益成为西藏农牧民基本公共服务和定居水平不断提高的背景下，定居对农牧民生活能源消费有何影响？如何保证农牧民定居后生活能源消费的新需求？成为值得各界深入研究和关注的议题。

从学术上讲，我们可以提炼出这样的科学问题：定居对农牧民生活能源消费的影响机制，这是一个理论和实证研究。从政策上讲，可以提炼出这样的现实问题：定居后农牧民生活能源消费的保障政策，这是一个规范研究。

本课题正是在剖析定居对农牧民生活能源消费影响机制的基础上，进而提出具有科学依据、符合西藏牧区现实情况的对策，以此促进西藏牧区在能源领域的民生改善。

第二节　选题的研究价值

一　理论意义

理论研究的主要目的是剖析定居对生活能源消费的影响机制，为此利用国内外文献库进行了相关资料的检索。

中文文献库选择了中国知网（CNKI）的期刊论文、硕士学位论文、博士学位论文，图书资料则选择了当当网和卓越网；检索年限为 2000 ~ 2014 年（6 月）。检索方式为题名检索，题名分别选择了"定居 + 能源""定居 + 电力""城镇化 + 能源""城市化 + 能源""城镇化 + 电力""城市化 + 电力"，检索结果如表 1 – 1 所示。

表 1 – 1　定居与生活能源相关文献检索结果

检索词		期刊论文	论文		图书
			硕士学位论文	博士学位论文	当当网、卓越网
定居 + 生活能源		0	0	0	0
放松路径一	城镇化 + 生活能源	0	1	0	0
	城市化 + 生活能源	0	0	0	0
放松路径二	定居 + 能源	0	0	0	0
放松路径三	城镇化 + 能源	41	2	0	0
	城市化 + 能源	74	9	3	0

从文献检索结果来看，直接以"定居 + 生活能源"为题名的研究文献，仍没有发现；因此有必要放宽检索条件。

放松路径一：将定居放松到城镇化或城市化，另一检索词仍为生活能源。检索发现相关文献增加不多，期刊论文增加 0 篇、硕士学位论文增加到 1 篇、博士学位论文增加到 0 篇。放松路径二：将生活能源放松到能源，另一检索词仍为定居；检索发现相关文献并没有增加，仍为 0 篇。放松路径三：同时放松两个检索词，将定居放松到城镇化或城市化，并将生活能源放松为能源。检索发现相关文献明显增多，期刊论文增加到 115 篇、硕士学位论文增加到了 11 篇、博士学位论文增加到 3 篇。

因此，从放松路径变化所导致的相关文献增量多少来看，从生活能源变化到能源并没有带来相关文献的显著增加，而从定居放松到城镇化或城市化则会带来相关文献的显著增加。这显示，从城镇化或城市化背景下研究定居对生活能源消费所带来的影响，将是适宜的选择。

二 现实意义

现实意义对应着研究的政策目标，2010 年召开的第五次西藏工作座谈会，明确提出民生改善是一切工作的出发点和落脚点，并要求实现基本公共服务的均等化。能源服务作为基本公共服务的重要内容之一，事关广大农牧民的生活改善。

对于西藏那曲这样一个地区，电网基础设施建设更为滞后，广大农牧民生活能源仍以牛羊粪为主，整体上处于能源贫困状态。因此，研究这类地区牧民定居后生活能源消费的新变化、新需求、新问题，并采取必要措施以保障对这些能源需求的满足，将有益于西藏那曲地区民生改善、生态安全、全面小康社会的实现。

因此，能源如同住房一样，如果举措得当，同样会产生如同安居工程的政策效果，成为西藏那曲地区促进民生改善的又一重大民生工程。

第三节　概念和研究范围界定

一　相关概念界定

概念的界定有益于研究问题的集中，减少不必要的争议。与本研究相关的主要概念涉及如下用语。

（一）定居、城镇化

定居指在某个固定的地方居住下来。《诗·小雅·采薇》较早提及定居的界定："戎车既驾，四牡业业。岂敢定居？一月三捷！"①

城镇化又称城市化，是指人口向城镇聚集、城镇规模扩大以及由此引起一系列经济社会变化的过程，其实质是经济结构、社会结构和空间结构的变迁。从经济结构变迁看，是农业活动逐步向非农业活动转化和产业结构升级的过程；从社会结构变迁看，是农村人口逐步转变为城镇人口以及城镇文化、生活方式和价值观念向农村扩散的过程；从空间结构变迁看，是各种生产要素和产业活动向城镇地区聚集以及聚集后的再分散过程②。国内研究中有时也会区别理解城镇化和城市化，认为城镇化更容易避免只提大中城市而忽视小城市和镇的倾向。在本研究中，我们不区分城镇化和城市化，都理解为既包括市又包括镇。

定居与城镇化间既有区别又有联系。定居是使人从游牧或流动状态固定地居住于某一空间。如果这种流动是从农牧区固定到城镇，那么这种定居归属于城镇化类型。如果这种流动是在农牧区内部，而不是固定到某一城镇，那么这种定居不属于城镇化。因此城镇化强调的是人从农村或牧区流动到城镇，并固定下来。

（二）能源、生活能源

《大英百科全书》指出：能源是一个包括所有燃料、流水、阳光和风的术语，人类用适当的转换手段便可让它为自己提供所需的能量。中国《能源百科全书》指出：能源是可以直接或经转换提供人类所需的光、热、动力等任一形式能量的载能体资源。可见，能源是一种呈多种形式的，且可以相互转换的能量的源泉，为人类提供某种形式能量的物质资源③。能源按照不同分类方式可以区分成许多情形，经常使用的一种分类结果，如表1－2所示④。

按照产生过程可以分成一次能源和二次能源，按照是否能再生则分成可再生能源和不可再生能源。一次能源中又可以按照是否常规分成常规能源和非常规能源，按照是否需要支付货币购买，分成商品能源和非商品能源。

① http：//baike. baidu. com/view/1545870. htm? fr = aladdin.

② 维基百科 http：//zh. wikipedia. org/wiki/% E5% 9F% 8E% E5% B8% 82% E5% 8C% 96。

③ 百度百科 http：//baike. baidu. com/subview/21312/6882405. htm? fr = aladdin.

④ 邱大雄：《能源规划与系统分析》，清华大学出版社，1995，第6～8页。

表 1-2　能源分类

			可再生能源	不可再生能源
一次能源	常规能源	商品能源	水力(大型) 核能(增殖堆)	化石燃料(煤、油、天然气)、核能
		非商品能源	地热 生物质能(薪柴、秸秆、粪便等) 太阳能(自然干燥等) 水力(水车等) 风力(风车、风帆等) 畜力	
二次能源	非常规能源	新能源	生物质能(燃料作物制沼气、酒精等) 太阳能(收集器、光电池) 水力(小水电) 风力(风力机等) 海洋能 地热	
	电力、煤炭、沼气、汽油、柴油、煤油、重油等油制品、蒸汽、热水、压缩空气、氢能等			

以上分类都是从供给或生产角度来进行的，如果按照使用能源所要服务的目的，则可以分成生活能源与生产能源两大类[1]。生活能源则是指满足生活需求的能源。生活能源可以包括能源的多种形式，例如太阳能、电能；也可以是一次能源和二次能源；也可以是商品能源和非商品能源。只要是为了满足生活需要的能源，都可以称之为生活能源。

（三）消费、需求

经济学上，需求指消费者具有货币支付能力的实际需要。它包括两个方面的含义：一是消费者的实际需要，二是消费者愿意支付并有能力支付。因此，需求是不同于需要的用语，它强调既有需要，而且还要有货币支付能力。

消费则是需求与供给共同作用、实现供需均衡时的结果，尤其是强调均衡数量和结构。尽管许多研究对需求与消费混同使用，但是由于本研究应用性要求强，如果使用"生活能源需求及其保障"则容易与生活能源"需要"相混淆；再加上本研究强调目前农牧民能源消费的现实状况，因此本研究采用了"消费"一词，以突出供需均衡的结果。

---

[1]　李艳梅：《中国城市化进程中的能源需求及保障研究》，北京交通大学，2007。

二 研究范围界定

（一）研究的空间范围界定

按照农业生产中种植业与牧业之间的比例关系，可以将区域分成农业区、牧业区、半农半牧区。农业区的居民早已形成了定居的生产生活方式，而牧业区则存在游牧、冬夏放牧等形式。

西藏与内地不同，没有纯粹的农区，几乎每个农牧民家庭中都有或多或少的牲畜；反过来，则存在许多牧区是纯牧区，没有种植业，尤其是那曲地区。因此，对于牧民定居来讲，那曲地区更具有典型性，其定居活动对其生产生活产生的影响也更为显著。

有鉴于此，本项目的研究空间立足于那曲地区。同时考虑到数据的可得性，有时会分析整个西藏牧区的情形。为了比较研究，也会分析部分农区地区、其他牧区。但是研究的主要数据和案例则是立足于西藏那曲地区。

（二）研究的内容范围界定

对"定居后生活能源消费及其保障研究"的研究内容可以存在两种理解：一是将"定居后"作为一个单纯的时间节点，只研究定居后生活能源消费及其保障；二是将"定居后"不仅仅理解为一个时间节点，而且还理解为一种居住行为或定居活动。

本研究采用了第二种理解，主要是鉴于以下考虑：首先，西藏自治区包括那曲地区城镇化水平不到30%，处于较低水平，定居行为还没有在整个区域全部完成，因此定居过程还在进行中。其次，要理解定居后牧民生活能源消费现状与问题的形成原因，就必须要对定居对生活能源消费的影响机制有深入的了解，进而才能提出有针对性的对策。所以本课题的研究内容不仅重视定居后生活能源消费的现状和问题，还要重视定居行为对生活能源消费的影响机制；两者互为补充、同样重要，不可缺少。

第四节 研究思路与内容

一 技术路线

根据课题研究目的，技术路线设计如图1-6所示。

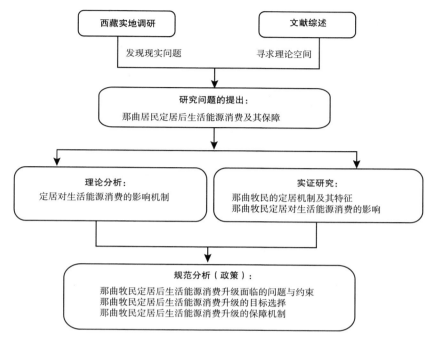

图 1-6 研究的技术路线

在实地调研和文献综述的基础上，提出研究所要解决的问题，针对这些问题再按照"理论分析—实证研究—规范分析"的技术路径进行深入分析。

西藏项目是应用性较强的科研项目，因此本研究不同于纯学术研究中所采用的"假说—实证—理论提升"的技术路径；而是以理论分析为基础，实证分析那曲地区的实际问题，最后以理论分析和实证结果为共同指导，提出有针对性的规范性政策建议。

二 研究内容

为完成对西藏那曲牧民定居后生活能源消费及其保障的研究，按照图 1-6 所确定的研究技术路线，确定了本项目的如下主要研究内容。

第一，立足西藏那曲地区城镇化水平低和电力消费水平低的基本区情，从定居和能源贫困两个方面来进行文献综述。归纳总结牧民定居的动力、过程、模式以及伴生影响，总结归纳能源贫困的度量标准、形成原因、缓解措施。

第二,从理论上剖析牧民定居对生活能源消费的影响机制,为那曲地区的实证研究提供理论支撑和引导。牧民定居对生活能源消费影响机制的分析涉及作用手段、传递路径、演进阶段等主要议题。

第三,以那曲地区为案例,研究牧区定居机制及其特征。牧区与农区具有不同的产业结构、居住分散程度,因此会出现定居机制上的不同特征。本部分涉及那曲地区定居过程、定居动力和定居特征的研究。

第四,以那曲地区4个村庄的调查问卷为基本材料,研究那曲牧民特定的定居机制下,定居对生活能源产生的影响。这种影响涉及生活能源消费的数量及结构变化的评价指标建立、数量与结构变化的描述、4个村庄的变化差异。

第五,从规范分析的角度,优化那曲地区未来生活能源消费升级的目标。生活能源消费优化目标的选择既要符合历史趋势,也要立足那曲的区情。因此规范分析会涉及生活能源消费升级的国内外经验启示、那曲牧民生活能源消费升级面临的各类问题与约束、升级的目标选择、实现战略和保障机制等议题。

第五节　研究方法与数据

一　研究方法

针对不同的研究内容采取了相应的研究方法,具体如下:

首先,理论推演分析。应用能源经济学的基本理论和既有研究成果展开了两方面的理论推演:(1)对生活能源消费函数理论进行了梳理;(2)引入定居因素,构建定居对生活能源消费的影响模型。

其次,田野调查分析。西藏能源数据非常缺乏,生活能源消费数据更是如此。西藏是全国唯一没有公开制定和公布地区能源平衡表的区域,即使是专业的能源统计资料《中国能源统计年鉴》、《中国农村能源统计年鉴》以及综合性农村抽样资料《中国农村调查年鉴》都较少涉及生活能源消费数据。因此,在借鉴公开数据的同时,只能通过深入农牧区进行田野调查、调查问卷、深度访谈等方式,获得第一手数据。

最后，时空比较分析。要对那曲地区牧民定居后生活能源消费进行研究，比较分析方法必不可少。（1）空间比较，仅在那曲地区本身范围内进行归纳总结不足以得到对那曲整体情况的深入了解，因此在研究中，运用比较分析法，对那曲与整个西藏平均水平、西藏其他牧区和农区进行了必要的空间比较；（2）为反映定居对生活能源消费变化的影响，进行了定居前与定居后的跨时间比较。从而，希望通过时间和空间两个方面的比较，呈现出定居对生活能源消费的影响全貌。

二　数据来源

本研究的相关数据主要来源，如表 1 - 3 所示。

表 1 - 3　主要数据来源及类型

数据类型		名称
统计资料	综合性	西藏统计年鉴 中国统计年鉴 那曲统计年鉴 中国农村住户调查年鉴 中国农村统计年鉴
	专业性	中国能源统计 中国农村能源统计
抽样问卷		那曲巴青县 那曲班戈县 那曲聂荣县 那曲那曲县 拉萨墨竹工卡县 拉萨林周县
网络资料		政府部门网站的相关资料 网络新闻稿件的相关资料

第一类是统计年鉴资料。综合性统计资料主要涉及《西藏统计年鉴》《中国统计年鉴》《那曲统计年鉴》《中国农村住户调查年鉴》《中国农村统计年鉴》；能源专业性统计资料主要涉及《中国能源统计年鉴》《中国农村能源统计年鉴》。

第二类是田野调查所得数据。主要是 2011 ~ 2013 年，对那曲 4 个县牧区村庄的田野调查问卷数据，这 4 个县都具有空间和经济区位的分工与典型性，巴青县位于那曲东部且是虫草产区，班戈县则位于那曲西部且没有虫草，聂荣县和那曲县则位于那曲中部地区且沿青藏公路运输线。此外，为了加深对牧区和农区的差异感受，还对拉萨地区的一个牧业村（位于墨竹工卡县）和农业村（位于林周县）进行了调研。

第三类是网络资料。包括政府网站主页提供的相关资料，例如 2013 年的经济发展数据；网络新闻稿中提供的相关资料，例如各县最新的基本情况。

此外，研究过程中还引用了他人的部分调研成果，具体引用时本书将做出详细标注。

第二章　文献综述

本研究立足于当前那曲地区定居较快，但仍处于能源贫困的现实，旨在分析那曲地区牧民定居后生活能源消费及其保障。因此，文献综述紧扣定居和能源贫困两个主题，对国内外相关文献进行了综述。

第一节　牧民定居研究

牧民定居涉及定居动力、过程、模式以及伴生的影响。

一　定居动力

牧民定居是人口从牧区向城镇迁移的过程和结果，迁移决策涉及推力、拉力和中间阻碍因素，这些因素共同构成了定居的动力来源。

郎维伟、赵书彬 2010 年在其发表的《藏北牧区定居点向村落变迁初探》一文中指出，西藏民主改革以前，牧民仍然是以半定居放牧或季节性游牧为主，形成了适应高原畜牧环境的定居和流动相结合的二元居住模式。人民公社时期，草原放牧边界在各级组织范围内得到明确，草场被基本固定下来，原来是个体身份的牧民，变为生产队和生产小组的集体成员。正是因为行政边界、地域边界和集体边界的清晰，放牧的范围基本确定下来，作为集体成员的牧民客观上已不易流动，牧民因此定居了下来，帐篷也被固定的房屋所取代①。

---

① 郎维伟、赵书彬：《藏北牧区定居点向村落变迁初探》，《西藏研究》2010 年第 6 期，第 37～47 页。

王娟娟 2010 年在其发表的《基于推拉理论构建游牧人口定居的动力机制体系——以甘南牧区为例》一文中指出，甘南地区游牧人口定居动力可以分成三类：推力机制由建立草原临界退偿机制、建植人工草地等内容组成；拉力机制由培育生态产业、加速城镇化进程等内容组成；此外还存在横亘在"推""拉"力之间的障碍因素①。

张建世 1996 年在其发表的《从游牧到定居——藏北牧民生活的变迁》一文中指出，牧民们采用什么方式放牧，主要与生态环境，特别是草场状况和人口密度及传统的社会文化有关。大体而言，草场越丰美、单位面积产草量越高，人口密度越大，越容易导致定居、半定居游牧，反之则宜于游牧。除此而外，部落面积的大小，部落对草场管理宽松的程度，传统习惯等社会文化也会影响到游牧方式的变化。随着生产责任制的实行，草场分到户，牧民放牧的地区限于自己分得的草场内，不能再远距离游牧。除较边远、草场广阔且分散的地区外，大多已趋于定居和半定居②。

泽柏 1990 年在其发表的《川西北高寒牧区牧民定居的研究——专题报告之二》一文中指出，牧业合作化及公社化以来，牧区以社或乡为单位，修建简易的定居点，形成了夏秋游牧、冬春定牧，部分人随畜游牧，部分人在定居点从事其他劳动的半定居方式。家庭承包经营为主时期，以前的集中居住形式已不完全适应分户经营的新情况，此前的集中居住点成为牧区老弱病残居住、子女读书以及寄放保管物资的场所③。

黄平芳 2012 年在其发表的《村落社区的旅游城镇化研究》一文中指出，灵云村近 30 年来的发展证明，旅游业虽然并不是绝对的主导产业，但有力推动了村落城镇化进程，使村落在人口结构、经济结构、生活方式、大众传播、思想观念等方面向都市生活转变④。

王茵茵、崔玲、陈向军 2013 年在其发表的《旅游影响下村落向小城

① 王娟娟：《基于推拉理论构建游牧人口定居的动力机制体系——以甘南牧区为例》，《经济经纬》2010 年第 2 期，第 52～56 页。
② 张建世：《从游牧到定居——藏北牧民生活的变迁》，《西藏民俗》1996 年第 2 期，第 28～31 页。
③ 泽柏：《川西北高寒牧区牧民定居的研究——专题报告之二》，《四川草原》1990 年第 1 期，第 22～28 页。
④ 黄平芳：《村落社区的旅游城镇化研究》，《江西农业大学》（社会科学版）2012 年第 4 期，第 105～110 页。

镇形态演变特征分析——以大理市喜洲镇为例》一文中，以国内著名的大理白族聚落喜洲镇为例，从物质空间、社会空间形态分析其变化特征，分析旅游在小城镇形态演变过程中的作用，总结了村落向小城镇形态演变特征。研究表明：旅游及旅游相关经济对增强城镇集聚起到重要作用，促进了村落向小城镇形态演变的进程。

章辉 2006 年在其论文《青藏高原牧区城镇化实证研究》中指出，青藏高原牧区的城镇化发展过程同世界其他地区一样，受到工业化水平高低的影响。要推动青藏高原牧区城镇化水平的提高，通过工业的发展，就可以带动当地经济的迅速发展，从而用更快速度提高牧区的城镇化水平①。

闵文义、关春玉 2008 年在其发表的《西部民族牧区城镇化与畜牧产业化互动模式研究》一文中指出，应以牧业产业化为切入点，在政府主导的规划和建设中推进牧区城镇化。如果寄希望于发展矿产工业、服务业吸纳劳动力来建设小城镇，是不现实的。一方面初级矿产品生产对牧区环境破坏多，经济效益贡献少；另一方面没有相对成熟的制造业基础，要推动服务业发展是很困难的。在牧区最现实的收入增长，就是提高牧业生产效率、发展畜牧加工业、延伸牧业生产产业链，通过畜牧产业化来提高经济效益，促进城镇化进程②。

高永久、邓艾 2007 年在其发表的论文《藏族游牧民定居与新牧区建设——甘南藏族自治州调查报告》中指出，由于成年藏族牧民特别是中老年藏族牧民要经常到藏传佛教寺院围绕佛塔、佛殿、寺院进行转经祈祷仪式，而牧民集中定居点周围一般都建有藏传佛教寺院和其他宗教设施，因此 50% 以上的被调查牧户把"寺院转经方便"列为牧民集中定居的主要好处之一③。

二 定居过程

王春英、杨丽雪、于潇在 2013 年发表的《牧民定居下的现代畜牧业

---

① 章辉：《青藏高原牧区城镇化实证研究》，西藏民族学院，2006。
② 闵文义、关春玉：《西部民族牧区城镇化与畜牧产业化互动模式研究》，《西北第二民族学院学报》（哲学社会科学版）2008 年第 2 期，第 74 ~ 78 页。
③ 高永久、邓艾：《藏族游牧民定居与新牧区建设——甘南藏族自治州调查报告》，《民族研究》2007 年第 5 期，第 28 ~ 39 页。

发展现状调查——以红原县为例》一文中指出，牧民定居工程实施之前，牧民都有自己的冬房，通常也是一个村的聚集在一起。随着市场经济的发展，与外界交往的增多，当地人的观念也在慢慢发生变化，越来越多的人选择脱离牧业生产，选择半定居的生活方式①。

高永久、邓艾 2007 年在其发表的论文《藏族游牧民定居与新牧区建设——甘南藏族自治州调查报告》中指出，与甘南州的牧区基本经济制度依次经历了 4 个阶段相对应，甘南牧区的牧民居住大体上也经历了 4 个阶段：部落分散游牧阶段（20 世纪 50 年代末之前）、村落集中定居阶段（20世纪 60 年代中期以后）、牧场散居游牧阶段（20 世纪 80 年代以后）、城镇化集中定居阶段（20 世纪 90 年代中后期以来）②。

席建超等 2014 年在其发表的论文《旅游地乡村聚落演变与土地利用模式——野三坡旅游区三个旅游村落案例研究》中指出，在旅游业诱导下野三坡旅游区 3 个旅游村的聚落空间发生了变化，土地利用模式演变呈现出了"核心—边缘"的差异，距离核心景区越近的村落，土地集约利用程度越高。在具体空间形态上，3 个村落也表现为"现代城镇"—"半城镇化"—"传统村落"的过渡特征③。

三　定居模式

贺卫光 2003 年在其发表的《甘肃牧区牧民定居与草原生态保护》一文中指出，甘肃省甘南藏族自治州牧民定居模式可以归纳为城镇（县城）定居、乡村定居、牧场分散定居 3 种模式。县城定居可以使牧民实现城镇化定居，物质和文化生活条件得到根本性改善，因而是最理想的牧民定居方式④。

师守祥等 2005 年在其发表的《牧区移民定居的动力机制、效益分析

①　王春英、杨丽雪、于潇在 2013 年发表的《牧民定居下的现代畜牧业发展现状调查——以红原县为例》，《西南民族大学学报》（自然科学版）2013 年第 5 期，第 763～766 页。

②　高永久、邓艾：《藏族游牧民定居与新牧区建设——甘南藏族自治州调查报告》，《民族研究》2007 年第 5 期，第 28～39 页。

③　席建超等：《旅游地乡村聚落演变与土地利用模式——野三坡旅游区三个旅游村落案例研究》，《地理学报》2014 年第 4 期，第 531～540 页。

④　贺卫光：《甘肃牧区牧民定居与草原生态保护》，《西北民族大学学报》（哲学社会科学版）2003 年第 5 期，第 45～50 页。

与政策建议：甘南藏族自治州个例分析》一文中指出，甘南藏族自治州的牧民迁移定居，符合当代人口迁移的"推动—吸引"理论模式①。

高永久、邓艾于 2007 年在其发表的论文《藏族游牧民定居与新牧区建设——甘南藏族自治州调查报告》中指出，依据托达罗城乡人口迁移理论模型和统计资料及实地调查数据，可以得出这样的判断：总体而言，牧场分散定居半游牧和常年迁徙游牧，仍然是目前甘南牧区牧民居住生活的两大基本模式。纯牧区 50% 以上的牧业人口仍处于"一年四季一顶帐篷"的游牧状态；半农半牧区 70% 以上的牧业人口已经拥有固定住房；已定居的牧民，居住分散、房屋简陋，处于半定居半游牧状态②。

张涛 2003 年在其发表的《甘南藏族自治州牧民定居模式与效应分析》一文中指出，甘南州目前牧民定居模式有 4 种：第一种是县城定居型，它是一种集中安置模式，依托县城，引导牧区人口向县城集中，在县城周围建立规格较高的标准化牧民定居村，作为牧民的长住地，并在承包草场的中心，利用原有的或新建的简易房屋作为家庭牧场管理中心。第二种是乡镇定居型，它依托乡镇或实施牧民定居建镇，加快集镇的供水、用电、道路等基础设施和学校、医院等服务设施建设。引导牧民到乡镇建立新型的牧民村，也在承包草场地利用原有的或新建的简易房屋作为夏季放牧管理中心，冬季在乡镇舍饲圈养。第三种是村社定居型。牧民定居以村、社为主，多以行政村或历史上放牧点为基础演变成为自然村落，居住规模在 20～50 户，这是一种分散型模式。第四种是零散定居型，牧民在自己承包草场上逐水草而建帐篷或简陋房屋。鉴于甘南州牧民定居的现状，牧民定居模式应该逐步从离散型、半定居模式和村社为主的分散型模式向乡镇型的集中与分散相结合的模式过渡③。

王娟娟于 2009 年在其论文《甘南藏族自治州游牧人口定居的机制、

① 师守祥等：《牧区移民定居的动力机制、效益分析与政策建议：甘南藏族自治州个例分析》，《统计研究》2005 年第 3 期，第 49～53 页。

② 高永久、邓艾：《藏族游牧民定居与新牧区建设——甘南藏族自治州调查报告》，《民族研究》2007 年第 5 期，第 28～39 页。

③ 张涛：《甘南藏族自治州牧民定居模式与效应分析》，《甘肃社会科学》2003 年第 6 期，第 104～106 页。

模式和效应研究》中指出，依据甘南生态功能系统分区、草地类型及其功能价值、草地利用现状、现有生态保护措施，提出游牧人口定居的不同模式：在草畜矛盾极为尖锐的生态脆弱区引导游牧人口完全定居；在自然条件差异大、生态退化较轻的地区鼓励采用半定居模式；在农业发展有一定基础、草地出现一定程度退化的牧区和退化严重的高海拔牧区实施混合定居①。

苏发祥、才贝 2012 年在其《论藏族牧民定居化模式及其特点——以甘肃省玛曲县、青海省果洛州为个案》一文中指出，甘肃省玛曲县和青海省果洛藏族自治州大武镇存在扶贫、定居、移民三种不同牧民定居模式。强调传统上藏区牧民每家都有冬窝子，而不是一年四季都在帐篷里生活，冬天一般都过着定居的生活；但是集中在城镇附近居住，对他们来说的确是首次②。

李巍等在其 2013 年发表的《游牧民定居视角下的村庄整合与发展战略研究——以甘南州合作市为例》一文中指出，合作市游牧民定居的模式必须是在考虑生态功能区和城镇化发展等综合因素后做出的科学选择，在此基础上，游牧民定居模式的选择主要形成了包括城区集中定居模式、乡镇集中定居模式和分散定居模式三种较为普遍的模式③。

陈英玉 2006 年在其论文《牧民流动与牧区城镇化道路》中指出，青藏高原牧民流动与我国东部地区人口流动方式不同，它具有明显的内向型人口集中化特点，即青藏高原地区的牧民流动属于区域内人口由广大牧区向城镇集中，区域外的人口很少流入，人口总量并没有增加，而我国东部地区人口流动则表现为外来人口迁入本区域④。

韩玉斌 2012 年在《藏族牧民定居后的文化调适》一文中指出，藏族牧民安居工程分为以下 4 种类型：一是牧民对已有的"冬窝子"加以改造提升；二是纯粹的游牧民在其他牧民的冬季房屋旁边新建住房；三是牧民

① 王娟娟：《甘南藏族自治州游牧人口定居的机制、模式和效应研究》，兰州大学博士学位论文，2009。
② 苏发祥、才贝：《论藏族牧民定居化模式及其特点——以甘肃省玛曲县、青海省果洛州为个案》，《中南民族大学学报》（人文社会科学版）2012 年第 4 期，第 59～63 页。
③ 李巍等：《游牧民定居视角下的村庄整合与发展战略研究——以甘南州合作市为例》，《现代城市研究》2013 年第 9 期，第 70～74 页。
④ 陈英玉：《牧民流动与牧区城镇化道路》，《攀登》2006 年第 4 期，第 83～85 页。

定居在县城附近；四是远距离迁居的生态移民①。

李君于 2013 年在其论文《四川阿坝藏族牧区城镇化建设研究》中指出，在阿坝藏族牧区城镇化进程中人口迁移有 4 种：一是从本地乡村到城镇的迁移；二是从外地到本地城镇的迁移；三是从本地城镇到外地的迁移；四是从本地乡村到外地的迁移。非本地户口的汉族人是城镇化主力，呈现出候鸟型城镇化模式②。

四　定居影响

王岚等 2011 年在其发表的《四川藏区牧民由定居转为安居的几个问题》一文中指出，定居之后，草场依然是牧民最基本的生产资源；但是受传统粗放的生产方式影响，以及近年来牲畜增长过快，造成天然草地严重超载，草畜矛盾日益突出，特别是冬春草场超载严重③。

郎维伟、赵书彬 2010 年在其论文《藏北牧区定居点向村落变迁初探——以那曲县达嘎多、宗热格两村为例》中指出，当牧民以定居为常态的居住模式后，牧民的村落意识增强了，内部整合形成了村落④。

徐君、冯倩于 2013 年在其发表的《牧民定居社区社会关系重构研究——以青海省玉树州曲麻莱县 H 社区为例》一文中指出，牧民定居后在重视维持传统亲缘关系的同时，也逐渐建立起基于新生产生活场域的新型社会关系。从调查情况来看，定居后牧民的宗教生活较定居前并没有发生大的变化，宗教生活并未因空间距离的拉远而发生大的改变⑤。

高新才、王娟娟于 2007 年在其论文《牧民定居工程的经济社会效应——基于玛曲县的调查分析》一文中指出，牧民定居后会带来生活效应、生产效应、社会效应、生态效应、文化效应。抽样显示定居后牧民的

---

① 韩玉斌：《藏族牧民定居后的文化调适》，《西北民族大学学报》（哲学社会科学版）2012年第 6 期，第 126～130 页。

② 李君：《四川阿坝藏族牧区城镇化建设研究》，西南交通大学硕士学位论文，2013。

③ 王岚等：《四川藏区牧民由定居转为安居的几个问题》，《西南民族大学学报》（人文社会科学版）2011 年第 11 期，第 114～118 页。

④ 郎维伟、赵书彬：《藏北牧区定居点向村落变迁初探——以那曲县达嘎多、宗热格两村为例》，《西藏研究》2010 年第 6 期，第 37～47 页。

⑤ 徐君、冯倩：《牧民定居社区社会关系重构研究——以青海省玉树州曲麻莱县 H 社区为例》，《西藏民族学院学报》（哲学社会科学版）2013 年第 4 期，第 71～81 页。

生活水平和生活条件已极大改善，牧民的家庭人均收入和储蓄额都有了较大幅度的增加，牧区贫困率大幅降低①。李中锋于 2013 年对四川藏区的调研也表明"帐篷新生活行动"极大改善了牧民游牧时的生活条件②。

韩玉斌 2012 年在其论文《藏族牧民定居后的文化调适》中指出，藏族牧民安居工程的推行为牧区带来了许多新鲜事物，传统游牧文化在各方面都受到了冲击；但是牧民定居并不会割裂传统游牧文化，定居牧民创造了一种新的文化模式，在这种文化模式里，游牧文化得以继续传承下去③。

托曼、崔延虎、崔乃然 1996 年在其发表的《游牧、定居与牧区社会发展研究与思考》一文中指出，定居后牧区将发生以下变化：一是观念方面，牧民转变传统的自给自足的小农经济意识，树立市场经济意识、科技意识；二是经济发展方面，畜牧业从小规模粗放经营向规模化、专业化和产业化经营转变，牧区产业结构从单一的经营方式向旅游、食品加工、水电等多种经营方式变迁；三是有完善的公共服务管理④。

彭定萍、贺卫光 2009 在其发表的论文《夏河游牧民定居社区适应性的现状研究——基于夏河牧区定居新村的实地调查》中指出，牧民在定居地的经济适应状况对牧民的社区适应性有十分显著的影响；同时牧民与当地居民的交往状况、牧民相互间的交往状况，以及对汉语的熟悉程度等因素也对牧民的社区适应性具有一定影响⑤。

花晓波、阎建忠、刘祥 2013 年在其发表的《定居牧民对草地退化的适应策略——以那曲县为例》一文中指出，通过青藏高原腹地那曲县 3 个典型乡镇定居牧民对草地退化的适应策略的分析，可以得出这样的判断：定居并未从根本上改变牧民生计的脆弱性；虽然牧民采取了多种适应策

① 高新才、王娟娟：《牧民定居工程的经济社会效应——基于玛曲县的调查分析》，《开发研究》2007 年第 5 期，第 1～4 页。
② 李中锋：《四川藏区牧民定居与彝区"三房"改造工程效应分析》，《天府新论》2013 年第 4 期，第 74～79 页。
③ 韩玉斌：《藏族牧民定居后的文化调适》，《西北民族大学学报》（哲学社会科学版）2012 年第 6 期，第 126～130 页。
④ 托曼、崔延虎、崔乃然：《游牧、定居与牧区社会发展研究与思考》，《草食家畜》1996 年第 S1 期。
⑤ 彭定萍、贺卫光：《夏河游牧民定居社区适应性的现状研究——基于夏河牧区定居新村的实地调查》，《西北民族大学学报》（哲学社会科学版）2009 年第 1 期，第 57～62 页。

略，但是集约化的适应策略极大地增加了牧民的负担，定居牧民难以通过迁移来实现草料补给及应对极端灾害天气的胁迫①。

第二节　能源贫困研究

能源贫困在国内外存在历史较长，但是对其研究却仍处于探索阶段，近年来才开始逐渐为研究者所重视。能源贫困的一个核心问题就是燃料贫困，尤其是做饭和取暖燃料，有鉴于此欧盟国家较多地使用燃料贫困用语。以 SDOL 期刊为例，1980 年以来直接以 Energy Poverty 或者 Fuel Poverty 为题的英文文献数量如图 2 – 1 所示。

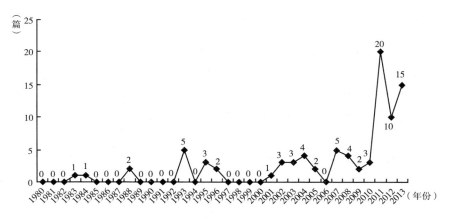

图 2 – 1　英文期刊中能源贫困文献的数量变化（1980 ~ 2013）

1980 ~ 2013 年的 30 多年间，能源贫困或燃料贫困研究文献总体上数量不多，共 86 篇、年均不到 3 篇。从趋势上看，近年来尤其是 2007 年以来，研究文献数量快速增长，2011、2012、2013 年都保持在 10 篇以上。

从发表期刊类型来看，主要集中发表在能源（如 *Energy Policy*）、环境（如 *Global Environmental Change*）、健康类（如 *Health & Place*）期刊，并且

---

① 花晓波、阎建忠、刘祥：《定居牧民对草地退化的适应策略——以那曲县为例》，《山地学报》2013 年第 2 期，第 140 ~ 149 页。

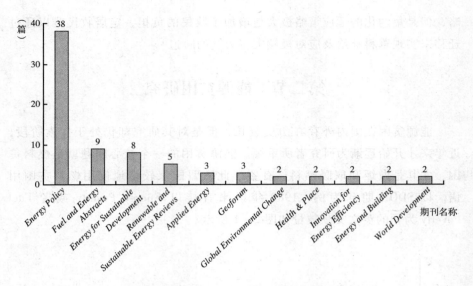

图 2-2 能源贫困英文文献的期刊类型（1980~2013）

能较多地关注到可持续发展议题（如 Energy Sustainable Development）。其中, *Energy Policy* 发表的文献最多，达到 38 篇，几乎占所有相关文献的 50%。

从中国知网（CNKI）检索情况来看，中文文献数量也具有类似变化特点，总量少，但增长趋势显著，如图 2-3 所示。

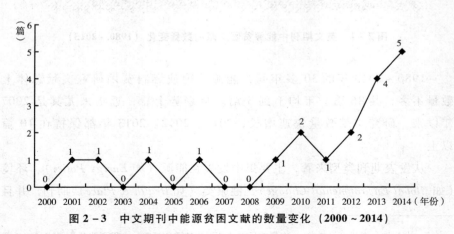

图 2-3 中文期刊中能源贫困文献的数量变化（2000~2014）

注：2014 年数据只更新到 6 月，而不是全年。

从总量上看，2000 年以来只有文献 19 篇，年均不到 1.5 篇；但是近年来，尤其是 2011 年以来，保持了持续增长的趋势，2014 年截至 6 月就有 5 篇文献。这些文献主要发表于能源类期刊，例如《中国能源》《华北电力大学学报》。

国内外在能源贫困或燃料贫困领域的期刊论文数量尚且较少；专著、硕士学位论文、博士学位论文的系统性研究数量就更缺乏了。中文文献只检索到 1 篇，英文文献只检索到 4 篇，且全为硕士学位论文；中英文文献都没有博士学位论文。中文著作则直到 2014 年 6 月才以报告的形式出现，即《中国能源报告（2014）：能源贫困研究》①。

一　能源贫困的界定

能源贫困概念源于 1982 年英国燃料使用权运动，Lewis 认为能源贫困是无力维持足够温暖的家，Boardman 将这一概念扩展为居住的房屋能源效率较低。随着更多关注转向发展中国家，能源贫困被赋予新的含义。

国内外对能源贫困界定主要有以下几种。国际能源署认为该人群的特征是在炊事方面主要依靠传统生物质能或无法获取和使用电力，其中传统生物质能包括薪柴、秸秆、稻草、稻壳及其他农业生产的废弃物和畜禽粪便等，这一定义在研究工作中得到最广泛的认同与应用。

联合国开发计划署认为能源贫困是不能自主选择安全、可靠、高质量、保护环境的能源服务，为家庭和个人提供的能源无法支持该地区的经济和社会发展。一些国际组织把能源贫困定义为人们无法得到安全可靠的电源，导致大量利用固体燃料②。随着发展水平提高而层次不断扩大，能源贫困的界定不断扩展，甚至将机械动力作为能源贫困概念的重要内容③。

丁士军、陈传波于 2002 年在其发表的《贫困农户的能源使用及其对缓解贫困的影响》一文中指出，如果在缓解贫困的整体策略下讨论农村

① 魏一鸣：《中国能源报告（2014）：能源贫困研究》，科学出版社，2014。

② 罗国亮：《国外能源贫困文献综述》，《华北电力大学学报》（社会科学版）2012 年第 4 期，第 12～16 页。

③ Benjamin K. Sovacool. What moves and works：Broadening the consideration of energy poverty. Energy Policy, 2012（42）：715 – 719.

能源，那么对贫困的定义就应该包括"能源贫困"和"时间贫困"。"能源贫困"是指穷人无法接近或者购买改进的能源，或者即使他们负担得起能源的使用费，却支付不起使用能源的设备，如电视机、拖拉机等。"时间贫困"指的是由于人们主要使用生物质能源，获得能源的时间花费大而且能源的使用效率低，以致他们的时间不能用于从事创造收入的经济活动[①]。

能源贫困测量工具包括：能源支出比例、能源贫困缺口、能源贫困比例（人头比）、能源贫困强度、能源贫困基尼指数、能源贫困森指数、能源脱贫难度系数以及能源贫困 Re 指数等多种度量指标[②]。此外，还有被国际能源署推广的能源发展指数 EDI[③]。单纯以收入某个比例的度量方式，例如支出比例的 10%，开始受到怀疑[④]。

虽然各国都为能源贫困监测进行了研究和关注，但是一个统一的国际性的监测、数据收集、周期性报告的机制并没有形成[⑤]。

二 能源贫困的成因

2005 年，《可持续发展可再生能源北京宣言》指出从能源贫困向相对富裕的过渡是一个复杂的不规则的过程，这个过程不是短时间能够完成的。因为由使用传统生物质能向使用现代燃料过渡，会受三个因素的影响，并成为能源贫困的原因，它们是燃料的可获得性、能否用得起和文化倾向。如果尚未建成现代燃料的配送系统，那么即使有些家庭用得起，也无法享用现代燃料。如果现代燃料价格比传统生物质能高得多，他们仍可能不愿使用现代燃料；另外还有传统习俗的影响[⑥]。Richard Moor 在 2012

---

① 丁士军、陈传波：《贫困农户的能源使用及其对缓解贫困的影响》，《中国农村经济》2002 年第 12 期，第 27 ~ 32 页。

② 罗国亮：《国外能源贫困文献综述》，《华北电力大学学报》（社会科学版）2012 年第 4 期，第 12 ~ 16 页。

③ IEA. Energy Povergy How to make modern energy access universal. 2010.

④ Liddell, Chris Morris, S. J. P. McKenzie. a Measuring and monitoring fuel poverty in the UK：National and regional perspectives Christine ［J］. Energy Policy , 2012 (49)：27 – 32.

⑤ Shonali Pachauri a, n, Daniel Spreng. Measuring and monitoring energy poverty, *Energy Policy*, 2011 (39)：7497 – 7504.

⑥ 《可持续发展可再生能源北京宣言》，《农村可再生能源及生态环境动态》2005 年第 11 期，第 5 ~ 6 页。

年则突出强调了收入与燃料成本对能源贫困的影响①。

联合国开发计划署（UNDP）于 2005 年的研究报告中指出，存在两个约束，一个是可获取的能源，另一个是为了基本生存任务而需要满足的时间。这两个约束引发了能源贫困陷阱（energy poverty trap）②。

Philippa Howden - Chapman 于 2012 年对新西兰燃料贫困的研究中指出，新西兰不好的住房管制历史，导致许多房屋没有达到国际平均室内温度要求。这些住房许多使用电力来加热，而电力价格不断提高，再加上低经济增长、高失业率和收入不均，引发了燃料贫困的水平不断提升③。

三　能源贫困的影响

联合国开发计划署（UNDP）2007 年的研究报告中指出，能源是满足人类基本需要的核心，因此能源服务的可获得性对于穷人的生活具有显著影响，尤其是对妇女。能源还对环境有重要影响，尤其是当使用化石能源时，排放温室气体，导致气候变化。事实上，如果没能同时实现能源的可获取性、安全性和可持续性，那么新千年发展目标就不可能实现④。能源贫困是贫困的一个特征，也是持续贫困的一个原因，影响人类发展指数（HDI）的提升⑤。

国际能源署 2004 年在其报告《世界能源展望 2004》中指出，世界各国发展经验表明，如果不能获取充分的商品能源，可能陷入普遍贫困、社会不稳定和经济不发达的恶性循环⑥。

朱成章 2006 年在其发表的《能源贫困——开发可再生能源为建设社会主义新农村服务》一文中指出，以传统和低效方式大量使用生物质燃料限制了经济社会的发展：第一，收集燃料耗费时间，使从事生产活动的时

---

① Richard Moore，"Definitions of fuel poverty：Implications for policy"，*Energy Policy*，2012（49）：19 - 26.

② UNDP，*How Do Rural Energy Services Reduce Poverty*，2005.

③ Philippa Howden - Chapman，"Tackling cold housing and fuel poverty in New Zealand：A review of policies，research，and health impacts"，*Energy Policy*，212（49）：134 - 142.

④ UNDP，*Energizing Poverty Reduction：A Review of the Energy - Poverty Nexus in Poverty Reduction Strategy Papers*，2007.

⑤ 王庆一：《"穷人燃料"与能源贫困》，《能源评论》2012 年第 5 期，第 40~42 页。

⑥ 国际能源署：《世界能源展望 2004》，2004。

间减少；第二，使用生物质燃料造成生态破坏；第三，影响妇女和儿童身体健康；第四，能源使用效率低下；第五，使用生物质燃料减少了农业生产所需要的肥料，影响农业生产率的提高①。同样，ChrisMorris（2010）对克里斯汀地区燃料贫困的研究也表明，燃料贫困对妇女、儿童、婴儿会产生重要健康影响，尤其是呼吸系统；甚至还会对心理和精神产生影响②。

丁士军、陈传波 2002 年在其发表的《贫困农户的能源使用及其对缓解贫困的影响》一文中指出，贫困地区的农户通常会陷入能源贫困的"恶性循环"。由于能源贫困，农户没有改进的能源或能源用具，由此导致较低的劳动生产率，只能提供粗劣有限的产出；较低的生产率反过来又导致较少的劳动剩余和现金收入；进而他们没有现金购买改进的能源及能源用具③。

四　能源贫困的缓解

罗国亮 2012 年在其《国外能源贫困文献综述》一文中，总结了国外提出的能源贫困的缓解政策：农村电气化、提高能源利用技术和效率、改变能源贫困地区使用生物质能源的局面、利用本地资源尤其是可再生能源④。

翟永平 2011 年在其发表的论文《气候变化下消除能源贫困的二重奏》中指出，常规能源在边远地区面临高成本，这为开发当地各类可再生的新能源资源提供了机会。对此，我们可以进一步明确让人人用得上可再生能源，并大幅度降低可再生能源的成本⑤。同样，Ranjan Parajuli（2011）对尼泊尔的案例研究，也指出通过发展可再生能源技术来缓解尼泊尔中西部

---

① 朱成章：《能源贫困——开发可再生能源为建设社会主义新农村服务》，《能源政策研究》2006 年第 4 期，第 14～18 页。

② Chris Morris. Fuel poverty and human health：Are view of recent evidence Christine Liddell，*Energy Policy*，2010（38）：2987 – 2997.

③ 丁士军、陈传波：《贫困农户的能源使用及其对缓解贫困的影响》，《中国农村经济》2002 年第 12 期。第 27～32 页。

④ 罗国亮：《国外能源贫困文献综述》，《华北电力大学学报》（社会科学版）2012 年第 4 期，第 12～16 页。

⑤ 翟永平：《气候变化下消除能源贫困的二重奏》，《能源评论》2011 年第 6 期，第 69～71 页。

地区的能源贫困①。Barbara Illsley（2007）则指出可以通过苏格兰林业部门的一个区域产业共生战略以解决农村燃料贫困，让苏格兰农村居民可以利用林业副产品开发颗粒状木材燃料②。Anjali Bhide（2011）在研究印度能源贫困时，指出为了降低能源贫困和保护环境，有必要大力发展可再生能源技术③。

建立能源贫困的临界点，并进行风险监测也是缓解能源贫困的必要的基础性工作。Ryan Walker（2012）指出，北爱尔兰虽然实施了多年的反能源贫困战略，但是目前缺乏对能源贫困风险的监测，从而反能源贫困效果不佳④。

对于能源贫困的缓解，还依赖于大量资金投入。Ambuj D. Sagar 在2005 年，提出建立一个能源贫困缓解基金来帮助这些人获取现代能源。基金来源于对石油的征税，并且在联合国气候变化框架内实施⑤。同时，鼓励公司企业以社会责任加分的形式，促进对能源领域的投资⑥。

由于能源贫困涉及人们的生存和健康，因此许多研究人员从社会公平公正角度来理解能源贫困及其缓解议题⑦。燃料贫困被理解为一个不公正的表现，处理燃料贫困不得不涉及寻求根植于文化和政治认同的公平，并且追求决策过程中的程序公平⑧。

---

① Ranjan Parajuli, "Access to energy in Mid/Far west region – Nepal from the perspective of energy poverty", *Renewable Energy*, 2011（36）：2299 – 2304.

② Barbara Illsley, Tony Jackson, Bill Lynch, "Addressing Scottish rural fuel poverty through a regional industrial symbiosis strategy for the Scottish forest industries sector", *Geoforum*, 2007（38）：21 – 32.

③ Anjali Bhide, Carlos Rodríguez Monroy, "Energy poverty: A special focus on energy poverty in India and renewable energy technologies", *Renewable and Sustainable Energy Reviews*, 2011（15）：1057 – 1066.

④ Ryan Walker, "Area – based targeting of fuel poverty in Northern Ireland: An evidenced – based approach", *Applied Geography*, 2012（34）：639 – 649.

⑤ Ambuj D. Sagar, "Alleviating energy poverty for the world's poo", *Energy Policy*, 2005（33）：1367 – 1372.

⑥ Belinda Spagnoletti, Terry O'Callaghan, "Let there be light: A multi – actor approach to alleviating energy poverty in Asia", *Energy Policy*, 2013（63）：738 – 746.

⑦ StefanBuzar, *Energy Poverty in Eastern Europe: Hidden Geographies of Deprivation*, Ashgate, UK, 2007.

⑧ Gordon Walker, Rosie Day, "Fuel poverty as injustice: Integrating distribution, recognition and procedure in the struggle for affordable warmth", *Energy Policy*, 2012（49）：69 – 75.

第三节　继续研究空间

一　已有研究述评

已有研究成果为本课题的继续深入研究提供了很好的前期基础和借鉴。

从定居领域的研究来讲，已有文献将定居动力源归纳为推力、拉力和中间阻力的分类方式，为分析那曲牧民定居行为提供了很好的参照框架。而将定居模式归纳为城镇集中、乡村集中和分散定居方式，也为那曲定居方式的分析提供了指导。定居给农牧民所带来的影响，为我们全面把握那曲定居影响提供了可供对比研究案例。

从能源贫困领域的研究来讲，能源贫困以电力为核心指标的界定和度量方式显示了电力在生活能源消费中的重要性。能源贫困成因被归纳为能源可得性、能源用得起和文化习惯三个因素，基本上把握了能源贫困的主要原因。能源贫困的影响则着重体现在生态环境、收入下降之间所形成的恶性循环。而要缓解能源贫困则需要依赖于农牧区电气化和关注可再生能源和能源公平。

二　继续研究空间

既有研究已成果丰硕，但是当面临西藏那曲地区出现的新现象和新问题时，仍有一些值得继续深入研究的空间。

西藏自治区那曲地区的定居行为，从动力来源上讲与内地其他地区具有一个显著不同的特点，那就是对外部动力的依赖性强。如果没有中央和自治区政府推行的安居工程项目，那么那曲地区牧民的定居进程将减缓、定居形式和程度也会发生变化，例如住房更新程度。因此，研究有较强外部援助情形下的牧民定居行为仍是一个没有深入研究的领域。

像那曲地区这样以牛粪为主导能源消费结构的区域，目前在国内其他地区是比较少见的。从电力提供的生活能量比重及占支出比例来看，目前西藏那曲地区处于严重的能源贫困状态。能源贫困不仅会影响到农牧民健康水平，也会影响到生态环境的保护，甚至影响到民生改善的快速实现。

因此，牧民生活能源消费情况如何，以及能源贫困程度如何，都是当前那曲地区不可忽视的议题。

目前，西藏自治区已完成了绝大多数农牧民的安居工程，包括那曲地区也是如此。可以说，安居工程是近年来影响农牧民生活生产最重要的大型民生工程；因此，安居工程对农牧民生产生活所带来的影响，也被学者所关注和研究。但是，这些研究主要集中在草场退化、文化适应性领域。事实上，国内外发展经验和研究表明，城镇化与能源消费之间具有密切关系；因此同样具有城镇化部分特点的安居工程一样也会对能源消费产生影响，尤其是对生活能源消费产生影响。但是，目前这些研究还没有被深入涉及和广泛关注。

因此，从定居角度来研究定居对农牧民生活能源消费的影响、定居后出现的生活能源新问题、定居后如何缓解能源贫困，都是西藏自治区急迫需要关注的议题，也是学术研究需要关注的新领域。而这些议题在既有的学术研究中，却较少涉及，几乎处于空白状态，因此成了本课题继续深入研究的空间。

第三章 定居对牧民生活能源消费影响的理论分析

定居对牧民生活能源消费影响的理论分析，主要研究定居对生活能源消费的影响机制，尤其是作用手段、传递路径、演进阶段等。这些研究是建立在对居民生活能源消费函数模型的深入理解上。

第一节 生活能源消费函数模型

牧民生活中对能源的消费，可以体现为直接能源消费，也可以体现为间接能源消费。例如居民家中的电视机，一方面电视机的使用会消费电力，这体现为牧民生活中的直接能源消费；另一方面电视机的生产过程也需要投入能源，这体现为牧民生活中的间接能源消费。本项目只研究第一类能源消费，即牧民生活中的直接能源消费①。

一 生活能源消费总量模型

牧民生活能源涉及生活中的方方面面，按照用途大致包括：餐饮类生活能源、住房类生活能源、交通类生活能源、娱乐类生活能源、清洁类生活能源。它们对应于日常生活的衣、食、住、行、娱乐等，具体构成如表 3-1 所示。

---

① 居民间接生活能源消费的分析工具，通常会依赖于投入产出表，当前西藏并没有正式公布的投入产出表，而那曲作为一个地区更没有投入产出表。因此，本处也无法分析和量化间接生活能源消费。

表 3 – 1　按照功能划分的牧民生活能源类型

生活能源类型	子项目	生活能源类型	子项目
餐饮类	做饭、做菜、烧水、冷藏	娱乐类	看电视、听音响等娱乐活动
住房类	取暖、照明	清洁类	洗衣、洗澡
交通类	出行		

　　除了可以从能源使用目的或功能来对生活能源进行分类之外，还可以从能源使用的种类来进行能源分类，如表 3 – 2 所示。

表 3 – 2　按照能源品种区分的牧民生活能源类型

生活能源类型	子项目	生活能源类型	子项目
秸秆类	稻草、玉米秆、植物藤、草根等	煤炭类	煤炭
牛羊粪	干牛粪、干羊粪等	煤气类	煤气罐
薪柴类	木头、树枝等	太阳能	太阳灶、太阳能热水器
电力类	大电网、户用风力、户用太阳光伏等	沼气类	沼气

　　因此，牧民生活能源消费总量就是家庭中各种能源使用之和。这种加总是满足各种生活功能的所有能源之和，而满足某一生活目的用能又可以用多种能源来实现。牧民生活能源消费总量，如下所示。

$$Q = \sum_{i=1}^{m} Q_i = \sum_{i=1}^{m} \sum_{j=1}^{n} Q_{ij} \qquad （式 3 – 1）$$

式中：

Q 代表家庭能源消费总量，Q_i 代表家庭在第 i 类生活用能目的上的能源消费，Q_{ij} 代表家庭为满足第 i 类生活用能目的而消费的第 j 种能源，m 表示生活用能目的的数量，n 表示能源种类数量。牧民为实现某种生活用能目的，可能使用不止一种能源，而是多种能源，例如做饭既可以用电，也可以通过传统的薪柴来实现；使用的用能工具也会不同，前者使用电饭煲、而后者使用铁锅或炉灶。

　　式 3 – 1 是居民能源消费总量的一个加总公式，体现的是能源统计角度的能源消费总量。而对于能源消费总量决定因素的分析，则需要借助于经济学的需求函数来进行。

居民对生活能源的消费如同其他商品一样，既有共同点，也有特殊性。共同点体现在，消费数量会受到价格和收入的作用；不同点在于能源是生存的基本依靠，需要一定数量的能源保持温度和将生食做成熟食，即存在对能源的最低生存需要量。

由于居民生活中除了对能源会有需要外，还会有其他生活需要，例如食品、衣服等；从而存在家族收入在能源消费与非能源消费之间的权衡与选择。这种权衡构成了居民能源消费总量的消费函数，如式 3 - 2 所示。

$$\begin{cases} \max U = f(Q, Q_{\text{非能源}}) \\ s.\,t.\ PQ + P_{\text{非能源}}Q_{\text{非能源}} = \lambda \\ Q \geq Q_{\text{生存}} \end{cases} \qquad (式 3 - 2)$$

式中：

Q 代表家庭能源消费总量，$Q_{\text{非能源}}$ 代表家庭除了能源消费之外的其他商品的消费量，U 代表家庭从能源消费和其他商品消费中得到的总效用，P 代表生活能源的价格，$P_{\text{非能源}}$ 代表除能源之外的其他生活商品的价格，λ 代表家庭收入数量，$Q_{\text{生存}}$ 代表居民为了维持生命所需要的最低能源数量。

式 3 - 2 中对能源消费数量进行最优化的结果，如下：

$$Q = g(P, P_{\text{非能源}}, \lambda, Q_{\text{生存}}) \qquad (式 3 - 3)$$

因此通常居民能源消费总量受能源价格、其他商品价格、家庭收入、维持生存所需能源的影响，并且满足如下关系式：

$$\begin{cases} \dfrac{\partial Q}{\partial P} < 0 \\[2mm] \dfrac{\partial Q}{\partial P_{\text{非能源}}} > 0 \\[2mm] \dfrac{\partial Q}{\partial \lambda} > 0 \\[2mm] \dfrac{\partial Q}{\partial Q_{\text{生存}}} > 0 \end{cases} \qquad (式 3 - 4)$$

家庭中对生活能源消费总量会随着收入水平的增长而增加，但是会随着能源价格的提升而下降，会随着其他商品价格的下降而增加，会随着维持最低生存能源数量的增加而增加。因此，即使是面临同样收入和价格水平，寒冷地方由于维持生存的能源较温暖地方多，从而生活能源消费总量也会多些。

二 生活能源消费结构模型

生活能源消费除了总量之外，还存在一个能源消费结构的问题。能源消费的结构问题起源于各种能源之间存在功能上的替代性，但是这种替代性可能又不是完全替代，而是部分替代。

第一，不同品种能源之间的完全替代性。例如做饭，可以通过借助于电力使用电饭煲来实现，也可以通过借助于薪柴使用大铁锅来实现，还可以借助于煤炭或煤气使用铝锅来实现，因此在做饭功能上存在着电力、薪柴、煤炭或煤气之间的替代关系或替代性。第二，不同品种能源之间的不可替代性。例如看电视，只能通过电力来实现，而不能通过薪柴、煤炭或煤气来实现。

就当前西藏广大农牧区能源利用技术来讲，各种能源之间的替代组合，如表3-3所示。

表3-3 用能品种与用能目的之间的替代组合

		用能目的				
		餐饮	住房	交通	娱乐	清洁
用能品种	秸 秆	√	√	×	×	×
	薪 柴	√	√	×	×	×
	牛羊粪	√	√	×	×	×
	电 力	√	√	√	√	√
	煤 炭	√	√	×	×	×
	煤 气	√	√	×	×	×
	太阳能	√	√	×	√	√
	沼 气	√	√	×	×	×

注：以上替代组合只是农牧区通常情况，而没有考虑特殊能源转换技术，例如沼气发电。

能源消费结构可以从相互关联的三个维度来分析。第一个维度是品种维度，生活能源消费的品种结构问题，例如消费哪几种能源。第二个维度是能量维度，生活能源消费的能源结构问题，即消费的多种能源之间的能量比例，例如按照吨标煤核算的电力占总能源消费的比重。第三个维度是支出维度，生活能源消费的支出结构问题，即花在多种能源之间的支出比例，例如按照人民币核算的电力占总能源消费支出的比重。

三个维度之间相互关系，可以构成一一对应关系，如图3-1所示。

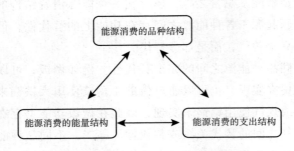

图3-1 牧民生活能源消费结构的三个维度及转换

生活能源消费的品种结构问题可以作为能源消费能量结构问题的一个特殊情形，即在某种能源上的能量消费为0。如果将能源价格理解为采集、运输和购买能源的所有成本之和，那么每一种能源都有一个价格；在这样的情况下每一单位能量的消费都对应着一定的费用支出。从而，能源消费的品种结构问题同样可以作为能源消费支出问题的一个特殊情形，即在某种能源的费用支出为0。笔者将从上述三个方面来进行生活能源消费的结构分析。

（一）生活能源结构的收入效应模型

生活能源消费结构的变化就是体现为各种能源消费数量的变化。引发各种能源消费数量比例变化的第一种成因，就是收入效应，即随着牧民收入水平的提升，各种能源由于在价格、使用便利性、室内空气污染等差异，导致牧民对其偏好程度不同。

借鉴经济学中收入变化与需求变化之间的关系，即能源的收入弹性系数，不同能源产品也可以被分成必需能源消费品、劣质能源消费品、奢侈能源消费品[1]。能源商品的收入弹性表达式，如下所示：

---

① 高鸿业：《西方经济学（微观部分）》第六版，中国人民大学出版社，2014。

$$\begin{cases} 必需能源消费商品: e_{必需} = \dfrac{\partial Q}{\partial \lambda} \cdot \dfrac{\lambda}{Q}, 0 < e_{必需} < 1 \\[3mm] 劣质能源消费商品: e_{劣质} = \dfrac{\partial Q}{\partial \lambda} \cdot \dfrac{\lambda}{Q}, e_{劣质} < 0 \\[3mm] 奢侈能源消费商品: e_{奢侈} = \dfrac{\partial Q}{\partial \lambda} \cdot \dfrac{\lambda}{Q}, e_{奢侈} > 1 \end{cases} \qquad (式3-5)$$

式中：

$e_{必需}$ 代表家庭必需能源消费商品，其收入弹性介于 0 ~ 1，表示牧民对此种能源的消费数量会随着收入增长而增加，但是能源消费增长的速度没有收入快。$e_{劣质}$ 代表家庭劣质能源消费商品，其收入弹性为负数，表示牧民对此种能源的消费数量会随着收入增长反而减少。$e_{奢侈}$ 代表家庭奢侈能源消费商品，其收入弹性大于 1，表示牧民对此种能源的消费数量会随着收入增长而增加，并且增长的速度比收入快。

因此，随着牧民家庭收入水平的持续增长，会对能源消费结构产生收入效应，即牧民倾向于减少对劣质能源的消费数量、增加对必需能源消费商品的消费、快速增加对奢侈能源消费商品的消费。

以中国整体数据为例，中国过去 10 年的变化，充分说明了各种能源对居民需求急迫程度的重要性，利用式 3 - 5 计算中国城镇居民和农村居民的生活能源消费中，煤炭、电力、油品和天然气的收入弹性，计算结果见表 3 - 4。

表 3 - 4　中国城镇居民 2002 ~ 2012 年各能源品种的收入弹性

能源品种	2002 年		2012 年		2002 ~ 2012 年的收入弹性	
	人均能源消费（吨标煤/人）	人均可支配收入（元）	人均能源消费（吨标煤/人）	人均可支配收入（元）		
煤	0.0376	7703	0.0137	24565	- 0.2901	劣质品
油	0.0397	7703	0.0622	24565	0.2581	正常品
电	0.0286	7703	0.0567	24565	0.4481	正常品
天然气	0.0136	7703	0.0484	24565	1.1756	奢侈品

注：数据来源于《中国统计年鉴》和《中国能源统计年鉴》中关于能源平衡部分。煤是指所有品种煤的合计，油是指所有品种油的合计。

2002 ~ 2012 年，中国城镇居民各种能源随着收入增长出现了不同的变化，甚至相反的变化。其中，煤炭人均消费随着城镇居民人均可支配收入增长，消费数量反而下降，收入弹性为负数 -0.2901；对于此时期内的城镇居民来讲，是典型的劣质品。这与近年来，城镇居民中越来越少的人使用蜂窝煤、煤球的现象相吻合。而油和电的消费数量是随着城镇居民人均可支配收入的增长而增加，但增长程度要少于收入的增长程度，收入弹性分别为 0.2581 和 0.4481；因此对于城镇居民来讲，油和电是他们生活中的必需品或正常商品。天然气的消费数量是随着城镇居民人均可支配收入的增长而增加，并且增长程度要快于收入增长，收入弹性大于 1，达到1.1756；天然气是他们生活中的奢侈性能源商品。

　　同样，对于农村居民，各种能源商品也具有不同的收入弹性，甚至表现出与城镇居民不同的情形。2002～2012 年，中国农村居民生活能源各种类型的收入弹性，如表 3－5 所示。

表 3－5　中国农村居民 2002～2012 年各能源品种的收入弹性

能源品种	2002 年		2012 年		2002～2012 年的收入弹性	
	人均能源消费（吨标煤/人）	人均可支配收入（元）	人均能源消费（吨标煤/人）	人均可支配收入（元）		
煤	0.0420	2476	0.0872	7917	0.4900	正常品
油	0.0059	2476	0.0296	7917	1.8388	奢侈品
电	0.0131	2476	0.0509	7917	1.3157	奢侈品
天然气	0	2476	0.00016	7917	>1	奢侈品

　　注：数据来源于《中国统计年鉴》和《中国能源统计年鉴》中关于能源平衡部分。煤是指所有品种煤的合计，油是指所有品种油的合计。

　　2002～2012 年，中国农村居民各种能源随着收入增长出现了不同的变化。其中，煤炭人均消费随着城镇居民人均可支配收入增长，消费数量也同时增加，收入弹性为 0～1；对于此时期内的农村居民来讲，是典型的正常品或必需品。这与近年来，农村居民中越来越多的人用煤炭来进行冬季取暖的现象相吻合。而油和电的消费数量是随着农村居民人均可支配收入的增长而增加，并且增长程度要快于收入增长，收入弹性大于 1，分别达到 1.8388 和 1.3157。对于天然气的收入弹性计算时，由于 2002 年统计资料给出的天然气消费数量为 0，因此直接计算其收入弹性会趋向于正无穷大，显然这个数值是大于 1 的。因此，对于此时期的农村居民来讲，油、气、电等能源都是奢侈能源消费商品。

在农村，劣质能源也较为普遍，其中最为典型的是秸秆，尤其是南方的稻草。随着居民收入的不断增长，使用稻草的数量不断下降，逐渐被煤炭、油和电所替代。

可见，同一种能源，在同一时期对于不同群体可能具有不同的收入弹性，进而对不同群体具有不同的正常品、劣质品或奢侈品性质。

因此，即使各种能源相对价格水平保持不变，但是随着收入增长，牧民会更倾向于利用某些品种的能源或者保持适度增加消费，但有一些品种能源却反而减少消费。正是这种消费数量增长的不同方向、不同增长速度，导致各种能源消费数量的比例变化，进而导致牧民生活能源消费的能量结构变化。当某一或某些品种的能源消费数量为 0 时，此时牧民生活能耗消费的品种结构也就完全改变了。例如 2002～2012 年，中国农村地区，随着居民收入水平的持续提高，天然气成为农牧民新增加的消费品种；城镇地区，随着收入水平的提高，薪柴、牛羊粪则可能完全不再被消费。这些变化就是由能源结构变化所带来的品种结构变化。

（二）生活能源结构的替代效应模型

生活能源结构的变化，除了受农牧民收入水平增长，出现收入效应的情形外；还可能面临来自价格方面引发的替代效应的影响。

由于各种能源之间存在功能上的替代性，因此如果 A 类能源的绝对价格变化，会引发它与其替代性能源品种间相对价格的变化，进而出现各种能源消费数量的增长或减少、增长的不同程度，从而出现生活能源消费的能量结构变化，甚至品种结构变化。

农牧民在生活能源消费过程中会经历两个阶段，并完成两种权衡或选择。第一次选择是能源与非能源商品间的权衡，其面临的收入约束是家庭收入，其选择的决策方式如前面式 3－2 所示。选择结果是农牧民决定在能源消费上支出多少钱，例如 $\lambda_{能源}$。第二次选择是在不同能源品种之间的权衡，因为各种能源之间存在的替代性，使得它们为满足同样用能目的，都可以相互替代。但是不同能源之间，又可能不是完全替代，因为各种能源除了价格差异之外，还可能存在着其他非价格差异，尤其是使用便利性、燃料清洁性等。

农牧民在进行第二次选择时，面临的收入约束不再是全部收入，而仅仅是收入中的一部分，即 $\lambda_{能源}$；此时农牧民的能源消费决策方式，如式3-6所示：

$$\begin{cases} \max U_e = f_e(Q_1 \cdots Q_i \cdots Q_m) \\ s.\,t.\ \sum_{j=1}^{m} p_i Q_i \leq \lambda_{能源} \\ \sum_{i=1}^{m} Q_i \geq Q_{生存} \end{cases} \qquad (式3-6)$$

式中：

Q_i 代表家庭对第 i 种能源的消费量，U_e 代表家庭从能源消费中得到的效用，P_i 代表第 i 种生活能源的价格，$\lambda_{能源}$ 代表家庭可用于能源消费的支出数量，$Q_{生存}$ 代表居民为了维持生命所需要的最低能源数量。

按照式3-6进行能源消费决策时，当一种能源 A 的价格发生变化时，其决策结果或均衡结果会产生两个方面的影响：第一，农牧民的实际收入水平发生变化，就如同通货膨胀会降低实际收入水平一样；第二，不同种类的能源商品的相对价格发生变化。

因此，一种能源 A 价格变动所引发的此种能源消费量变动的总影响，可以分为收入影响和替代影响两个部分，即总影响 = 收入影响 + 替代影响。其中，收入影响是指由于能源 A 的绝对价格变动所引发的实际收入水平变化，进而由受影响后的实际收入水平所引发的能源 A 消费量的变化。替代影响是指由于能源 A 的绝对价格变动所引发的各能源相对价格的变化，进而由受影响后的相对价格水平所引发的能源 A 消费量的变化。其中，收入影响会带来农牧民从能源消费中获取的效用水平，而替代影响则不会改变农牧民从能源消费中获取的效用水平。

现以两种能源为例，解析生活能源结构的替代效应模型，如图3-2所示。

能源 x 和能源 y 有替代关系，都能满足农牧民生活用能目的，并受一定数量的能源消费支出预算的限制。能源 x 的价格现在发生变动，从低价格 $p_x^{低}$ 变动到更高的价格水平 $p_x^{高}$；而能源 y 的价格保持不变。能源 x 的价格变动前时的消费均衡点是 a 点，能源 x 的消费量为 q_x^a。当能源 x 的价格上涨后，农牧民的预算约束线会从 mn 绕 m 点下移到 mn'，并得到新的消费均衡点 c，此时能源 x 的消费量降低为 q_x^c。ll' 是与 mn' 平

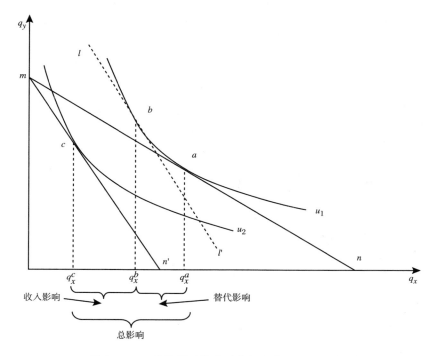

图 3 - 2　两种能源时的生活能源消费的替代影响

行，且与价格变动前的能源消费效应曲线 u_1 相切的补偿预算线，切点为 b 点。

从而，能源 x 从低价格 $p_x^{低}$ 变动到更高的价格水平 $p_x^{高}$ 时，引发的对能源 x 消费量的影响，如式 3 - 7 所示：

$$\begin{cases} 总影响:q_x^c - q_x^a \\ 收入影响:q_x^c - q_x^b \\ 替代影响:q_x^b - q_x^a \\ 总影响 = 收入影响 + 替代影响 \end{cases}$$
（式 3 - 7）

因此，能源 x 的价格上涨时，在收入影响作用下其消费数量会下降，而且在替代影响作用下其消费数量也会下降，从而导致其总消费也会下降①。

———————————

①　此处表明，能源 x 的消费量会随着收入下降而下降，因此能源 x 是一种正常商品。

与此同时，尽管能源 y 的绝对价格没有变，但是受能源 x 价格变动的影响，其均衡消费数量也会相应地变化，如图 3 - 3 所示。

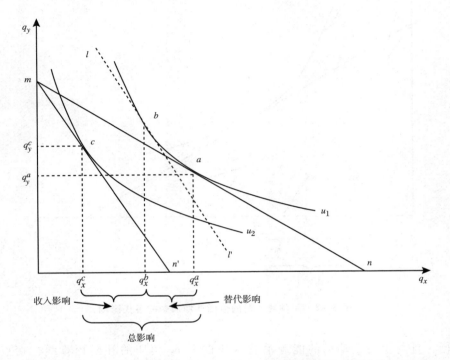

图 3 - 3　两种能源时的生活能源消费的替代影响（价格没变动能源）

由于能源 x 的价格上涨，因此相对来讲，能源 y 的相对价格就会下降些；从而能源 y 的均衡消费数量会从 q_y^a 增长到 q_y^c，增长数量为 $(q_y^c - q_y^a)$。

随着能源 x 和能源 y 消费数量的不同变化，从而引致农牧民生活能源消费结构的变化，这种变化就是由于能源价格变动所引发的生活能源消费结构的替代效应，如式 3 - 8 所示：

$$\left\{ \begin{array}{l} \text{能源 } x \text{ 价格变动}: p_x^{低} \nearrow p_x^{高} \\ \text{能量结构的变化}: (q_x^a : q_y^a) \searrow (q_x^c : q_y^c) \\ \text{支出结构的变化}: (q_x^a p_x^{低} : q_y^a p_y) \searrow (q_x^c p_x^{高} : q_y^c p_y) \end{array} \right. \qquad （式 3 - 8）$$

正是在生活能源消费过程中存在的收入效应和替代效应的两种影响，使得农牧民生活能源消费的能量结构、支出结构和品种结构，出现不断演进。这种演进过程，国内外表现出不断优化升级的共同特点，这种特点被能源经济学学者们总结为"能源阶梯"（energy ladder）。

电力是众多能源消费品种之一，但是它却表征着一个区域或一个家庭能源消费的层次和阶段。通常，一个家庭在生活能源消费方面会经历一个由传统生物能源为主向电力消费为主的阶段演进，这个演进如同一个梯子①。因此，国内外学者用能源阶梯来描述这种演进变化趋势，如图 3 - 4 所示。

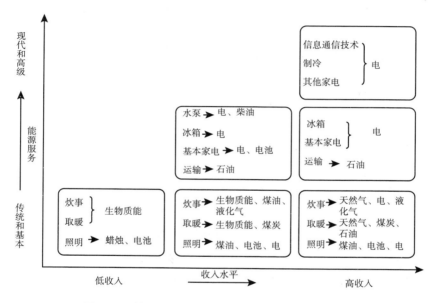

图 3 - 4   能源阶梯中各种生活能源消费的结构演进

电力能源并不是直接替代生物质能，从传统和基本的能源服务向现代和高级的能源服务转变也不是一步到位。能源阶梯的演进路径主要受到能源可得性、能源是否被购买得起、消费习惯等因素的影响。现实生活中，存在即使家庭有钱购买得起某种能源，但是人们却仍持续使用传统生物质能的情形，尤其是当传统生物质能容易取得且近乎于免费时。

低收入家庭偏好使用生物质能来做饭和取暖。随着收入的增长，电力

① Sovacool. The political economy of energy poverty, *Energy for Sustainable Development*, 16 （2012）272 - 282.

和现代能源开始用于照明、家用电器、水泵和通信，但是电力和现代能源的替代却并未显著地出现于炊事和取暖领域。只有收入继续增加到一定程度，生物质能才会被完全替代。

第二节　定居对生活能源消费的影响机制

定居对生活能源消费的影响研究主要涉及三个方面：一是定居影响生活能源消费的作用手段；二是定居影响生活能源消费的传递路径；三是定居影响生活能源消费的演进阶段性。这三个方面回答了定居影响生活能源消费必不可少的问题：用什么影响，如何影响，结果如何。

一　作用手段

定居就是人们要在某一个地方固定居住。在此过程中涉及两个基本内容：一是空间位置的变化；二是住房的更新。

（一）空间位移

空间位置的变化可以称为空间位移，因此根据位移的不同情况，又可以产生不同的定居用语。如果从牧区位移到牧区，并固定下来，则可称为通常意义的游牧民定居；如果从农村位移到城镇，并固定下来，则称为城镇化型或城市化型；如果从国内位移到国外，并固定下来，则称为移民或定居国外。本书则研究第一种和第二种情形。根据城镇的大小或行政级别，农村向城镇的空间位移，又可以分成不同情况，如图 3 – 5 所示。

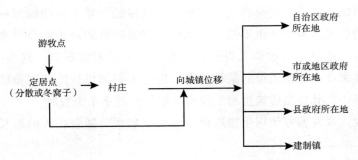

图 3 – 5　农牧民定居过程中的空间位移路径

农牧民在定居过程中，尤其是城镇化型定居过程中，其出现的空间位移路径可以分成如下情形。

第一种：从逐水草而居到有分散的定居点，或者冬窝子。冬窝子是指在冬天游牧民居住的房子，其建筑高度不高，用土、石头、树枝甚至草皮搭建，远远望去如"窝"在地上一般。西藏从民主改革以来，完全的四处游牧、逐水而居早已不复存在，多数形成了冬天有固定住所或冬窝子的状态。

第二种：从分散的冬窝子处所，到较为集中的村庄。

第三种：从村庄到城镇，即城镇化路径。在城镇化过程中，牧民对于城镇的选择类型，可以是建制镇、县政府所在地、市或地区政府所在地，甚至自治区政府所在地。

第四种：从分散的冬窝子处所到城镇，而不先集中到村庄。同样，在城镇化过程中，牧民对于城镇的选择类型，可以是建制镇、县政府所在地、市或地区政府所在地，甚至自治区政府所在地。

从经济利益角度来讲，空间位移意味着就业与收入机会增加，以及更加接近能源基础设施。因此，牧民定居过程中空间位移的经济本质是经济区位的变化，从高成本经济区位向低成本经济区位，位移方向指向就业、收入和能源等基础设施、交通基础设施。而能源基础设施和交通基础设施的变化，意味着能源运输成本和能源可得性的改变。

（二）住房更新

牧民定居过程中，除了发生居住空间上的变动之外，同时还伴随着住房条件的变化，或是旧房改造，或是新房购买与新建。牧民居住条件的变化主要涉及三个方面，如图3-6所示。

第一个方面的变化：住房建筑构造的变化。例如从土木结构变成砖钢结构，院子从开放式变成玻璃房，窗户从较稀疏不严实的木窗变成更为封闭耐用的塑钢窗。住房的建筑构造的变化意味着住房整体上节能能力的变化，开放的房屋和开放式的院子相对于砖钢结构的住房来讲，为保持同样的温度会需要更多的能源，即涉及建筑节能领域。

第二个方面的变化：房间布局结构的变化。例如从人畜混居变成人畜分离；人畜分离又可以进一步从上下两层的立体布局，变成人畜分前院与后院（甚至牲畜暖棚）的平面布局。上下两层的立体布局时，上层居住可

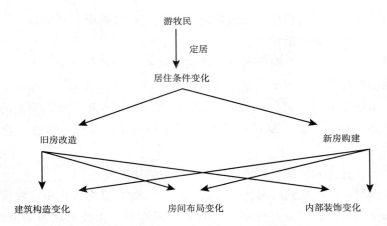

图 3 - 6　农牧民定居过程中的住房更新及主要变化

以获取下层的牲畜发热能源，从而更加温暖些，但是卫生条件差；反之，前院与后院的平面布局，人居住的房间不能从牲畜处取得热源，但是卫生条件会显著提升。

第三个方面的变化：内部装饰的变化。无论是旧房改造还是新房购建，家中都会有装饰需要，尤其是墙体、客厅、经堂部分的装饰。例如房间内墙刷白、经堂更清洁明亮等。

从能源消费需求角度来讲，住房更新会产生对能源消费的新要求，通常是要求更高。这些要求体现在能源的品质方面，即除了能量要求之外的其他要求。有三个方面的品质要求尤其重要：一是能源使用的清洁性，能源在燃烧过程中会释放出烟、尘等物质，这些物质直接影响室内空气质量，进而影响牧民的身体健康，例如电力就比煤炭更为清洁。二是能源使用的便利性，能源使用过程中会花费人力和时间，以及安全防护等，这直接影响到能源使用中的使用成本，例如煤气罐比薪柴使用方便，不需要人不断地向灶中加薪柴，运输起来煤气罐也比薪柴省事。三是能源使用的最大热值，有些用能目的对火力有要求，例如牧区炒菜时就需要有较强的火力，而炖菜则要求不是太严，煤气就比薪柴炒菜更适用，炒出来的菜味道更好。

从经济学的需求理论来讲，牧民定居过程中的住房更新，虽然不能直接影响收入和能源价格，但是会影响到牧民对能源需求的偏好变化。此外，牧民定居从分散走向集中，尤其是迁移到城镇之后，会受到周边居民能源消费的示范效应影响，从而导致牧民对能源需求的偏好变化更加显著、强烈和快速转变。

二 传递路径

定居影响牧民生活能源消费的传递路径，旨在研究定居对牧民生活能源消费总量和结构的影响是如何实现的。

无论定居过程中牧民有什么行动，这些行动只有作用于那些生活能源消费的影响因子时，定居对牧民生活能源消费的影响才会得以实现。本章第一节分析已表明，牧民收入、能源价格和能源偏好是直接决定牧民生活能源消费总量和结构的决定因子。因此，要厘清定居对牧民生活能源消费的影响过程，就必须要将与定居过程中出现的行动或行为，与生活能源消费的决定因子建立因果逻辑联系。从而，定居行为与生活能源消费决定因子间的逻辑联系，就构成了定居对牧民生活能源消费影响的传递路径。

由于定居过程中的两个核心行为是空间位移（尤其是向城镇位移）和住房更新，而生活能源消费总量和结构的决定因子是收入、能源价格和能源消费偏好，从而我们可以得到牧民定居对生活能源消费影响的传递路径，如图 3－7 所示。

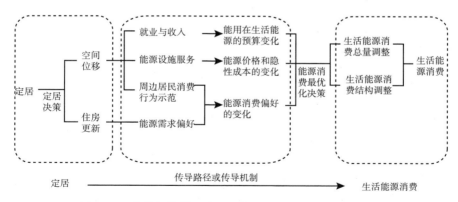

图 3－7　农牧民定居影响生活能源消费的传导路径或机制

（一）提高收入水平

发展经济学和人口学理论中涉及定居的两个主要理论是托达罗的人口迁移模型和李（E. S. Lee）的推拉模型。

20 世纪 60 年代，美国学者 E. S. Lee 提出了系统的人口迁移理论——"推拉理论"。他首次划分了影响迁移的因素，并把它分为"推力"和"拉力"两个方面。前者是消极因素，促使移民离开原居住地；后者是积极因素，这些因素吸引怀着改善生活愿望的移民迁入新的居住地。李（E. S. Lee）在《移民人口学之理论》一文中，认为流出地和流入地实际上都既有拉力又有推力，同时又补充了第三个因素：中间障碍因素。中间障碍因素主要包括距离远近、物质障碍、语言文化的差异，以及移民本人对于以上这些因素的价值判断。推拉理论适用于迁入迁出情形，并没有专门针对农村到城镇类型的人口迁移①。

托达罗认为人口迁移过程是人们对城镇和乡村间预期收入差异，而不是实际收入差异做出的反应；只有当一个劳动力估计他在城市部门预期的收益高于他在农村的收入时，迁移才会发生，否则，劳动力将会继续留在农村。因此托达罗认为，决定劳动力流动的不是实际收入水平而是以实际收入乘以就业概率的预期收入水平。因此，引入就业概率是托达罗模型最突出的贡献，是对传统人口流动模型的重大修正②。

无论是推拉理论还是劳动力迁移理论，都表明收入（无论是预期收入还是实际收入）是促进牧民从农村向城镇迁移定居的主要因素。针对我国藏区的一些研究也表明，农牧民迁移到城镇的动机有许多，例如追求更好的生活条件、追求就业与打工、追求收入增长，甚至为了更好的转经拜佛等宗教文化需要③；但是追求收入增长是最为主要的动机之一。

随着劳动力或人口从农村迁移到城镇，定居下来，并成为城镇居民，通常会伴随着收入水平的提高。1984 ~ 2013 年 30 年间的城镇化，伴随着城镇居民与农村居民收入差距的扩大，就表明收入差异是一个重要的人口迁移定居的促进因素，如图 3 - 8 所示。

1984 ~ 2013 年，中国城镇化水平不断提升，从 1984 年的 23.01% 持续增长到 2013 年的 53.73%。同期，城镇居民人均可支配收入与农村居民人均纯收入之间的差距，从 1984 年的 297 元，持续扩大到 2013 年的 18059

---

① 佟新：《人口社会学》，北京大学出版社，2000。
② 托达罗、史密斯：《发展经济学》，机械工业出版社，2009。
③ 高永久、邓艾：《藏族游牧民定居与新牧区建设——甘南藏族自治州调查报告》，《民族研究》2007 年第 5 期，第 28 ~ 39 页。

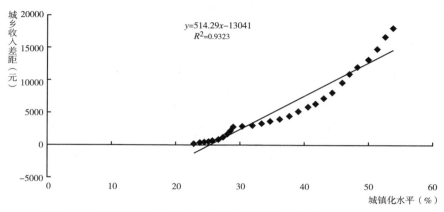

图 3 - 8　中国城镇化水平与城乡收入差距间的相关性（1984～2013）

元。并且，1984～2013 年的 30 年间，城镇化水平与城乡居民收入差距之间呈现出正相关关系，相关系数 R 达到 0.97 的高水平。

同样，1984～2013 年的 30 年间，西藏自治区城镇化水平的提高同样伴随着城乡居民收入差距扩大的趋势，如图 3 - 9 所示。

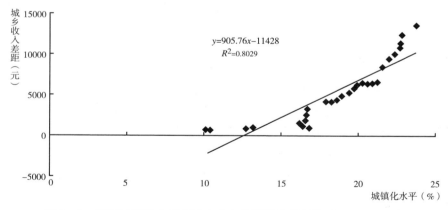

图 3 - 9　西藏城镇化水平与城乡收入差距间的相关性（1984～2013）

1984～2013 年，西藏自治区城镇化水平不断提升，从 1984 年的 10.20%持续增长到 2013 年的 23.71%的水平。同期，城镇居民人均可支配收入与农村居民人均纯收入之间的差距，从 1984 年的 469 元，持续扩大到 2013 年的13445 元。并且，1984～2013 年的 30 年间，城镇化水平与城乡居民收入差距之间呈现出正相关关系，相关系数 R 达到 0.90 的高水平。

城镇居民收入水平显著高于农村居民收入水平的拉力，吸引着农村居民从牧区向城镇迁移和定居。因此，从农村迁移定居到城镇促进了就业提升和收入水平的显著增长。从而，基于收入增长角度，定居对生活能源消费影响的传递路径，如图 3 – 10 所示。

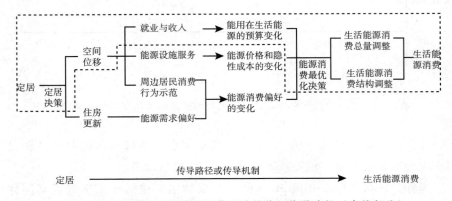

图 3 – 10 定居对生活能源消费影响的收入传递路径（虚线部分）

牧民定居促进了家庭总收入水平的提高，从而增加了可用于生活能源消费的支出预算；在牧民最优化能源消费决策模式下，引发生活能源消费的收入效应，出现生活能源消费总量扩大和结构变化。

（二）接近能源设施

能源的空间分布是不均衡的，因此能源系统就涉及开采和运输问题，例如发电和输变电、煤炭开采与运输、薪柴砍伐采收与运输等。

运输任何能源都会产生运输成本，运输成本要么以显性方式外在为能源最终的购买价格，例如居民购电价格就包括了电力的输变电成本，入户的天然气购买价格就包括了天然气管道运输的成本；要么以隐性方式内在为能源最终的使用成本，例如农村居民购买煤炭和煤气罐之后，从市场到家通常还需要一段自己完成的运输过程。任何能源品种的消费都可能产生或多或少的由消费者自己付出运输活动和运输成本，因此牧民消费能源时所面临的全部生活能源总价格，可以如下表达：

$$P_总 = P_购 + P_自运$$

（式 3 – 9）

式中:

$p_总$表示牧民最终承载的生活能源消费所付出的总价格或总成本, $p_购$表示牧民从能源销售者购买能源时的价格或付出的成本, $p_自运$表示牧民从事自身需要而运输生活能源所付出的代价或成本。

因此, 牧民定居过程中出现的空间位移, 意味着牧民接近各处能源的运输成本发生变化, 从而牧民生活能源的总价格和各种能源间的相对价格也发生了变化; 进而在牧民最优化生活能源消费决策的行为模式下, 这种变化最终体现为牧民生活能源消费总量和结构的变化。我们称此为定居对生活能源消费影响的运输成本传递路径, 如图 3 - 11 所示。

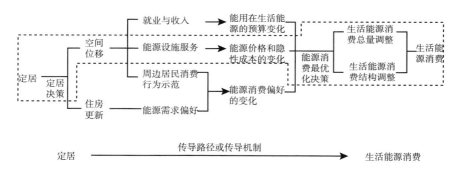

图 3 - 11   定居对生活能源消费影响的能源设施传递路径 (虚线部分)

由于能源基础设施的建设和能源服务的提供具有规模经济和网络经济, 因此那些投入资金较大的能源设施, 不可能延伸到牧区, 甚至中小城镇, 例如天然气管道和电力网; 而薪柴和牛羊粪则随处可见。因此, 当牧民从牧区迁移定居到城镇之后, 各种能源的运输成本发生变化, 如表 3 - 6 所示。

农牧民传统能源薪柴、牛羊粪和沼气资源丰富, 因此当牧民从牧区向城镇迁移定居过程中, 他们将远离这些生物质能, 而更接近煤炭、电力、天然气等现代商品能源。对于太阳能来讲, 太阳向同一经纬度或相近经纬度地区射出的太阳光强度, 可视为均匀的, 因此无论在农牧区还是城镇其使用的价格是不变的。

表 3 – 6　牧民定居过程中各种能源总价格的变化

能源品种		牧区—小城镇	牧区—大城镇
生物质能	薪　柴	高	更高
	牛羊粪	高	更高
	沼　气	高	更高
商品能源	煤　炭	低	更低
	煤气罐	低	更低
	天然气	低	更低
	电　力	低	更低
太阳能		不变	不变

　　现在以薪柴和煤气罐为例，说明牧民从牧区迁移定居到城镇过程中，由于空间位移变化而引发的能源价格变动尤其是相对价格变动，进而引发的生活能源消费数量和结构变化，如图 3 – 12 所示。

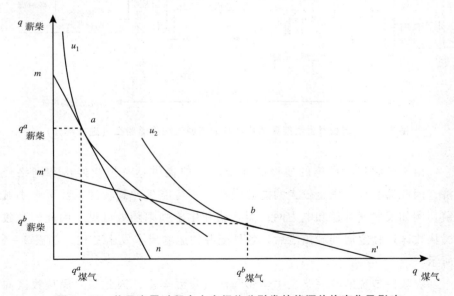

图 3 – 12　牧民定居过程中由空间位移引发的能源价格变化及影响

　　当牧民从牧区迁移定居到城镇时，他们面临薪柴总价格增加，而煤气总价格下降的能源相对价格变动，从而导致他们生活能源消费预算线从牧区时的 mn 变动成为 $m'n'$；进而在能源消费最优化决策下，两种能源的消费均衡点从 a 点变成 b 点。因此，在牧民从牧区迁移定居到城镇过程中，生活能源消费数量和结构都发生了变化，薪柴消费数量从 $q^a_{薪柴}$ 下降到 $q^b_{薪柴}$、煤气消费数量从 $q^a_{煤气}$ 增加到 $q^b_{煤气}$。

（三）提升能源偏好

各种能源在提供热能的过程中，除了提供能量之外，还会有一些其他品质，尤其是燃料清洁性、使用便利程度等。这些差异导致农牧民对能源的偏好程度会有所差异，可以称农牧民对生活能源消费的偏好。

偏好中有较多的个人情感因素，偏好既有个体特征，也会在整体上呈现群体共性。希望居住环境的干净清洁、希望生活的便利省时省事、希望环境的安全健康是一般人都偏好的，他们会将这些偏好反映到对各种能源的偏好上。因此，定居过程会给牧民能源消费偏好带来两个方面的影响，如图 3 - 13 所示。

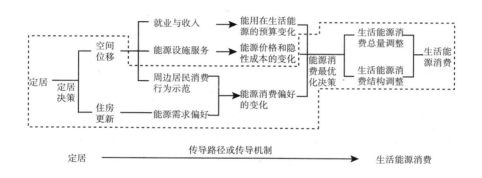

图 3 - 13　定居对生活能源消费影响的偏好改变传递路径（虚线部分）

定居会带来牧民的空间位移和住房更新，而这两个定居过程中的活动都会对生活能源消费偏好带来影响。

一个影响是住房更新后，面临新的住房尤其是楼房，牧民会更加爱惜，因此会使用更清洁的能源，以减少烟的排放；而且更新的住房比帐篷和传统住房更严实，因此薪柴、牛羊粪等传统能源的有害烟尘不容易散发，从而会带来更多的健康损害，因此他们也会更倾向于使用清洁健康的能源品种，尤其是电力和煤气。

另一个影响是能源消费习惯会受到新迁移后周边居民的影响，即存在能源消费的示范效应影响。城镇居民多数使用现代商品能源，使用这些能源所带来的方便、清洁、健康等好处会给新近从农村迁过来的牧民产生重要的示范效应，从而使得新迁入居民能源偏好迅速改变。

国内外一些研究也表明城镇化过程中能源消费变化会受到偏好影响①。郭玉晶 2012 年研究西安农村城镇化过程能源消费变化时，指出能源阶梯理论认为随着城市化进程，家庭生活能源需求结构将会发生巨大变化，从原来污染较高的生物质能转变为较为清洁的电力以及天然气等能源。并且家庭生活能源需求在地理特征上呈现农村、郊区以及城市三个进化状态，并且宏观层面上家庭生活能源需求变化来源于消费偏好的变化。藏超在 2012 年研究城市化对能源消费的影响机制中，指出城市化发展中会带来消费行为的变化，进而体现为居民从农村转移到城镇后，对生活能源消费的品质要求提高，对能源消费的清洁、便捷等产生高消费要求②。

三　演进阶段

牧民从牧区迁移定居到城镇中，可能会选择不同规模和发展水平的城镇类型，从较小的乡镇级别的建制镇，到选择西藏自治区首府拉萨。而且城镇本身也是在不断演进变化的，当然也包括城镇内部的能源供应系统的变化。与城镇类型及演进相对应，牧民定居对生活能源消费的影响也存在阶段性差异和变化。这些阶段性差异和变化集中反映在人均能源消费数量和结构随着定居类型而呈现出阶段性演进。

前面关于定居对生活能源消费所产生的收入效应和替代效应都表明，定居过程会对生活能源消费结构产生影响。整体来看，影响的结果是呈现生活能源消费的能源阶梯现象，即越来越多地消费现代商品能源尤其是电力和煤气，而传统生活能源如薪柴和牛羊粪，甚至煤炭的消费比例却下降。

但是定居对生活能源消费总量的影响，即人均能源消费数量是增加还

① R. H. Hosier, Energy ladder in devloping nations, *Encyclopeia of Enrgy*, 2004（2）：423 - 435.

② 藏超：《城市化对能源消费的影响机制研究》，天津财经大学硕士学位论文，2012。

是减少，前面的分析并没有涉及。因此，在以下部分，我们将研究这个议题，即定居对人均能耗的影响。

（一）影响人均能源消费的因素

居民为了满足日常生活用能，会使用相应的用能工具，例如锅、灶等；而用能工具的热转化效率会直接影响到对能源的消费数量。例如同样是烧开 1 升水，用传统的土灶就比用节能灶消耗更多薪柴。因此，人均能源消费数量可以重新表示如下：

$$Q_{最终} = Q_{购买或采集} \times r_{利用} = Q_{购买或采集} \times r_{转化} \times r_{传导}$$

$$\Rightarrow Q_{购买或采集} = \frac{Q_{最终}}{r_{转化} \times r_{传导}}$$

（式 3 – 10）

式中：

$Q_{最终}$ 代表牧民为实现用能目的而最终消费的能源数量，$Q_{购买或采集}$ 代表牧民购买能源数量或者自己采集的能源数量，r 代表牧民用能工具的能量转化效率。

$r_{利用}$ 代表牧民利用购买或采集来的能源的利用效率，它又受到两个因素的决定：一是能量转化工具，例如钢炉、土灶、微波炉、电炉等；二是容纳食品或水的容纳工具，例如铝锅、铁锅、压力锅等。因此，牧民 $r_{利用}$ 效率的高低就受到能量的转化工具的能量转化效率 $r_{转化}$ 和容纳工具的能量传导效率 $r_{传导}$ 的共同作用。

因此，影响牧民人均能源消费数量 $Q_{购买或采集}$ 取决于三个因素：第一，用能活动的多少 $Q_{最终}$，随着牧民生活水平的提高，与此伴随的用能活动也会增多增强，例如在牧区时，牧民可能好几个月才洗一次澡，而到了城镇定居后则可能一周洗一次澡。第二，能量的转化工具的能量转化效率 $r_{转化}$，转化效率的高低受能源科学技术发展水平的影响，例如随着国家能源科技水平的提升，太阳能热水器、建筑领域的太阳房，开始在牧区广泛推广。第三，容纳工具的能量传导效率 $r_{传导}$ 的影响，能量传导效率也受到能源科技发展水平的影响，例如近年来针对高原的压力锅就受到农牧民偏爱。

（二）人均能源消费的 U 形演进

当牧民从牧区迁移定居到城镇之后，在收入增长、住房更新和周边居民能源消费示范作用带动下，牧民一方面用能活动会增加，从而带来人均生活能源消费数量的增长；另一方面，使用具有更好能量转化效率和传导效率的用能工具，从而带来人均生活能源消费数量的下降。正是这两种影响人均生活能源消费的相反因素的共同作用，导致牧民从牧区迁移定居到城镇之后，虽然普遍会出现生活消费能源结构的提升，但是人均能源消费数量却变得不确定，如图 3 – 14 所示。

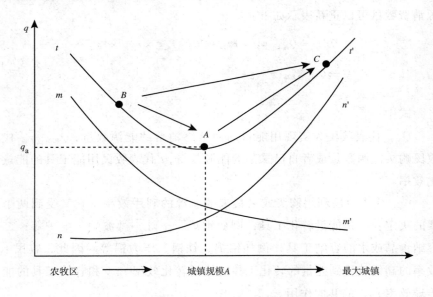

图 3 – 14 牧民迁移定居城镇过程中人均能源消费的变化

随着牧区从农牧区向城镇迁移定居，尤其是向规模不断变大的城镇迁移定居时（例如建制镇、县城、市政府所在地或自治区首府等），人均居民的用能活动增加带来了人均生活能源消费数量的增长，如 nn' 增长趋势。与此同时，城镇之中用能工具的效率不断提升，从而促使人均能源消费数量持续下降，如 mm' 持续降低。两者共同作用的结果是，牧民从农牧区迁移定居过程中，迁移到的城镇的规模不断扩大，人均生活能源消费数量却可能出现 U 形演进的趋势，即先下降、再上升、在某一城镇规模 A 达到最小。

中国过去 20 多年的城镇化发展历史，表明随着城镇化水平的提高，人均生活能源消费数量经历了先下降、再上升的 U 形演进过程；

并且回归得到的 R^2 值高达 0.9 以上；国内的一些研究也得到同样类似结论[①]。

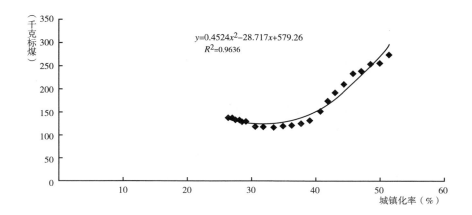

图 3 − 15　中国城镇化水平与人均生活能源消费间的拟合（1990 ~ 2011）

有鉴于此，我们可以将牧民迁移定居过程中，定居对人均生活能源消费数量或人均生活能耗的影响分成三个演进阶段。

第一阶段：在城镇化率较低阶段，或者定居到一定规模的城镇前时（如图 3 − 14 中的城镇规模 *A*，从 *B* 到 *A* 期间），定居带来了人均生活能源消费数量的下降。

第二阶段：在城镇化率中等水平阶段，或者定居到图 3 − 14 中的城镇规模 *A* 的附近时，定居带来的人均生活能源消费数量变化不显著。

第三阶段：在城镇化率较高阶段，或者定居到一定规模的城镇后时（如图 3 − 14 中的城镇规模 *A*，如 *A* 到 *C* 期间），定居带来了人均生活能源消费数量的增加。

这种阶段变化，在空间上就体现为各种城镇化差异地区，城镇化带来的人均生活能源消费数量的不同变化方向，西部地区城镇化会带来人均能源消费数量的降低，而东部地区城镇化则会带来人均能源消费数量的增

---

① 王子敏、范从来：《城市化与能源消耗间关系实证研究》，《城市问题》2012 年第 8 期，第 8 ~ 14 页。

强。同样，也有一些研究表明不同空间地区，存在城镇化对人均能源消费增加或减少的不同作用方向的结论①②。

第三节　小结

定居对生活能源消费影响的理论分析表明，定居借助于空间位移和住房更新两个手段，通过定居所带来的收入增长、能源基础设施接近和能源偏好提升三种传递路径，实现对农牧民生活能源消费的影响。在此影响下，农牧民人均生活能源消费呈现 U 形变化。

---

① 张黎娜、夏海勇：《城市化进程中的能源消费差异研究——基于中国省际面板分析》，《学海》2013 年第 3 期，第 136～141 页。

② 袁晓玲、方莹、张宝山：《能源消费与城市化水平关系的动态计量分析——以关中城市群为例》，《城市发展研究》2011 年第 3 期，第 65～71 页。

第四章　那曲地区牧民定居的机制及其特征

把握西藏那曲地区牧民定居的机制和特征是深入分析定居对生活能源消费影响的重要前期工作。不同的定居模式会对生活能源消费产生不同的内在需求，从而影响到定居过程中生活能源消费的数量变化和结构变化，例如定居到县政府所在地和拉萨市的不同迁移定居方式，显著会带来不同的生活能源需求。本章将分析那曲地区牧民定居的过程、定居的动力机制和特征。

第一节　那曲牧民定居的演进过程

那曲牧民定居的演进过程，受定居过程中空间位移是牧区还是城镇的影响分成两种：城镇化和村落化。城镇化是指农牧区人口向各种规模的城镇进行迁移定居的情形；而村落化是指农牧民从四季游牧和四处游牧走向在牧区中的村落安定下来的情形。无论哪种情形，都离不开那曲总体人口的变化。

一　总人口

城镇化和村落化都是人口的迁移，其规模程度会受到其人口基数的影响。过去 30 多年间，那曲地区的人口数量持续增加，如图 4－1 所示。在西藏自治区宽松的人口生育政策和持续改善的医疗卫生条件支持下，那曲地区总人口不断增长，从 1980 年的 23.67 万人，持续增长到 2012 年的 49.16 万人，年均增长率 2.31%；户数也从 1980 年的 4.58 万户，持续增加到 2012 年的 11.62 万户，年均增长率 2.97%。

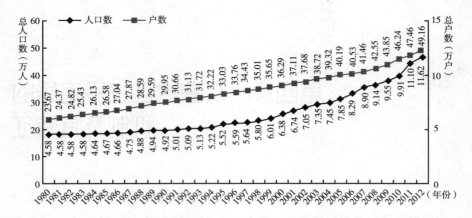

图 4 - 1　那曲人口数量和户数增长变化（1980～2012）

数据来源：各年《那曲统计年鉴》和各年《西藏统计年鉴》。

那曲地区虽然出生率持续下降，但是死亡率也在不断下降，从而使自然增长率总体下降但绝对数量较高，相对于全国来讲，出现人口发展的"高出生率、低死亡率、高自然增长率"模式，如图 4 - 2 和图 4 - 3 所示。

图 4 - 2　那曲人口出生率、死亡率和自然增长率变化（1995～2008）

数据来源：各年《那曲统计年鉴》。

1995～2008 年，那曲人口出生率从高达 33.30‰、下降到 15.50‰；死亡率从 9.1‰下降到 4.00‰；在两者共同作用下，最终人口的自然增长率从 24.20‰下降到 11.50‰。虽然那曲人口自然增长率在持续下降，但

是从绝对数量来看，仍处较高水平，远高于同期全国水平，如图 4 - 3
所示。

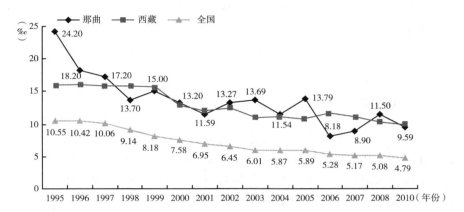

图 4 - 3　那曲地区人口自然增长率与西藏和全国的比较（1995～2010）

注：2009 年数据缺失。

数据来源：各年《那曲统计年鉴》，第六次全国人口普查数据。

那曲地区人口自然增长率，总体来看，1995～2010 年与西藏自治区水
平大体相当，但比全国则高出许多。例如 2010 年，那曲人口自然增长率为
9.59‰，而全国只有 4.79‰，前者是后者的 2 倍。

那曲地区总人口不断增长的同时，其所属各县的人口都出现持续增长。

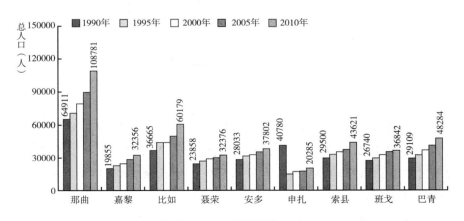

图 4 - 4　那曲各县人口自然增长情况（1990～2010）

数据来源：各年《那曲统计年鉴》，第六次全国人口普查数据。

1990 年以来，那曲各县的人口都得到了快速增长。1990～2010 年，增长最多的是那曲县、人口增加了 43870 人、增长速度为年均 26.15‰，远高于自治区平均水平和全国水平；增长速度最慢的安多县，其平均增长率也达到 15.01‰。申扎县 1990 年人口包括了尼玛县城镇人口，从而导致 1990 年人口比 2010 年还多；尼玛与双湖人口时而合并时而拆分，这里没有对尼玛和双湖人口进行分析。

二　城镇化

作为那曲牧民主要定居方式之一的城镇化，是最能影响牧民生产生活方式改变和生活能源消费变化的定居方式。随着经济发展和人口流动的增多，那曲地区的城镇化水平也在持续提高。1990～2010 年的 20 年，那曲地区城镇化水平变化，如图 4-5 所示。

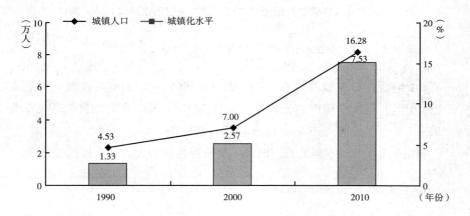

图 4-5　那曲地区城镇化水平纵向变化（1990～2010）

数据来源：第四次、第五次、第六次全国人口普查数据。

过去 20 年，那曲地区城镇人口不断增长，从 1990 年的 1.33 万人，增长到 2000 年的 2.57 万人，到 2010 年则增长到 7.53 万人。与此伴随，那曲地区城镇化水平也从 1990 年的 4.53%，增长到 2000 年的 7%，再到 2010 年的 16.28%。

从时间纵向发展来看，那曲地区城镇化水平持续提高，如图 4-6 所示。

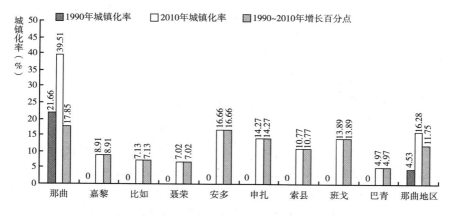

图 4 – 6　那曲地区各县城镇化水平变化（1990～2010）

数据来源：第四次、第五次、第六次全国人口普查数据。

1990～2010 年的 20 年间，那曲各县的城镇化水平得到了普遍增长。1990 年时，那曲地区的城镇化水平只有 4.53%，经过 20 年的发展，到 2010 年城镇化水平提高到 16.28%，提高了 11.75 个百分点。1990 年时，只有那曲县城镇化率为正值，为 21.66%；而其他县城镇发展不足、规模小，城镇化率为 0。到 2010 年，各个县城镇化率都不同程度地提高，其中那曲县提高最多，达到 17.85 个百分点；即使是城镇化水平较低的巴青县也提高了近 5 个百分点。

但是，如果进行空间横向比较，那曲地区城镇化水平的绝对水平并不高，如图 4 – 7 所示。

2010 年，那曲地区总人口 462381 人，其中市区人口为零、镇人口 75284 人、乡村人口 387097 人，城镇化率为 16.28%。可见，那曲城镇化率低于自治区 22.67% 的平均水平，更比全国平均水平 49.95% 低，在自治区 7 个地市中排名倒数第二。

从各个县来看，2010 年那曲 10 个县的城镇化水平，如图 4 – 8 所示。

2010 年，那曲地区一部分下辖的 10 个县，城镇化水平除那曲地区行署所在地那曲县之外，多数县城镇化水平都较低。尤其是近一半的县城镇化水平还只是个位数，像巴青县和尼玛县还没达到 5%。

因此，那曲地区牧民迁移定居，走向城镇化过程中，城镇化发展水平呈现出持续提高，但水平仍较低的状态。

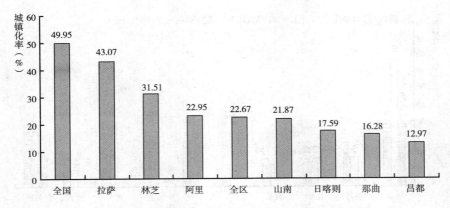

图 4 - 7　那曲地区城镇化水平及与全区、全国的比较（2010）

数据来源：第六次全国人口普查数据。

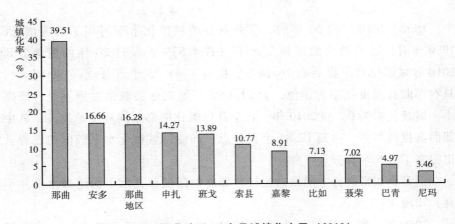

图 4 - 8　那曲地区 10 个县城镇化水平（2010）

数据来源：第六次全国人口普查数据。

三　村落化

　　那曲地区一部分农牧民在向城镇迁移定居的同时，其他农牧民则在进行另一种形式的定居，即尽管仍居住在乡村牧区，但是从游牧走向定居、从分散居住走向乡村集中，我们称之为那曲牧民迁移定居的村落化，如图 4 - 9 所示。

　　区域经济发展过程中，农村与城镇是两种经济空间载体，城镇与农村

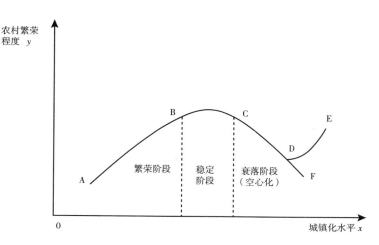

图4－9　城镇化过程中农村发展阶段变化

的相对发展关系，会经历多个阶段。

第一阶段 AB：城镇发展时农村也获得发展，这是第一阶段，此阶段城镇与农村之间除了市场、生产资料、粮食等经济交易关系之外，从人口迁移角度来讲，许多农牧区居民到城镇就业打工，增加收入；然后返回乡村，用在城镇挣的钱改善生活；并向村里集中，农村中劳动力比重会增加。

第二阶段 BC：城镇发展时，乡村也获得发展，但是从农村向城镇迁移的人口越来越多，尤其是年轻劳动人口向城镇流动定居，或者是在城镇的工作、生活时间越来越长。

第三阶段 CD：城镇发展时，乡村却开始走向衰落，出现乡村空心化现象，突出表现为"人去房空"甚至"人去楼空"，即使第一和第二阶段在农村修建的二层楼房，也会没人居住了，许多年轻人或者在城镇长大的打工子弟的二代不再愿意回到农村。正如一些研究人员在发达地区调研时所发现的①。

第四阶段：如果城乡一体化政策实施恰当，那么农村地区会得到复苏，重新发展起来，例如 DE 阶段；但是如果城乡一体化和城乡公共服务

①　李红波、张小林：《城乡统筹背景的空间发展：村落衰退与重构》，《改革》2012 年第 1 期，第 148～153 页。

均等化政策实施不当，那么农村地区就无法再次复苏，如 DF 阶段①。

当农牧区的青壮年劳动力出现外流，导致农牧区 15 ~ 59 岁群体在总人口中所占比重下降，那么此时就可能出现农村发展的第二、三、四阶段。图 4 - 10 显示了过去 10 多年，西藏那曲地区乡村中青年劳动力人口比重的变化。

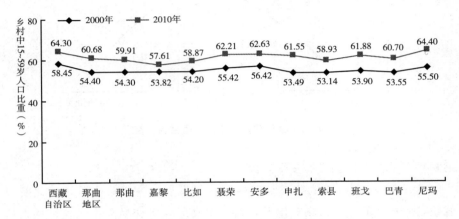

图 4 - 10　那曲地区及各县乡村人口中青年劳动力比重（2000，2010）

注：数据来源于第五次、第六次全国人口普查数据。

2000 ~ 2010 年，西藏自治区、那曲地区和下属的 10 个县，乡村中 15 ~ 59 岁的人口占总人口的比重，都出现了增长，而不是下降。因此，那曲地区在城镇化过程中，农村发展仍处于繁荣的第一阶段。

近年来的安居工程更是极大地促进了牧区人口走向定居、走向集中的进程。那曲地区 2006 年到 2010 年的安居工程完成情况，如表 4 - 1 所示。

那曲地区实施的安居工程项目可以根据住房空间位移与否，可以分成两大类：一是涉及空间位移的游牧民定居、贫困搬迁和地方病搬迁，这三个子类通常在居住地点发生空间变化的同时，也会走向空间的集中，形成游牧民定居点、贫困搬迁的整村迁移等。二是不涉及住房空间变化，而只涉及旧房改造的项目，包括民房改造。

① 石田宽、马广志：《日本的乡村聚落》，《人文地理》1989 年第 3 期，第 57 页。

表 4 - 1　那曲地区定居工程项目类别构成（2006～2010）

年份	涉及空间集中类项目			涉及既有住房更新类项目：民房改造
	游牧民定居	贫困搬迁	地方病搬迁	
2006	2644	860	13	3823
2007	2330	609	19	4130
2008	7524	982	23	4673
2009	4769	1254	16	5022
2010	0	5060	6	4434
合计	17267	8765	77	22082

数据来源：吕刚：《那曲地区实施安居工程效果评价》，四川农业大学，2012。

2006～2010 年，那曲地区实施安居工程涉及 48191 户，其中涉及空间集中的游牧民定居 17267 户、贫困搬迁 8765 户、地方病搬迁 77 户，三者共有 26109 户，占全部安居工程的 54.18%。2010 年，那曲地区乡村共有 75131 户，三者占那曲地区全部乡村户数的 34.75%。

那曲作为藏北地区，大约 30 年前，当地牧民都住黑色的牛毛帐篷；在生产上按季节逐水草游牧与冬季定居相结合①，因此虽然有行政意义上的村，但是没有空间居住形态上的集中，没有形成村落。但是到了 2013 年，那曲许多定居点出现了人口集中、住房集中和更新的现象。

但是，我们在调研中发现了农村发展阶段的非常规变化，出现一些乡村人去、房空、牛羊出租的现象。2012 年，我们在巴青县乡村调研时发现，村里 40 多户，其中就有 10 多户搬迁到那曲地区所在地或者拉萨生活，只在虫草采集季节才回来。当地数额巨大的虫草收入，以及当地与城镇之间公共服务的差距，甚至电力网都没接通，他们中的许多人就选择了迁移到城镇居住。至于巴青县政府所在地，却较少有人迁移来此，而是直接迁移到基础设施更好的较大城镇，尤其是那曲地区所在地那曲镇和自治区所在地拉萨城关区。

第二节　那曲牧民定居的动力机制

我们可以借鉴发展经济学中的人口流动理论关注城镇实际收入与预期

---

①　格勒、安才旦：《藏北牧民》，中国藏学出版社，1993。

收入的差异，关注非正规就业的作用；借鉴和社会学中的推拉理论关于人口流动的拉力、推力和中间阻力的三分方法；结合那曲牧民定居中出现的城镇化与村落化现象，对那曲牧民定居的动力进行分析。

一 城镇化定居的动力

城镇化定居的动力是追求生活日益改善，其中收入则是保障其幸福的主要支撑条件，而生活基础设施或基本公共服务则是保证生活质量的重要条件。借鉴发展经济学和社会学人口迁移理论中关于动机与动力的分析，我们认为那曲城镇化定居的动力主要包括：城乡收入差距、城乡基本公共服务差距。

（一）城乡收入差距

城镇与乡村面临不同的就业机会，带来不同的经济收入。人口从乡村向城镇迁移是基于预期收入差距刺激了农牧民迁移行为的出现和实施。当他们进入城镇后，如果没有实现就业和实际的收入增长，那么他们就可能返回乡村。因此基于预期城乡收入差距很好地阐述了迁移过程中的微观行为。所以，分析城乡收入差距时，除了分析城镇居民与农牧民收入总量差距之外，还要分析他们收入的结构差异，从而表明迁入城镇后的就业机会如何、预期收入能否最终成为真实收入。

1. 城乡收入差距总量

那曲地区在过去20多年间，经过自身努力和国家支持，无论是城镇居民还是乡村居民，他们的收入水平得到了持续增长，如图4-11所示。

1990~2012年，那曲地区城镇居民可支配收入，从1755元增长到18426元，增长了近10倍，年均增长率达到11.28%。农牧民人均纯收入则从1990年的412元，增长到2012年的5586元，增长了12倍，年均增长率达12.58%。

但是，在那曲地区城乡收入不断增长的同时，城乡之间的收入差距却仍然存在，如图4-12所示。

1990~2012年，那曲地区城乡居民之间的收入差距虽然从倍数上来看，有所下降，从1990年的4.26倍下降到2012年的3.30倍。但是，从收入的绝对数额来看，那曲地区城乡居民之间的收入差额却在持续加大，从1990年的1343元，持续扩大到2012年的12840元，差额增加了8倍多。

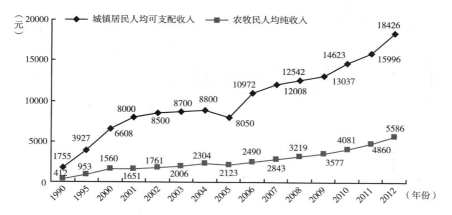

图 4 – 11　那曲地区城乡居民收入变化（1990、1995、2000 ~ 2012）

数据来源：各年《那曲统计年鉴》和《西藏统计年鉴》。

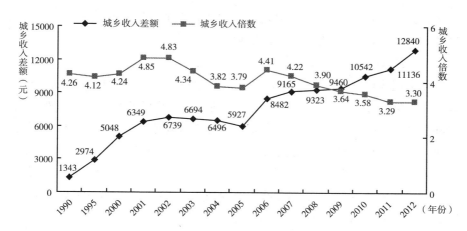

图 4 – 12　那曲地区城乡居民收入差距变化（1990、1995、2000 ~ 2012）

数据来源：各年《那曲统计年鉴》和《西藏统计年鉴》。

　　西藏自治区的农牧区居民人口迁移，在空间上来讲，向自治区外迁移的比重非常小，而区内流动则相对更多。因此，我们将那曲农牧民收入与西藏自治区其他地区进行了比较，如图 4 – 13 所示。

　　2012 年，那曲地区农牧民收入与西藏自治区及其他地市比较，显示那曲农牧民人均纯收入比其他 6 个地市城镇居民人均可支配收入的差额都超过 10000 元，而收入倍数最高的达到 4.13 倍，最少的也达到 2.79 倍。

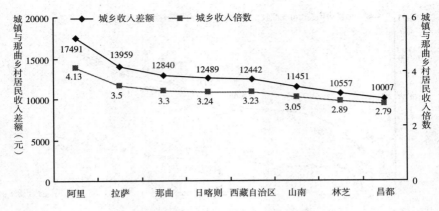

图4-13　那曲地区城乡居民收入差距变化（2012）

数据来源：《那曲统计年鉴》和《西藏统计年鉴》。

因此，从城乡居民之间的收入差距角度来讲，那曲农牧民具有向自治区7个地市城镇迁移定居的激励或动机。

2. 城镇就业增收机会

城乡居民收入差距来源于其收入来源存在差异。从中国居民收入构成来看，可以区分成4种收入来源：工资性收入、经营性收入、财产性收入、转移性收入。工资性收入是居民通过提供劳动服务来获取，例如城镇居民就业、打工；经营性收入是居民通过从事生产活动来获取，例如办企业、开小卖店；财产性收入是居民通过对资产的利用来获取，例如股票买卖、银行利息；转移性收入则是居民从政府或其他群体的提供与赠送来获取，例如中央对西藏农牧民的各种补贴。

城乡居民的收入构成，可以折射出城镇就业机会对于农牧民的可得性。如果城镇居民的收入构成主要是从政府获取工资性收入，那么城镇就业对于农牧民进城获取就业机会就比较困难，如图4-14所示。

2007~2012年，西藏城乡居民收入差额不断扩大，从8386元持续增长到13238元；4种收入来源对收入差额的贡献份额，如图4-15所示。

图4-15显示，构成城乡居民收入差距最大的因素是工资性收入差异，并且在持续增长，2012年13238元的城乡收入差额中，工资性收入贡献了124.41%。这表明城镇居民与农牧民到城镇打工时，获取的工资性收入在数额上存在显著性的不同，存在正规就业与非正规就业的差异。

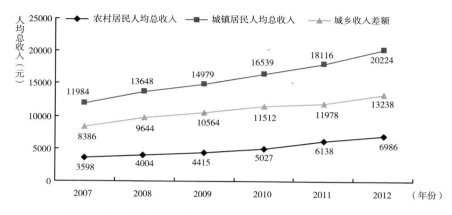

图 4 – 14　西藏自治区城乡居民收入差额变化（2007～2012）

数据来源：各年《西藏统计年鉴》。

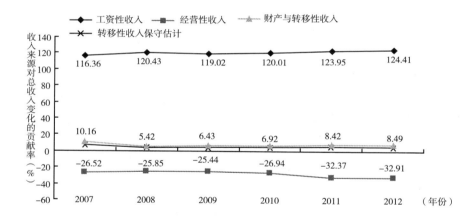

图 4 – 15　影响西藏自治区城乡居民收入差额变化的因素（2007～2012）

数据来源：各年《西藏统计年鉴》。

　　图 4 – 16 显示了西藏自治区城镇居民中，工作于公共服务部门的人员比重。2003～2012 年，西藏自治区整体上城镇居民中工作于公共服务部门（例如公务员、事业单位人员）的人口比重持续增长，从 2003 年的 11.2%增长到 2012 年的 16.8%。而同期，全国城镇居民中工作于公共服务部门的人口比重只有 2.17%。

　　如果从城镇就业角度来讲，城镇居民就业中，公共服务部门的从业人

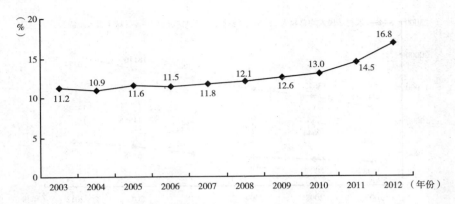

图 4 – 16　西藏公共服务部门人员占城镇总人口比重（2003～2012）

数据来源：《西藏统计年鉴》。

员比重，在全国也是处于高水平，如图 4 – 17 所示。2012 年，在公共服务部门就业的人员占城镇就业人员的 46.45%，也就是近一半就业是吃财政饭的"铁饭碗"。这个数字远高于同期全国和其他一些民族自治地区，例如全国只有 10.11%，新疆为 15.04%，同处青藏高原的青海也只有14.91%。尤其是近年来，西藏自治区全就业政策实施以来，城镇就业人口中公共服务部门就业比重就更高。

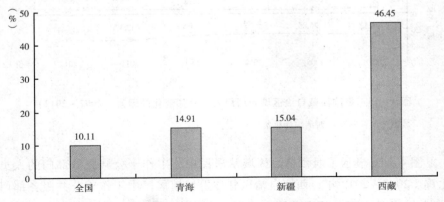

图 4 – 17　西藏公共服务部门人员占城镇总就业比重（2012）

　　因此，按照发展经济学家 G.S. 菲尔茨在改进托达罗模型时的观点，在西藏农牧民进城之后的就业概率并不乐观。尽管农村潜在迁徙者通过亲戚朋友介绍到城市找到工作，农村劳动力先在城市非正规部门临时就业，然后再到正规部门工作等现象存在，但是西藏自治区非农产业发展不发达，提供的城镇就业机会相对较少；那曲地区就更是如此了。

表 4 – 2　那曲地区农牧民进城就业机会的相关影响因素

相关影响因素	那曲地区	西藏自治区
工资对城乡收入差距的贡献率	125. 33	124. 41
第一产业占 GDP 比重(%)	17. 57	11. 27
第二产业占 GDP 比重(%)	25. 25	34. 46

2012 年，那曲地区工资性收入差额对城乡居民收入差额的贡献率为 125. 33%，高于自治区平均水平；但是城镇区域能为进城务工的农牧民提供就业的产业支撑条件却不如自治区，例如相对于自治区来讲，那曲地区的第一产业占 GDP 比重 17. 57%，高于自治区的 11. 27%，而能大量提供就业的第二产业占 GDP 的比重却显著低于自治区水平，只有 25. 25%，居于全自治区最低水平；同样那曲地区工业总产值也是全区最低水平，只有 7598 万元。

（二）城乡基本公共服务差距

农牧民向城镇迁移定居的另一个重要激励就是进城享受城镇更好的基本公共服务设施，尤其是电力、教育、医疗等基本公共服务。由于电力、教育、医疗等基本公共服务的提供过程存在规模经济和范围经济特点，因此这些设施不可能无限度地延伸到农牧区每个地方，而是需要一定规模的消费数量来支撑，以降低提供成本；而通常的集中地方就是城镇地区。图 4 – 18 显示了那曲地区人口密度及与其他区域的比较。

人口密度是支持公共服务提供的一个关键影响因素，通常人口密度越低公共服务就越难提供。2012 年，那曲地区人口密度约为 1. 23 人/平方公里，约是西藏自治区的一半，也低于青海、内蒙古等其他牧业大省区，更低于全国平均水平。可以这样说，按照 2012 年那曲地区户均人口 4. 23 人来计算，约要走 2 公里才能看到一个牧户。

同样，那曲地区下属各县的人口密度也较低，个别偏远地区更是如此，如图 4 – 19 所示。

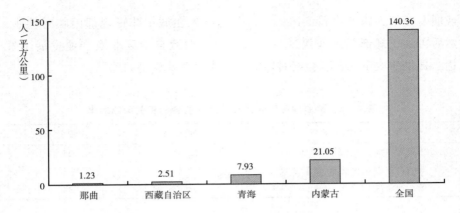

图 4 – 18　那曲地区人口密度及比较（2012）

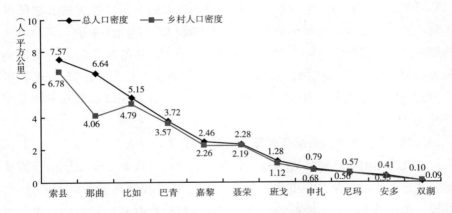

图 4 – 19　那曲地区下属各县（特制区）人口密度及比较（2010）

数据来源：第六次全国人口普查数据，双湖是以 2008 年数据计算。

2010 年，按照总人口来计算，那曲地区每平方公里不足 1 人的县有 5 个，最低的双湖特别行政区只有 0.1 人。如果按照乡村人口来计算，那么各县的人口密度会更低。

人口居住的分散带来公共服务提供的困难。以电力为例，虽然西藏自治区通过各种能源支持政策，实施了户户通电工程，使得通电率达到 100%；但是从电力可靠性来讲，主电网还是比小水电、太阳能光伏发电、户用太阳能发电更受农牧民欢迎。而到 2013 年年底，西藏 72 个县中只有 44 个县实现主电网连接，覆盖率为 61%。2013 年年初时，那曲地区除那曲、安多、聂荣之外的其他 8 个县仍未接通主电网，甚至富裕的东三县比如、索县、巴青也是如此。

二　村落化定居的动力

村落化定居中牧民不向城镇迁移，而是向乡村集中，尤其是乡政府所在地或行政村。随着中央政府和西藏自治区对推进农牧区发展的支持，乡村的公共服务尽管其水平仍无法达到城镇，但是与自己纵向比较还是有了明显的改善。例如电力网接通到乡村行政地，乡有卫生院、有小学；部分较大的行政村所在地有幼儿园和小学。因此，相比于那些广大分散的牧民或三三两两的定居点，乡村所在地的公共服务水平还是更加完善。出于对基本公共服务的追求，牧民在无法向城镇迁移定居时，会优先考虑集中到乡村所在地，以便尽可能享受到基本公共服务。因此，本部分不再专门分析基本公共服务差异和收入差异而引发的牧民定居，而是深入分析除此之外的其他因素。这些其他因素包括牧区草场资源的退化、草场资源的确权、安居工程的实施。

（一）草场资源的退化

那曲地区既是一个牧业大区，也是一个生态大区。那曲地区草地面积6.32 亿亩，其中可利用草地面积 4.69 亿亩。受自然条件、人口快速增长、传统牧业粗放式经营和全球气候变暖等因素的共同影响，草场超载过牧和草原退化现象严重[1]，不仅影响到了牲畜的产出，而且还产生了水土流失、沙化等生态环境负面影响。

以那曲地区为主的藏北草原退化趋势尤为明显。6.4 亿亩可利用草原中，已经有 5.2 亿亩处于退化中；其中中度和重度退化的草场面积达到2.7 亿亩[2]。自治区农牧厅联合自治区气象局发布《2013 年西藏自治区草原资源与生态监测报告》显示，低覆盖度植被集中在藏北和藏西北的牧区和无人区一带；而那曲地区则是构成藏北的主要部分。那曲地区农牧部门的监测数据也显示，那曲地区草原还在以每年 4% 左右的速度继续退化。

---

① 《西藏草原：不能忽视的"消失"真相》，http：//www.xj.xinhuanet.com/2008 - 03/11/content_ 12667585. htm。

② 《2013 年西藏草原监测报告发布　植被覆盖呈稳定状态》，http：//www.chinatibetnews.com/2014/0418/1331548. shtml。

为减少草原超载、加快畜牧业发展，不降低牧民收入，牧业生产方式开始发生变化，从四处游牧方式，向舍饲圈养或半舍饲圈养的畜牧业发展方式转变。畜牧业生产方式变化，从空间上来看，具有由流动向固定、从分散到集中的空间特点，从而促进了村落化定居的出现和形成。

（二）草场资源的确权

那曲草场资源的确权经历了一个不断明确和朝向牧户、朝向更容易流转承包的演进过程。

第一个时期，产权从部落朝向人民公社集体所有转变。20 世纪 50 年代末至 60 年代初，藏北牧区实行民主改革，废除了封建农奴制，建立起劳动人民所有制的新的社会制度。1970 年西藏开始人民公社化运动，藏北的乡改为人民公社。行政边界、地域边界和集体边界的清晰，放牧的范围基本确定下来，作为集体成员的牧民客观上定居下来[①]。

第二个时期，草场产权朝向牧户承包时期。改革开放之初，中央为西藏自治区制定的"牲畜归户，私有私养，自主经营，长期不变"的政策，极大地促进了牧区经济的发展。但是出于公地悲剧的原因，草场资源在运行中出现草场大锅饭的现象。那曲地区为解决"牲畜私有私养"与"草场大锅饭"间的矛盾，1999 年起进行了草场承包到户制，以法律形式明确草场承包 50 年不变[②]。

第三个时期，草场确权、促进使用权流转时期。随着城镇化水平提高，农牧民外出打工人员不断增加；再加上草原生态补偿机制的实施，推进了草场资源产权分配到户，包括原先仍被部分保留公共使用的草场，以及虽然产权划定但可以公共放牧的草场。

2014 年那曲地区按照"依法依规、实事求是、尊重民意、保持稳定"的原则，在坚持牧区"三个长期不变"基本经营制度的前提下，在不改变草场集体所有的性质和用途及不损害草场承包权益的基础上，在西部各县开展草场确权登记颁证试点工作。积极稳妥开展草场流转工作。草场流转时，按照"因地制宜、自愿互利、优化配置、规范有序、不改变草场用

---

① 郎维伟、赵书彬：《藏北牧区定居点向村落变迁初探》，《西藏研究》2010 年第 6 期，第 37~47 页。

② 《西藏那曲地区推广草场承包到户制初显成效》，http：//gb.cri.cn/3821/2004/11/22/146 @367235.htm。

途"的原则,以转包、转让、互换、租赁、合作、入股等形式进行流转①。

草场资源产权朝向更加明确到户、更加易于流转的制度,推进了牧民离开草原时仍能外包草场以获取收益,进而清除他们向城镇迁移就业和定居时的一些后顾之忧。

(三) 安居工程的实施

西藏那曲地区的游牧民定居活动早就出现了,只是进入 21 世纪以后,国家和西藏自治区更加重视牧民的居住和定居问题。在西藏自治区和那曲地区,国家先后实施的重大定居工程有两个:一个是 2001 年实施的《西藏牧区草原建设与游牧民定居工程》;另一个是 2006 年开始实施的安居工程。

《西藏牧区草原建设及游牧民定居工程》是中央第四次西藏工作会议确定的 117 项重点援藏项目之一,旨在改变当地游牧民群众落后的生产生活条件。该项目由国家总投资 1.96 亿元人民币,计划从 2001 年到 2005 年的 5 年内,分别用于拉萨市、日喀则地区、昌都地区、那曲地区、阿里地区的 19 个县、8000 户游牧民的定居住房及配套设施畜圈、暖棚、贮草棚、太阳能井和草地建设等。建设居住面积共为 11.04 万平方米,建设牲畜暖棚 82.08 万平方米,贮草棚面积 1.1 万平方米,太阳能水井 184 眼,草地建设面积 20.01 万亩。19 个县中就包括那曲地区的嘉黎、聂荣、比如、索县等县,投资 2993 万元。

《西藏牧区草原建设及游牧民定居工程》于 2005 年结束之后,西藏自治区总结游牧民定居的经验,于 2006 年在整个自治区实施了安居工程。与此同时,国家于 2008 年也在认真总结游牧民定居工程实施经验的基础上,在西藏、青海、四川、甘肃、云南、内蒙古、新疆等七省(区)全面启动了新的游牧民定居工程,2000 ~ 2010 年,国家共安排中央投资 42 亿元,在七省(区)计划定居游牧民 16.8 万户、约 78.5 万人。

在西藏和那曲地区,农牧民都统一称之为安居工程。农牧民安居工程以农房改造、游牧民定居、扶贫搬迁和"兴边富民"安居为重点,坚持"宜改则改,宜建则建,宜迁则迁"的原则,尊重农牧民群众的自愿选择

---

① 《西藏那曲试点草场确权登记颁证制扩大流转面积》,http://www.cnrmz.cn/mzyw/
201406/t20140613_ 797850. html,2014 年 6 月 13 日。

和生活习惯，以最大限度改善农牧民的居住条件。针对西藏地震灾害频发、农牧区民房抗震设防能力较弱等实际，还投资 20 亿元对全区农房实施抗震加固和设防，增强农牧区民房的抗震能力。到 2013 年年底安居工程"收官"时，已完成 46.03 万户，投资 278 亿元，全区农牧民群众人均住房面积增加了 20% ~30%；许多低矮、阴暗、人畜混杂居住的土坯房变成了钢筋混凝土结构的二层小楼①。

那曲地区为了减轻安居工程建设中农牧民的负担和促进农牧民接受意愿，采取了多项措施。设计了 16 套户型供牧户参考选择；对农牧民安居工程建设资金进行严格管理，制订科学合理的资金预分配方案。通过各种渠道，与对口援藏省市进行协调，积极争取援藏资金注入农牧民安居工程建设中，例如中石化对班戈县安居工程的援助。同时，那曲地区各金融部门也加大对农牧民安居工程的支持力度。根据农牧民的实际贷款能力，综合预期效益和分期还款能力，确定每户农牧民贷款数额不超过建房造价的40%，贷款期限为 5 年；采取抵押贷款、小额贷款、担保贷款等形式解决群众贷款问题。

游牧民定居和安居工程两大工程的顺利实施，为那曲牧民村落化定居提供了三个动力来源：一是游牧民定居和安居工程对游牧民定居提供了小型定居点、并入现有乡镇村落、整体搬迁等三种空间位移方式，无论哪种方式都具有从分散走向集中的共同特点；二是住房设施得到显著提升，无论是住房结构还是屋内设施都显著改善；三是安居工程建设过程中吸纳大量当地农牧民参与建设，使他们获取了就业、创造了收入。这些反过来又夯实了农牧民定居地点向城镇选择和修建更好住房的经济基础。

第三节　那曲牧民定居的基本特征

总结第一节和第二节关于那曲地区牧民定居的过程和动力的分析，可以归纳出那曲地区牧民定居的基本特征。

---

① 《西藏安居工程"收官"230 万农牧民圆了"新房梦"》，http：//news. xinhuanet. com/local/2014 - 01/10/c_ 118919080. htm。

一 定居水平处于早期阶段

国内外关于城镇化的发展演进过程研究得出，一个国家或者区域的城镇化发展过程大体可以分成三个阶段：初期的缓慢发展阶段、中期的加速发展阶段或快速发展阶段、后期的成熟阶段，如图 4 - 20 所示。

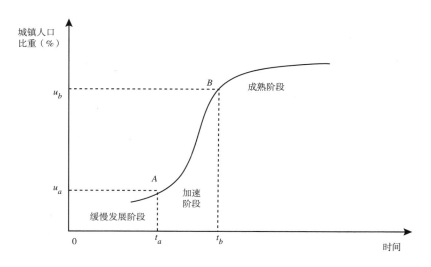

图 4 - 20 城镇化发展的三个阶段

由于每个国家和地区在城镇化过程中，存在着诸如资源禀赋、外部发展环境、政府发展战略的差异，它们城镇化各个阶段经历的时间长度（t_a 和 t_b）就会不一样，各阶段分界点城镇人口比重（u_a 和 u_b）也会不一样。

美国的城镇化大概分为三个阶段：第一阶段即发生阶段（1830 ~ 1880），城市人口比重由 1830 年的 8.8% 上升到 1880 年的 26.4%；第二阶段即加速阶段（1880 ~ 1950），工业化推进城市化加速，1950 年美国的城市化率达到 64%；第三阶段即成熟阶段（1950 年以后），1950 年以后，制造业的衰落、第三产业的发展导致经济活动和人口持续向城市扩散，1998 年美国城市化率达到 76%。因此，美国城镇化加速阶段经历了 70 年、城镇化率分界点是 26.4% 和 64%。

日本的城镇化始于明治维新时期，大体经历了三个阶段。第一阶段为初始阶段（1920 ~ 1950），城市人口占比由 1920 年的 18% 上升到 1950 年的

37%；第二阶段为加速阶段（1950～1977），城市化率从37%上升到76%；第三阶段为成熟阶段（1977年至今），进入后工业化时代，城市化水平持续上升。因此，日本城镇化加速阶段经历了27年，城镇化率分界点是37%和76%。

韩国人口的城镇化进程在历史上则经历了四个阶段。第一阶段即起步时期（20世纪30～40年代中期），到20世纪40年代中期，城市化率上升到11.6%；第二阶段即非正常发展时期（20世纪40年代中期至60年代初），到1960年，城市化率达到28.3%；第三阶段为快速发展时期（20世纪60年代初至80年代末），大搞工业化，并成功实现了经济追赶，城镇化水平从1960年的28.3%发展到1985年的74%；第四阶段即人口高度城市化时期（20世纪90年代以后），到20世纪80年代末，已经实现人口高度城市化，80%以上的韩国人都居住在城市[①]。因此，韩国城镇化加速阶段经历了25年，城镇化率分界点是28.3%和74%。

综合归纳可见，城镇化加速阶段的显著特征是增长速度明显加快、加速阶段的分界点约在30%的城镇化水平时。而西藏自治区和那曲地区目前仍不符合这些特征，如图4-21所示[②]。

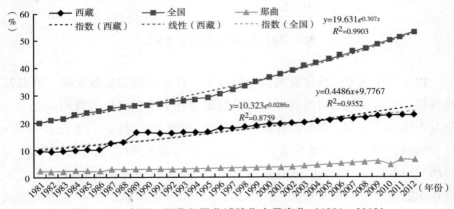

图4-21 全国、西藏和那曲城镇化水平变化（1981～2012）

数据来源：各年《那曲统计年鉴》、《西藏统计年鉴》和《中国统计年鉴》。

---

① 《城镇化突破70%后基建投资才放缓》，中国证券报，http://www.cs.com.cn/ssgs/hyfx/201211/t20121115_3730553.html.

② 那曲地区统计年鉴只统计了非农业人口，而没统计城镇人口，图4-21中那曲地区的城镇化人口用的是非农业人口替代，因此存在一定程度偏差。

图 4-21 显示，中国城镇化率近年来有加速增长趋势，在 1997 年左右年均增长速度加快，指数回归显示相关系数达到 0.99 的高水平。而西藏自治区城镇化率近年来的加速并不显著，没有呈现如同全国一样的指数增长趋势，而是出现平缓的线性增长。那曲地区城镇化水平发展加速如同西藏自治区一样，加速趋势并不显著。尽管我们使用非农业人口来替代城镇人口，以估计那曲地区城镇化加速情况，但是鉴于那曲地区城镇化水平处于西藏自治区靠后位置、工业和旅游业发展资源也不如自治区整体水平，因此我们得出那曲城镇化水平加速不显著的推论是可信的。

二 定居类型的区域差异大

那曲地区面积 45 万平方公里，东西自然气候和经济发展水平都存在差异，这些差异也影响到了牧民定居的不同，如表 4-3 所示。

表 4-3 那曲地区城镇化率的各县差异（1990，2010）

	1990 年城镇化率（%）	2010 年城镇化率（%）		1990 年城镇化率（%）	2010 年城镇化率（%）
那曲	21.66	39.51	索 县	0.00	10.77
嘉黎	0.00	8.91	班 戈	0.00	13.89
比如	0.00	7.13	巴 青	0.00	4.97
聂荣	0.00	7.02	平 均 值	2.41	13.68
安多	0.00	16.66	离散系数	3	0.76
申扎	0.00	14.27	极 差	21.66	34.55

按照中国城镇人口统计制度，1990 年时那曲许多县都没有建制镇，县政府所在地人口密度也不高，因此导致城镇化率为 0。因此，1990 年时，只有那曲地区行署所在地那曲县城镇化率较高，为 21.66%；而余下各县都为 0。到了 2010 年，各县城镇人口有所增加，城镇化率都为正值，但是仍存在显著差距。从 1990～2010 年的变化来看，虽然整个那曲地区各县城镇化率的离散程度有所下降，从 3 下降到 0.76，但是极差水平却从 21.66 个百分点提高到 34.55 个百分点。

从定居类型来看，城镇化和村落化在各县发展情况也有所差异。在西部的县中定居类型以村落化为主要类型，迁移到城镇定居的类型较少，迁移到拉萨定居的就更少了。但是在虫草资源丰富的东三县，随着虫草价格的急剧飙升，牧民收入水平显著提高，他们许多人开始在拉萨购买房屋，或大部分时间待在城镇中。

比如县的收入增长与迁移定居

乌坚是比如县远近闻名的藏医，曾担任过比如县人民医院的院长、县卫生局副局长，如今退休在家，因为时常有乡亲找他看病，于是在家开起了诊所。在行医过程中由于需要与各个层面的人接触交流，对于比如人的生活状况，乌坚非常了解。

他表示，靠虫草谋生的比如人生活算得上是非常富裕。以家庭为单位，收入最丰厚的家庭大概年收入在70万～80万元，最少的家庭也有8万、9万元。比如人每家每户平均不少于2辆摩托车，50%以上的家庭拥有国产汽车，甚至有的人家有3～4辆汽车。家庭购置进口车辆，如丰田4500、V8等越野车的占到20%以上。

辛苦两个月，幸福一整年，是比如人的生活状况。虫草采摘季节过后，许多人就开始整理行装去拉萨朝佛，一去就是一个冬天，直到来年虫草季节即将开始，"所以很多人干脆就在拉萨买了房子，冬天就住在拉萨"。乌坚笑着说，"不过因为虫草，他们是绝对不会离开比如的"。

（转引自：富裕如比如、文明比如人，http://www.tibet.cn/10js/zdmj/201005/t20100512_578257.htm。）

三 定居动力外部依赖性强

根据政府在居民迁移定居中的作用，可以将定居区分为政府主导型定居和市场驱动型定居。法国、英国和德国的城镇化迁移定居就是政府主导型；而美国的城镇化迁移定居则是市场驱动型[①]。

那曲地区农牧民的迁移定居，无论是城镇化类型还是村落化类型，都离不开政府支持，是典型的政府主导型迁移定居；从定居动力来源角度来

---

① 骆江玲：《国内外城镇化模式及其启示》，《世界农业》2012年第6期，第75～79页。

讲，那曲地区的农牧民定居呈现出较强的外部依赖性。

西藏自治区从 2006 年开始实施的安居工程，到 2013 年年底，累计完成 46.03 万户，完成投资 278 亿元。那曲地区则已累计投资约 35 亿元实施农牧民安居工程，使 7.32 万户、37.24 万人住上安全适用的新房。

西藏自治区和那曲地区安居工程的建设资金中许多来自于中央的财政补贴收入，单凭自治区和那曲地区的地方财力无法推动如此规模巨大的农牧民住房建设、搬迁工程、城市建设等投资。

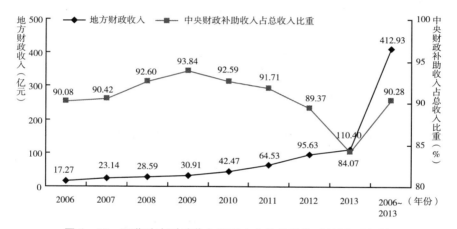

图 4-22　西藏地方财政收入及对中央的依赖性（2006～2013）

注：2013 年数据来源于《西藏 2013 年财政预算情况和 2014 年草案报告》，其他年份数据来源于《西藏统计年鉴》。

2006～2013 年，西藏地方财政收入从 17.27 亿元，持续增长到 2013 年的 110.4 亿元；同期中央对西藏的财政补助，除 2013 年之外，都保持在 90% 左右。2006～2013 年合计，西藏地方财政收入为 412.93 亿元，同期中央补助为 3942.16 亿元，占西藏财政总收入的 90.28%。

同期，那曲地区的地方财政收入虽然持续增长，但增长有限，保持在个位数的状态。那曲地区从 2006 年 3 月开始实施安居工程以来，地方财政收入从 1.24 亿元持续增长到 3.91 亿元，增长了近 2 倍多，如图 4-23 所示。

相对于投入到安居工程的资金总量来讲，无论是西藏自治区还是那曲地区，地方财政收入都显得不足，如表 4-4 所示。

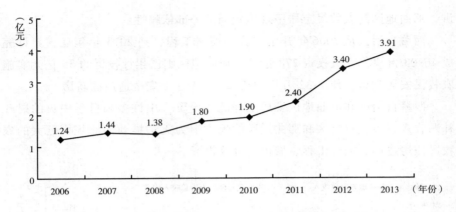

图 4 – 23　那曲地区地方财政收入变化（2006 ~ 2013）

数据来源：2013 年数据来源于根据《那曲地区 2013 年经济工作会议》提出的增长 15% 估算而来，其他数据来源于《西藏统计年鉴 2013》。

表 4 – 4　那曲地区安居工程投入与地方财政收入比较（亿元）（2006 ~ 2013）

项目	那曲地区	西藏自治区
地方财政收入累计	17. 47	412. 93
安居工程投入累计	35. 00	278. 00
地方财政收入/安居工程投入	0. 50	1. 49

2006 ~ 2013 年，安居工程实施期间，西藏地方财政收入累计 412. 93 亿元，而同期投入到安居工程的资金就达到约 278 亿元。对于以农牧业为主、第二产业和第三产业相对滞后的那曲来讲，地方财政收入就更为薄弱，更加依赖中央和自治区的投入，2006 ~ 2013 年的安居工程实施期间，那曲地方财政收入累计 17. 47 亿元，而同期投入到安居工程的资金就达到约 35 亿元，远低于国家投入。

因此，如果没有国家财政资金的大力支撑，西藏自治区包括那曲地区的安居工程都无法达到当前的高度和水平；定居动力对国家的依赖性不可忽视。

农牧民从农村迁移到城镇时，除了希望得到收入增长之外，另外就是希望分享城镇更好的基础设施条件，因此好的城镇基础设施是推动牧民选择城镇化迁移定居的动力。

浙江、辽宁两省及中石油、中海油、中石化、中信、中神华五大国有企业的对口援助推动了那曲地区城镇面貌的改善。辽宁省在第六批援藏计划中确保每年财政收入的 1‰投入那曲援藏项目。浙江省对口支援西藏经济社会发展"十二五"规划明确规定,"十二五"期间,浙江省将对口支援西藏那曲地区规划建设项目共 65 个,总投资约 12.4 亿元。浙江、辽宁两省第六批援藏计划 3 年内安排资金 6 亿元,实施那曲镇居民安居工程(分别建设浙江小区、杭嘉小区和辽宁小区),分 3 年完成三期近 3000 套住房。如此规模较大的对口援助和城镇基础设施建设,是那曲地区地方财政收入无法自己独立承担得的。

第四节　小结

西藏那曲地区牧民定居呈现出自己的特点。定居过程主要体现为城镇化和村落化两种模式,城镇化定居模式的主要动力是城乡收入差距和城乡基本公共服务差距;而村落化模式的主要动力则是草场资源退化、草场资源确权的不断深化、安居工程的实施。但是,整体来讲,那曲地区定居水平仍处于城镇化的初期阶段、增长速度缓慢,而且东、中、西各个区域差异显著,对外部定居动力的依赖性大。

第五章　那曲地区牧民定居对生活能源消费的影响

西藏那曲地区牧民定居有着自己的特征，并对定居后生活能源消费产生直接或间接的影响。本章从调查问卷角度，基于 4 个村庄的问卷数据，着力分析那曲地区牧民定居对生活能源消费的影响，涉及调研村庄的选择使用什么数据来分析、定居前后的生活能源消费变化、生活能源消费变化过程中定居因素的作用与影响。

第一节　调研村庄的选择及其基本情况

调研村庄的选择是基于两个考虑：第一，村庄调研问卷数据是第一手资料，是直接从农牧民手中、口中获取的资料，具有较好的真实性；第二，目前西藏和那曲公开的统计资料中没有对能源进行系统统计，只涉及发电量，对于能源消费数据则几乎没有涉及，因此村庄调研数据也就成为唯一可得的数据。为此，我们分析西藏那曲地区定居对生活能源消费的影响时，所使用的数据也主要是基于这些村庄调研数据。

一　调研村庄选择

（一）选择的依据

鉴于调研数据是当前研究那曲地区定居对生活能源消费影响的唯一可得数据，因此调研村庄的选择就变得尤为重要。由于研究内容是定居与生活能源消费，因此根据前面章节关于定居对生活能源消费影响的理论分析，确定以收入、能源基础设施、定居模式来作为村庄选择的重要参数。

收入是影响农牧民生活能源消费总量与结构水平的主要因素，制约着农牧民生活能源消费的需求面状况。通常收入水平高，生活能源消费数量也大、结构水平也更高级。同时，收入也是影响农牧民定居模式的主要因素，收入水平高时，选择城镇化迁移定居的可能性就比选择村落化定居的可能性大、选择更大更好住房更新的可能性就比选择简单维护装修住房的可能性大。

能源基础设施同样是影响农牧民生活能源消费总量与结构水平的主要因素，制约着农牧民生活能源消费的供给面状况。通常能源基础设施完善，生活能源的供给价格、使用成本等就会低些，尤其是现代商品能源更是如此。通常大城市、中小城镇、行政村、分散定居点的能源基础设施完善程度是逐级下降的。能源基础设施中除了能源本身的生产之外，能源运输也是重要的组成部分，例如电力传输线、煤气运输公路等。

定居模式的分类，现有文献从不同角度进行了较多的研究，例如整体搬迁、分散定居、插花、就地集中等。我们根据研究目的是分析定居与生活能源消费间的关系与影响，因此认为定居模式可以是空间位移，也可以是住房更新；可以是向城镇迁移定居，也可以是向村落集中定居，从而得到定居模式不同组合情形。

表 5-1 显示了从空间位移地点和住房更新程度两个角度进行的那曲地区牧民定居模式组合。

表 5-1　基于空间位移与住房更新的定居模式组合

		住房更新程度	
		大	小
空间位移地点	城镇	定居模式 A	定居模式 B
	村落	定居模式 C	定居模式 D

定居模式 A 情形下，农牧民从农牧区迁移到城镇，并伴随着住房条件的极大改善，例如东三县虫草产区牧民迁移到拉萨市并买房的情况。

定居模式 B 情形下，农牧民从农牧区迁移到城镇，但是受收入条件制约住房没有显著更新，例如来自那曲地区长期在拉萨和那曲镇务工的农牧民。

定居模式 C 情形下，农牧民从农牧区迁移到村落，并伴随着住房条件的极大改善，例如迁移到公路沿线、靠近乡政府、整体迁移的农牧民，尤其是国家和省区级公路沿线的安居工程房屋。

定居模式 D 情形下，农牧民从农牧区迁移到村落，但是由于收入有限，住房条件改善并不显著，例如那曲地区西部班戈县偏远村庄的安居工程住房。

（二）选择的结果

1. 从空间区位上的划分

从空间区位来讲，那曲地区下辖 10 县 1 特别区，如果按照青藏铁路和青藏公路来进行地理划分，它们可以被区分为东部、中部和西部，如图 5-1 所示。

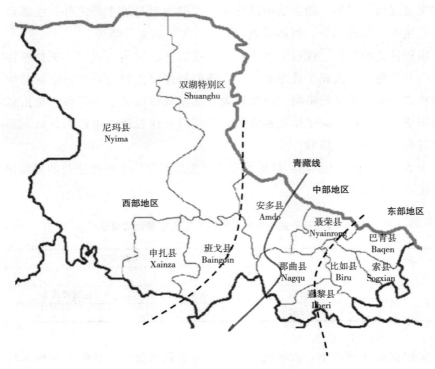

图 5-1 那曲地区依据青藏交通线区分的东、中、西部

东部地区包括巴青、索县、比如、嘉黎等 4 县，其中前 3 个经常被称为"东三县"，它们除了具有共同地理位置之外，都出产虫草，是知名虫草产区。中部地区包括聂荣、那曲、安多等 3 县，它们的共同点是分布于青藏铁路和青藏公路沿线和附近地区，交通相对便利。西部地区则包括班戈、申扎、尼玛和双湖等 4 县区，它们的共同点是人口密度更低、海拔更高、交通更不便利。

2. 从农牧民收入水平上的划分

从收入水平来讲，那曲地区各县农牧民人均纯收入存在较大差异，总体上虫草产区农牧民收入较高，西部地区较低，中部地区适中，如图5－2所示①。

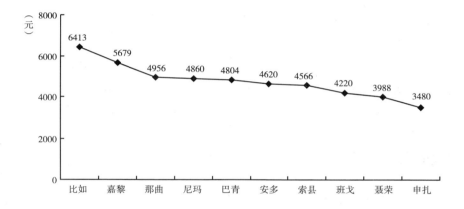

图 5－2 依据《中国民族统计年鉴》进行的那曲各县农牧民人均纯收入排序

如果按照《中国民族统计年鉴2012》提供的数据来排序的话，那么那曲地区 2011 年各县农牧民收入中前 3 位是比如、嘉黎、那曲；后 3 位是班戈、聂荣、申扎；中间 4 位是尼玛、巴青、安多、索县。

但是，如果我们考虑到在统计农牧民收入时，他们出于种种原因可能会对自己虫草收入有所保留，从而导致他们收入水平被低估。例如那曲地区商务局布达玛指出，虫草高产区劳动力多的家庭，每年每户卖虫草的现金收入在 70 万元以上很常见，最多的甚至能达到 200 万元以上。在整个那曲地区，

---

① 尼玛县数据来自《中海油十年援藏助推尼玛新跨越》，http：//www.nimaxian.com/E_ReadNews.asp？NewsID＝227；其他县数据来自《中国民族统计年鉴》；双湖没有统计数据，故没有列入图中。

每年每户卖虫草的现金收入在 15 万～20 万元是比较普遍的现象①。

我们对那曲地区东部 4 个县农牧民从虫草一项中获取的收入进行估计，估计结果如表 5 – 2 所示。

表 5 – 2　那曲地区东部县农牧民虫草收入简单估计（2011）

县名	虫草产量（公斤）	价格（万元/公斤）	虫草收入（万元）	农牧民数量（人）	农牧民人均虫草收入（万元）
比如	4250	16	68000	55889	1. 22
巴青	3552	16	56832	45885	1. 24
索县	3159	16	50544	38923	1. 30
嘉黎	2219	16	35504	29474	1. 20

短期内虫草产量保持相对稳定，且使用 2008 年那曲地区商务部门估计数据；虫草价格则是按照 2011 年估计值②；农牧民人口则使用 2010 年人口普查中的乡村人口数据。按照估算，那曲地区东部 4 个县农牧民仅从虫草中获取的收入就可以达到人均万元水平，因此，即使出现虫草产量和价格下降的不利情形，他们的收入水平体现在表 5 – 2 中的数据仍可能是被低估了。

此外，再考虑到那曲地区的那曲县和聂荣县也出产少量虫草，因此我们可以对那曲地区各县农牧民人均纯收入排序进行如下估计：

收入前 3 位的县：比如、巴青、索县。

收入后 3 位的县：安多、班戈、申扎。

收入居中的 4 县：那曲、嘉黎、尼玛、聂荣。

3. 从能源运输条件上的划分

那曲地区虽然太阳能、风能资源丰富，也有一些较少的河流，但是这些能源的开发利用仍面临着诸多困难，例如成本较高、维护困难等。目前，那曲地区的许多现代能源仍依赖于外部提供，尤其是稳定的电力、液化气和煤炭等。这些能源的可得性与当地的能源运输条件密切相关。

---

① 《那曲 11 县区有 6 个县产虫草》，西藏商报，http：//www. toptibettravel. cn/Guide/zangquzixun/1305. html。

② 《西藏冬虫夏草价格飙升创历史新高》，新华社，http：//news. xinhuanet. com/2012 – 01/09/c_ 111398916. htm。

经过多年的建设，那曲地区的公路形成了以那曲镇为中心，G109、G317
两条国道和 S301、S305 两条省道为主干的大字形骨架，并以 S301、S205、
S305、S303 四条省道和 X601 县道为支架，共同构成了国道、省道、县乡公
路网。但是，截止到 2011 年年底，11 个县（其中包含 10 个县及双湖特别
区）中有 8 个县通油路①，比例为 72.73%；114 个乡（镇）中有 28 个乡镇
通油路，比例为 24.56%；1191 个行政村（含 37 个居委会）中有 972 个行
政村通公路，比例为 81.61%，73 个行政村通油路，比例为 6.13%。

　　因此，我们根据目前那曲地区的公路主网空间形态（图 5 - 3），按照
交通条件的好与差，将那曲地区各县分成三类。

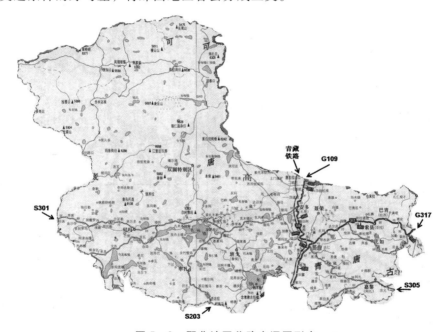

图 5 - 3　那曲地区公路交通网形态

　　交通条件好的 3 县：那曲县、安多县、聂荣县。它们距离青藏铁路和
青藏公路国道 G109 线较便利，位于那曲地区中部。

　　交通条件居中 4 县：索县、比如县、巴青县、嘉黎县。它们距离国道

---

①　《那曲地区交通运输事业发展短短几十年跨越上千年》，http://www.chinahighway.com/
news/2012/707284.php。

线 G317 较便利，位于那曲地区东部。

交通条件差的 4 县区：班戈县、双湖区、尼玛县、申扎县。它们通过省道与那曲镇实现连接，位于那曲地区西部。这些区域面积大、公路等级相对较低、公里密度也低。

综合以上空间地理位置、收入水平、能源运输条件，再结合各县定居类型，各县的以上特征组合如表 5 – 3 所示。

表 5 – 3　那曲地区各县的特点组合（除双湖）

县名	空间位置	收入水平	能源运输条件	定居类型特点
比如	东	高	中	A 类型普遍
巴青	东	高	中	A 类型普遍
索县	东	高	中	A 类型普遍
嘉黎	东	高	中	A 类型普遍
那曲	中	中	好	C 类型较多
聂荣	中	中	好	C 类型较多
尼玛	西	中	差	D 类型较多
安多	中	低	好	D 类型较多
班戈	西	低	差	D 类型较多
申扎	西	低	差	D 类型较多

因此，为能反映整个那曲全貌和代表性，我们最后选择了 4 个县作为调研县。

第一类，巴青县。它是东部县、交通条件居中、虫草产区、收入高、迁移到拉萨的现象较多。

第二类，那曲县和聂荣县。它们是中部县、交通条件好、收入也居中、就近沿交通干线集中和更新房屋较好。由于那曲县是整个那曲地区行署所在地，相对其他县有些特殊，因此为了增加调研点的普遍性，我们又增加了一个经济区位类似的聂荣县。

第三类，班戈县。它是西部县、交通条件差、收入水平也有限、就近小聚居村落化较多、住房更新程度也有限。

选定那曲地区调研的 4 个县之后，在与当地行政部门人员交流之后，进一步按照之前的选择依据，确定了调研村庄，它们的空间位置如图 5 – 4 所示。

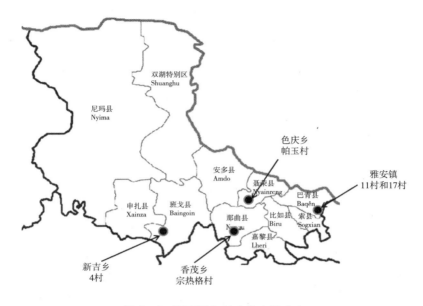

图 5－4　调研县和村庄的空间分布

巴青县选择的调研村庄是雅安镇的 11 村和 17 村，聂荣县选择的调研村庄是色庆乡帕玉村，那曲县选择的调研村庄是香茂乡宗热格等村，班戈县选择的调研村庄是新吉乡 4 村。

二　调研村庄基本情况

（一）巴青县：雅安镇 11 村和 17 村

雅安镇地处巴青县东部，平均海拔 4200 米，气候湿润，有丰富的虫草、石材、林木等自然资源。2011 年，共有 849 户、4622 人。

雅安镇 17 村位于镇政府所在地附近。2011 年，共有 47 户、189 人，其中男性 89 人、男性劳动力 35 人；女性 100 人、女性劳动力 53 人。有大车 5 辆、小车 3 辆、摩托车 44 辆。主要收入来源为牧业以及少量虫草，其中牛 1011 头、马 19 匹、虫草 12.53 公斤[①]。

雅安镇 11 村位于镇政府西北方向约 29 公里处。2011 年，全村总户数 35 户、人数 228 人，其中男性 116 人、女性 112 人。有 4 台东风车、

---

① 数据来源于对当地的调研。

14 辆小轿车、49 辆摩托车。主要收入来源为牧业以及虫草，其中 980 头牦牛、40 匹马、虫草 103.6 公斤。高寒缺氧、空气稀薄、冬寒夏冷、太阳辐射强、日照时间长、年温差相对较小、无霜期短、冬季多大风雪。

（二）班戈县：新吉乡 4 村

新吉乡位于县境南部，距县城 160 公里。属纯牧业乡，牧养牦牛、山羊、绵羊等。平均海拔 5200 米，人口密度低。空气稀薄，寒冷干燥，昼夜温差大，无绝对无霜期，年平均气温 −3℃，常年风沙不断，多大雪天气，自然条件恶劣。经济收入来源主要是牧业，2011 年，第一产业收入为 19536637 元、第二产业收入为 208889 元、第三产业收入为 31470 元，一产收入占到 99%。全乡人均收入 3454 元，低于那曲地区 4860 元的人均水平；乡中贫困人口较多。

4 村位于新吉乡西北方向，距离乡政府 20 多公里。2011 年，共有 74 户、301 人，其中男性 144 人、女性 157 人。大牲畜 7483 头，其中牦牛 1649 头、绵羊 4178 只、山羊 1625 只、马 11 匹。4 村农牧民的主要收入来源是畜牧业，2011 年的人均收入为 3753 元。牲畜数量少于 16 只的共有 19 户、88 人。

（三）聂荣县：色庆乡帕玉（28）村

色庆乡位于县城西南部，居于县城和行署所在地那曲镇之间，距离聂荣县城 17 公里、距离那曲镇 80 公里。色庆乡平均海拔 4800 米，是纯牧业乡。

帕玉村位于色庆乡的南部，是色庆乡的 28 村。2011 年，共有 20 户、94 人。主要收入来源为牧业和外出务工收入。2011 年，帕玉村农牧民专业经济合作组织实现收入 51.51 万元，人均现金收入达到 5118 元。2013 年底，全村总收入达到 70.54 万元，人均现金收入达 7926 元，人均纯收入达到 10144.7 元。

帕玉村的建立是比较特殊的，是 1994 年 5 月由色庆乡最贫困的 18 户牧户搬迁到帕玉扶贫点建起来的。因此，人均草场和牲畜面积相对较少。鉴于帕玉村草场资源不足和发展基础较弱的特点，政府对帕玉村的支持力度也就更大些，对口援藏资金也更多些，而自身经济发展模式也更趋向集体性或合作性，经济合作组织建立较早、发展较快。

2012 年 12 月，帕玉村成为那曲地区首个牧区小康示范新村竣工入住村。帕玉村的小康示范新村总投资 1604.74 万元，其中神华集团援助1481.38 万元、自治区农科院投入 38 万元、群众自筹 85.36 万元①。新村从整体布局、房屋结构到公共场地、配套设施全部按照现代新村模式规划设计，按 8 级以上抗震标准建设，并实施暖廊、围墙、大门等附属工程及安全饮水、广播电视等配套工程。

西藏自治区农科院还在聂荣县色庆乡帕玉村建立了牧民合作经济组织，确立了"建立示范、综合扶持、树立样板、提升层次、扩大规模、有序发展"的发展思路，大力培育发展牧民专业合作社，实施金牦牛科技工程，实施科技扶贫，目前已形成了集牦牛良种繁育、高效育肥和以"盘羊"为品牌的奶制品生产与加工、储运、销售一条龙的服务格局②。

第二节　牧民生活能源消费变迁的评价指标

生活能源消费变迁是一个过程，是一种变化，需要对定居前后不同时间点农牧民的生活能源消费进行一个比较和评价。因此，分析那曲地区农牧民定居后生活能源消费的变迁，首先要建立一个评价生活能源消费变迁的指标体系。

生活能源消费可以从多个角度来度量，最为常用的是品种角度、支出角度和能量角度。当生活能源消费的品种存在多种时，就会引发出能源消费的总量与结构维度。由于西藏能源消费中传统生活能源使用仍较为普遍，而这些能源的收集和使用会花费较多时间，因此，本课题结合那曲地区区情，建立生活能源消费变迁指标的四类度量指标。

一　品种指标

品种指标是针对农牧民生活中消费的不同能源品种。能源品种的划分角度也较多，根据能源加工转换的过程可以分成一次能源与两次能源，根据能源的可再生性可以分成可再生能源与不可再生能源，根据能源被人类

---

① 《神华集团援助那曲首个小康示范新村竣工》，http：//www. sasac. gov. cn/n1180/n1226/n2410/n314349/15040810. html。

② 《聂荣县色庆乡帕玉村专合组织发展迅猛》，http：//www. xznr. gov. cn/cgjj＿ 2035/201410/t20141016＿ 2143. html。

利用的时间出现顺序可以分成传统能源与现代能源，等等。

根据那曲地区调研情况来看，农牧民生活中使用的能源品种有：牛羊粪、薪柴、电力、油品（汽油和柴油）、煤炭、煤气、太阳能、风能。我们建立品种指标就是要计算各种能源在农牧民生活中的使用广泛程度，例如煤气是被大多数农牧民家庭使用，还是只被少数农牧民家庭所使用，比例有多少。

二　支出指标

支出指标是针对农牧民生活中花在能源上的支出情况。支出指标是以现金方式出现，并进一步细化为两个子标：总额指标和结构指标。

能源消费支出总额指标是指农牧民花在所有生活能源消费上的货币支出，尤其是现金支出。能源消费支出总额通常是家庭在总收入既定时，权衡能源消费与非能源物品的最优先化选择结果。如果家庭总收入水平高，那么家庭能源消费的预算就会多些；如果能源价格上涨得剧烈，那些家庭用在能源消费上的预算就会节省些。

能源消费支出结构指标是指农牧民花在各种能源消费上的货币支出比例关系。例如花在电力上的费用占能源消费总额的比例是多少。能源消费支出结构是家庭有确定的生活能源消费预算额之后，依据各种能源的价格和使用效用而进行最优先化选择的结果。如果能源 A 的价格上涨，那么家庭就可能用能源 B 来替代能源 A，从而减少对能源 A 的消费、增加对能源 B 的消费；最终导致能源 A 的支出和占能源消费支出总额的比例都出现下降。

三　能量指标

能量指标是针对农牧民生活中使用能源上的实物情况。能源指标的度量单位是标准煤或焦耳，在无法进行能量转换时也会使用吨、公斤等物理重量。能量指标进一步细化为两个子标：总量指标和结构指标。

能量指标的总量指标是指将农牧民消费的各种能源统一转换成发热量焦耳或标准煤之后的汇总量。能量指标的结构指标则是指生活能源消费过程中不同能源品种发热量之间的比例关系，如表 5 - 4 所示。

表 5 - 4   不同能源间的换算系数

能源品种	热值 （千焦）	标准煤 （公斤）	能源品种	热值 （千焦）	标准煤 （公斤）
原煤	20908/公斤	0.7143	牛粪	13799/公斤	0.471
汽油	43070/公斤	1.4714	羊马骡驴粪	15472/公斤	0.529
柴油	42652/公斤	1.4571	薪柴	16726/公斤	0.571
液化气 （俗称煤气）	50300/公斤	1.7143	杂草	13799/公斤	0.471
电力	3596/度	0.1229	沼气	20908/立方米	0.714

四 时间指标

时间指标是针对农牧民生活中采集和运输能源上花费的时间。时间指标的度量单位是小时。时间指标进一步细化为两个子标：总量指标和结构指标。

时间指标的总量指标是指将农牧民收集和运输各种能源花费时间的汇总量。时间指标的结构指标则是指生活能源收集和运输不同能源品种花费时间的比例关系。

农牧民的时间是有限的，花在能源采集和运输上的时间越多，那么用于获取更多收入和休闲的时间就越少。与内地电力线直接拉到了住房中不同，在西藏，牛羊粪还普遍被使用，需要经常到户外甚至离家较远的山上、牧场采集；这些活动通常是妇女的任务，花费她们较多时间，成为一种生活负担。越是传统生活能源占主导的地方，时间成本也就越多，并且是以隐性方式，而不是货币方式出现。

五 指标体系

综合上述分析，建立如下指标体系以分析评价那曲地区农牧民生活能源消费的变迁，如表 5 - 5 所示。

表 5 - 5 中，A_i 的取值为 0 或 1，i 代表第 i 种能源、0 代表没有消费此种能源、1 代表消费了此种能源；M_i 的取值为（0，能源预算上限），M_i 的取值为正；T_i 的取值为（0，24）。

表5-5　那曲地区农牧民生活能源消费变迁评价指标（能源取得角度）

品 种 指 标	传统能源					商品能源					可再生能源	
	牛粪	羊粪	薪柴	杂草	沼气	电力	煤气	煤炭	汽油	柴油	太阳能	风能
品种	A_1	A_2	A_3	A_4	A_5	A_6	A_7	A_8	A_9	A_{10}	A_{11}	A_{12}
支出	M_1	M_2	M_3	M_4	M_5	M_6	M_7	M_8	M_9	M_{10}	M_{11}	M_{12}
能量	E_1	E_2	E_3	E_4	E_5	E_6	E_7	E_8	E_9	E_{10}	E_{11}	E_{12}
时间	T_1	T_2	T_3	T_4	T_5	T_6	T_7	T_8	T_9	T_{10}	T_{11}	T_{12}

表5-5中的度量是从农牧民取得能源角度来进行的，我们还可以从能源用途角度来进行量化，如表5-6所示。

表5-6　那曲地区农牧民生活能源消费变迁评价指标（能源用途角度）

品 种 用 途	传统能源					商品能源					可再生能源	
	牛粪	羊粪	薪柴	杂草	沼气	电力	煤气	煤炭	汽油	柴油	太阳能	风能
做饭 （含熬茶、 打酥油）	F_1	F_2	F_3	F_4	F_5	F_6	F_7	F_8	F_9	F_{10}	F_{11}	F_{12}
烧水	W_1	W_2	W_3	W_4	W_5	W_6	W_7	W_8	W_9	W_{10}	W_{11}	W_{12}
炒菜	C_1	C_2	C_3	C_4	C_5	C_6	C_7	C_8	C_9	C_{10}	C_{11}	C_{12}
食品 冷藏	L_1	L_2	L_3	L_4	L_5	L_6	L_7	L_8	L_9	L_{10}	L_{11}	L_{12}
取暖	H_1	H_2	H_3	H_4	H_5	H_6	H_7	H_8	H_9	H_{10}	H_{11}	H_{12}
照明	D_1	D_2	D_3	D_4	D_5	D_6	D_7	D_8	D_9	D_{10}	D_{11}	D_{12}
洗澡	Z_1	Z_2	Z_3	Z_4	Z_5	Z_6	Z_7	Z_8	Z_9	Z_{10}	Z_{11}	Z_{12}
洗衣	Y_1	Y_2	Y_3	Y_4	Y_5	Y_6	Y_7	Y_8	Y_9	Y_{10}	Y_{11}	Y_{12}
交通	J_1	J_2	J_3	J_4	J_5	J_6	J_7	J_8	J_9	J_{10}	J_{11}	J_{12}
影视 （含电视）	V_1	V_2	V_3	V_4	V_5	V_6	V_7	V_8	V_9	V_{10}	V_{11}	V_{12}

表5-6中，F_i为第i种能源用于做饭的实物量或能量，取值为正或0。之所以采用实物量是因为我们在此前调研中发现：第一，许多传统能源没有显性的市场价格，例如自家牛羊提供的牛羊粪，因此无法估计其货币支出额度；第二，农牧民无法区分花在各种生活用途上的支出是多少，至多能估算出为了实现某种生活目的而消费的实物量，例如做饭花了多少口袋

的牛粪、而不知道合多少钱。有鉴于此，我们在分析用能目的时，对能源消费的度量采用了实物量以及经换算后的标准煤数量。

W_i 为第 i 种能源用于烧水的实物量或能量，C_i 为第 i 种能源用于炒菜的实物量或能量，L_i 为第 i 种能源用于食品冷藏的实物量或能量，H_i 为第 i 种能源用于取暖的实物量或能量，D_i 为第 i 种能源用于照明的实物量或能量，Z_i 为第 i 种能源用于洗澡的实物量或能量，Y_i 为第 i 种能源用于洗衣的实物量或能量，J_i 为第 i 种能源用于交通的实物量或能量，V_i 为第 i 种能源用于影视的实物量或能量。同样，它们的取值为非负数。

第三节　农牧民生活能源消费变化的评价分析

一　巴青县雅安镇 11 村

本文将从品种变化、支出变化、能量变化和时间变化 4 个角度来对巴青县雅安镇 11 村农牧民生活能源消费进行评价。

（一）品种变化

巴青县雅安镇 11 村距离镇政府较远，处于深山之中，道路只有石子路，到 2012 年时仍没有电网与之接通，但是其出产虫草，在山谷之中有小河流。在镇政府人员的带领下，我们对 11 村的 14 户进行了问卷访谈，14 户涉及收入好的、收入一般的和收入较少的不同类型农牧户。村里原有 35 户，但有 16 户在不挖虫草季节，常住在拉萨和那曲，因此村里就只剩下 19 户了。

鉴于 2006 年是西藏自治区全面开展安居工程的起始年份，因此我们选择 2006 年与 2011 年进行比较，比较结果如表 5 - 7 所示。

2011 年与 2006 年相比，整体来讲，消费传统生活能源和可再生能源的牧户数量和比例变化较小，而消费商品能源的用户数量及其比例都得到显著增长。其中：

牛粪和杂草的使用牧户保持不变，都是 14 户；而使用薪柴的农牧户数量增长了 3 户①。牛粪是寒冷季节取暖的主要能源品种，而杂草则是为牛粪助燃的互补性能源（如图 5 - 5）。由于杂草主要是为了助燃，因此其使用量较少。

―――――――――――――

① 本书中只将直径较大的树木作为薪柴，而将那些较矮小的灌木或灌丛归为杂草类。

表 5 - 7 巴青县雅安镇 11 村农牧民生活能源消费品种变化

年 份	品 种	传统能源					商品能源					可再生能源	
		牛粪	羊粪	薪柴	杂草	沼气	电力	煤气	煤炭	汽油	柴油	太阳能	风能
2006	户数（户）	14	0	0	14	0	0	5	0	12	1	14	0
	比重（%）	100	0	0	100	0	0	35.7	0	85.7	7.1	100	0
2011	户数（户）	14	0	3	14	0	5	14	0	14	11	14	0
	比重（%）	100	0	21.4	100	0	35.7	100	0	100	78.6	100	0
变化	户数（户）	0	0	3	0	0	+5	+9	0	+2	+10	0	0
	比重增减百分点（个）	0	0	21.4	0	0	35.7	64.3	0	14.3	71.5	0	0

图 5 - 5 雅安镇 11 村农牧民使用的牛粪和杂草

羊粪、风能和沼气在调研 14 户中无论是 2006 年还是 2011 年都没有被使用，因此其变化都为 0。2011 年 11 村没有养殖山羊和绵羊。

薪柴使用户从 0 户变成 3 户，比例提高到 21.4%、增长了 21.4 个百分点。这 3 户使用的薪柴不是专门为燃烧而购买的，而是近两三年修建新房时剩下的。因此，薪柴用户数量和比例的上升，在 11 村应当只是短期现象、个别现象。

太阳能用户在 11 村的比例为 100%，利用方式全部是太阳能板，没有太阳灶、玻璃房、热水器等其他方式。14 户调研户在 2006 年和 2011 年都在使用太阳能板，区别只是数量和尺寸的大小。

电力使用户数从 0 增长到 2011 年的 5 户，比例提高到 37.5%、增长了 37.5 个百分点。由于调研时 11 村没接通电网，因此这些电力的产生主要是三种来源：一是户用的微型水电，二是户用的柴油机发电，三是太阳能板，电力专指微型水电。而太阳能板和柴油则单列出来分析。

煤气使用户数从 5 户增长到 14 户，比例提高到 100%，增长了 1.8 倍。煤炭的利用在 11 村没有被发现，比例为 0。

汽油的使用户数从 12 户增长到 14 户，比例提高到 100%，增长了 16.7%。汽油主要用于摩托车和小汽车，并且以小汽车为主。

柴油的使用户数从 1 户增长到 11 户，比例提高到 78.6%，增长了 10 倍。柴油主要用于户用发电和汽车，尤其是为大功率的家用电器如冰箱、洗衣机、电饭煲、电炉、酥油机，甚至磨糌粑。

（二）支出变化

2006~2011 年，雅安镇 11 村 14 户生活能源消费支出总额及其花在各能源品种上的支出费用，如表 5-8 所示。

表 5-8　巴青县雅安镇 11 村农牧民生活能源消费支出变化

品种	年份	2006		2011		变化	
		金额（元）	比重（%）	金额（元）	比重（%）	金额（元）	比重增减百分点（个）
传统能源	牛粪	0	0	0	0	0	0
	羊粪	0	0	0	0	0	0
	薪柴	0	0	0	0	0	0
	杂草	0	0	0	0	0	0
	沼气	0	0	0	0	0	0
商品能源	电力	0	0	5000	1.49	5000	1.49
	煤气	1500	2.82	11000	3.27	9500	0.45
	煤炭	0	0.00	0	0.00	0	0.00
	汽油	45000	84.62	258000	76.69	213000	-7.93
	柴油	5000	9.40	55000	16.35	50000	6.95
可再生能源	太阳能	1680	3.16	7440	2.21	5760	-0.95
	风能	0	0.00	0	0.00	0	0
合计		53180	100	336440	100	283260	0

在被调研的农牧民中，2011 年，有微型小水电的 5 户、有柴油机的 11 户，其中两者都有的 4 户。2006 年时有柴油机的为 1 户。从价格上讲，太阳能板小的 600 元、大的 3000 元；煤气一瓶 100 元；柴油机每台 5000 元；小水电每台 5000 元。2011 年有小汽车 11 辆、摩托车 38 辆，2006 年则分别为 1 辆和 25 辆。每辆摩托车一年约 1000 元汽油费，小汽车一年约 2 万元的汽油费，柴油发电机则一年耗费约 5000 元的柴油费。小水电和太阳能板由于是固定资产，不全是在 2011 年购买的，因此按照 2007～2011 的 5 年平均计算，同样 2006 年数据也除以 5。

对于传统能源，农牧民均取自山上或自家，因此不发生直接费用支出①；而商品能源除了政府提供的之外，都需要自己支付，或购买能源例如汽油，或购买产生能源的设备如微型水电机。太阳能上的支出则是购买太阳能板的费用。

2011 年与 2006 年相比，从调研问卷的 14 户来看，农牧民生活能源消费支出的总额与结构都出现了显著变化。

从总额上讲，14 户牧民的生活能源消费支出总额从 2006 年的 53180 元、增长到 2011 年的 336440 元，增长了 5.3 倍。并且电力、煤气、柴油、汽油和太阳能的消费支出在金额上都同样表现出较大增长。其中电力消费从无到有，2006 年没有一家使用户用微型小水电，到 2011 年时就有 5 家开始使用此发电设施。煤气采用的是煤气瓶方式，2006 年 14 户共使用了 15 瓶（通常都是大瓶装的，约 15 公斤 1 瓶），到 2011 年时则使用了 110 瓶，每瓶价格约 100 元，增长了 6.3 倍。汽油则主要用作小汽车和摩托车的燃料，2006 年花费了 45000 元，到 2011 年时则支出增加到 258000 元，增长了 4.7 倍；尤其是这些年，小汽车数量和使用程度增加快速。柴油主要用来为家电提供电力，以及修建房屋时为机械提供动力，2006 年消费支出为 5000 元，到 2011 年则增长到 55000 元，增长了 10 倍，调研的 14 户中有 11 户有柴油发电机。太阳能全部是用在照明上，虽然 2006 年全村基本上使用太阳能板，但是面积较小，每块约 0.3 平方米；但是到了 2011 年，多数牧民的太阳能板面积达到 1～1.5 平方米，许多户有两个大的太阳能

---

① 传统生活能源，例如薪柴和牛粪的取得不产生直接现金支出，但是这并不代表为取得这些能源不付出成本，其中最常见的就是时间成本。

板;相应地,支出也从 1680 元,增长到 2011 年的 7440 元,增长了 3.4 倍。

从生活能源消费支出结构来看,2006~2011 年,消费支出比例得到提高的有电力、柴油和煤气;而汽油和太阳能的消费支出比例则下降。这些能源消费支出占总生活能源消费支出的比例,如图 5-6 所示。

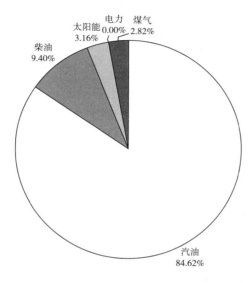

图 5-6　雅安镇 11 村农牧民生活能源消费支出结构(2006)

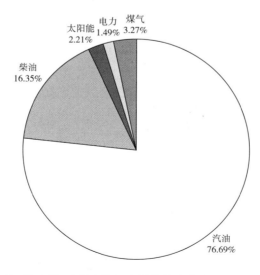

图 5-7　雅安镇 11 村农牧民生活能源消费支出结构(2011)

无论是 2006 年还是 2011 年，牧民生活能源消费支出中占主导的仍是汽油能源，都在 80% 左右；其次是柴油、太阳能和煤气上的消费支出，例如 2011 年柴油消费支出占 16.35%、煤气占 3.27%、太阳能占 2.21%。2006～2011 年，比例增加最多的是柴油消费、增长了 6.95 个百分点；其次是电力消费支出、增长了 1.49 个百分点；煤气消费支出比例增加较少。消费比例减少最多的是汽油、减少了 7.93 个百分点；其次是太阳能、减少了 0.95 个百分点。

（三）时间变化

生活能源消费是终端活动，在此之前还可能涉及对能源进行运输和采集。例如大电网直接入户，农牧民不会在这上面花费时间；但是对于传统生活能源来讲却可能要花费较多时间去采集和运输。由于煤气、煤炭以及柴油都需要农牧民自己从市场购买后运输到自己的家，这些活动都需要花费时间。调研村庄生活能源消费的时间变化，如表 5－9 所示。

表 5－9　11 村牧民生活能源消费时间变化（采集与运输）

品 种 ＼ 年 份		2006		2011		变化	
		时间（小时）	比重（%）	时间（小时）	比重（%）	时间（小时）	比重增减百分点（个）
传统能源	牛粪	4200	96.44	3360	89.61	－840	－6.83
	羊粪	0	0.00	0	0.00	0	0.00
	薪柴	0	0.00	0	0.00	0	0.00
	杂草	112	2.57	75	2.00	－37	－0.57
	沼气	0	0.00	0	0.00	0	0.00
商品能源	电力	0	0.00	5	0.13	5	0.13
	煤气	22.5	0.52	165	4.40	142.5	3.88
	煤炭	0	0.00	0	0.00	0	0.00
	汽油	0	0.00	0	0.00	0	0.00
	柴油	12	0.28	132	3.52	120	3.24
可再生能源	太阳能	8.4	0.19	12.6	0.34	4.2	0.15
	风能	0	0.00	0	0.00	0	0.00
合计		4354.9	100.00	3749.6	100.00	－605.3	0

2006 年时，太阳能板是到巴青县或那曲县购买，来回需要 6 小时，一共 14 户人家，共 84 小时；因为同时还为了买其他东西一起到巴青县或那

曲县，因此进行一个扣除50%的处理。2011年，由于太阳能板面积变大，经常需要1~2个人去，所以时间增加1.5倍。煤气经常是2瓶一起换的，2006年是15瓶，每次6小时；2011年是110瓶，其中要进行一个系数扣除50%，因为同时还为了买其他东西一起到巴青县或那曲县。2011年，牛粪的采集运输通常要一个妇女花1个月时间；2006年时家中没有其他能源，因此会花更多一些时间约1个月多。杂草则是花4~5天时间，约20小时。电力则是要到本县或那曲县购买微型小水电，一次来回8小时，村里有5台，共40小时，同时与其他物品一起购买，因此扣除50%。柴油则是到县里买的，平均一年4次，每次6小时，扣除50%系数；2006年只有1家有，其用时16小时；2010年有11家。太阳能和小水电都是2007、2008、2009、2010、2011年5年总共积累起来的，因此需要除以5。同样2006年也进行类似处理。

2011年与2006年相比，从调研问卷的14户来看，牧民花在生活能源采集和运输上的时间总额与结构都出现了显著变化。

从生活能源采集与运输花费的时间总额上讲，14户牧民花在生活能源采集和运输上的时间从4354.9小时，减少到3749.6小时，减少了13.9%、605.3小时。由于出现了现代商品能源对传统能源的替代，因此总体上出现传统生活能源上时间减少、商品能源上的时间花费增加的趋势。其中花在牛粪采集和运输上的时间减少了20%、840小时；与牛粪配套使用的杂草的采集与运输时间也随之减少，从112小时减少到75小时，减少了33%、37小时。与此相反，花在煤气上的时间增长了5.3倍、142.5小时；花在柴油上的时间增长了9倍、120小时；电力上的时间增长了5小时；太阳能板上的时间增长了4.2小时。

从生活能源采集与运输花费的时间结构看，2006~2011年，虽然都是以牛粪占主导的结构，但是现代商品能源运输所花时间出现了显著增加，如图5-8和图5-9所示。

2006年和2011年，牧民花在牛粪采集与运输上的时间仍占据主导地位，分别达到96.44%和89.61%。

时间消费比例得到提高的有煤气、柴油、电力和太阳能；而牛粪和杂草的比例却下降。煤气运输上的时间占总时间的比例从2006年的0.52%，快速增长到2011年的4.40%，增长了3.88个百分点。柴油运输上的时间

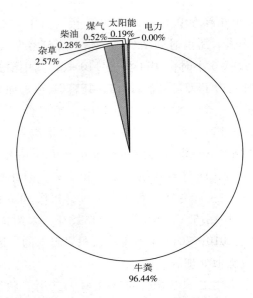

图 5-8 雅安镇 11 村农牧民生活能源上的时间结构（2006）

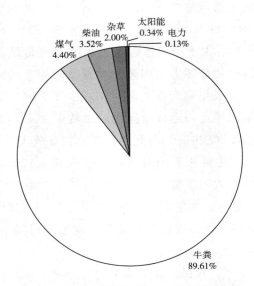

图 5-9 雅安镇 11 村农牧民生活能源上的时间结构（2011）

占总时间的比例从 2006 年的 0.28%，快速增长到 2011 年的 3.52%，增长了 3.24 个百分点。同期电力和太阳能花费时间比例都略有上升，分别增长了 0.13 和 0.15 个百分点。但是，花在牛粪和杂草上采集和运输上的时间的比例则显著下降，分别下降了 6.83 和 0.57 个百分点。

（四） 能量变化

传统能源例如牛粪，虽然不花费现金支出，但是可提供能量，并影响到生态环境保护和室内空气质量与农牧民身体健康。因此，从实物或者能量来分析那曲牧民生活能源消费具有重要价值。

表 5 - 10　雅安镇 11 村牧民生活能源消费能量变化 （实物量）

品　种 \ 年份		2006	2011
传统能源	牛粪	141246 公斤	101283 公斤
	羊粪	0	0
	薪柴	0	200 公斤
	杂草	2520 公斤	1680 公斤
	沼气	0	0
商品能源	电力	0	4380 度
	煤气	225 公斤	1650 公斤
	煤炭	0	0
	汽油	6570 公斤	22968 公斤
	柴油	1118 公斤	5594 公斤
可再生能源	太阳能	4.4 平方米	14 平方米
	风能	0	0

雅安镇 11 村 2011 年户均 6.5 人，2006 年户均 6.8 人。1 瓶煤气按照 15 公斤计算，1 公斤煤气折算 1.7143 公斤标准煤。2011 年那曲汽油价格为每升 8.2 元，柴油 7.8 元，1 升汽油约重 0.73 公斤，1 升柴油约重 0.85 公斤。2006 年 1 升汽油价格 5 元，1 升柴油 4.8 元。水电则是每年 10 月至下年 4 月共 6 个月，年发电量约 4380 度，用来补充照明、做饭和洗衣。柴油机为建房动力较多，同样也用来照明、做饭和洗衣，尤其冬天时补充水电不足。1 年中，1 平方米太阳能板产热 6000 兆焦耳，按 0.16 进行光电效率转换，再按照 1 度为 3.6 兆焦耳计算，得到 267 度电。2006 年每户太阳能板 0.3 平方米，2011 年是 1 平方米。按照上述数据计算，可以得到 11 村牧民生活能源消费能量变化，如表 5 - 11 所示。

表 5 - 11　雅安镇 11 村牧民生活能源消费能量变化（标准煤）

年份 品种 种		2006		2011		变化	
		标准煤（公斤）	比重（%）	标准煤（公斤）	比重（%）	标准煤（公斤）	比重增减百分点（个）
传统能源	牛粪	66527	83.65	47704	50.54	-18823	-33.11
	羊粪	0	0.00	0	0.00	0	0.00
	薪柴	0	0.00	112	0.12	112	0.12
	杂草	1187	1.49	791	0.84	-396	-0.65
	沼气	0	0.00	0	0.00	0	0.00
商品能源	电力	0	0.00	538	0.57	538	0.57
	煤气	386	0.49	2829	3.00	2443	2.51
	煤炭	0	0.00	0	0.00	0	0.00
	汽油	9667	12.15	33795	35.81	24128	23.66
	柴油	1629	2.05	8151	8.64	6522	6.59
可再生能源	太阳能	138	0.17	460	0.49	322	0.31
	风能	0	0.00	0	0.00	0	0.00
合计		79534	100.00	94380	100.00	14846	

　　2011 年与 2006 年相比，从调研问卷的 14 户来看，牧民生活能源消费能量的总额与结构都发生了显著变化。

　　从生活能源消费能量总额上讲，14 户牧民的生活能源消费能量总额从 2006 年的 79534 公斤标准煤，增长到 2011 年的 94380 公斤标准煤，增长了 18.67%。并且电力、煤气、柴油、汽油和太阳能的消费能量值呈现出增长趋势，而传统能源牛粪和杂草则出现降低。尤其是牛粪的下降比例达到了 33.11 个百分点，而汽油的上升比例则达到了 23.66 个百分点。

　　从生活能源能量消费结构来讲，2006～2011 年，能量消费比例得到提高的有汽油、柴油、煤气、电力、太阳能和薪柴；而牛粪和杂草所提供的能量比例却下降，如图 5 - 10 和图 5 - 11 所示。

　　2006 年和 2011 年相比，虽然总体上以牛粪为主导的结构没有改变，2006 年牛粪提供了生活能源中的 83.65% 的能量、2011 年提供了 50.54% 的能量。但是，油品类能源（汽油和柴油）提供的能量比例显著提升，从 2006 年的 14.20% 快速增长到 2011 年的 44.45%，显现出牛粪与油品各占一半的趋势。

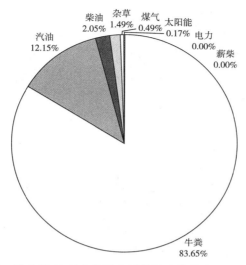

图 5 - 10　雅安镇 11 村农牧民生活能源消费的能量结构（2006）

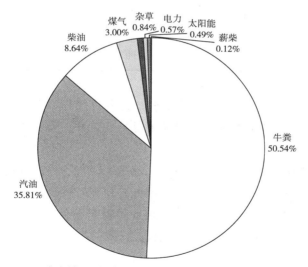

图 5 - 11　雅安镇 11 村农牧民生活能源消费的能量结构（2011）

二　巴青县雅安镇 17 村

巴青县雅安镇 17 村距离镇政府较近，交通比 11 村便利，临近 G317 线[①]。

────────────

① 　在西藏自治区，国道的水平与内地存在较大差距，雅安镇的 G317 不如内地县道，甚至乡道。

到 2012 年时有电网与之接通，但是这个电网属于巴青县雅安水电站的小电网，其发电量和稳定性都较差。17 村不出产虫草，但是经镇政府协调，每年都有一些指标给村里，让村民无偿到本乡产虫草的村采集虫草。在强基惠民驻村干部的带领下，我们对 17 村的 18 户进行的问卷访谈，涉及收入好的、收入一般的和收入较少的不同类型牧户。

（一）品种变化

2006 年与 2011 年进行比较，比较结果如表 5 - 12 所示。

表 5 - 12　巴青县雅安镇 17 村牧民生活能源消费品种变化

年份	品种	传统能源					商品能源					可再生能源	
		牛粪	羊粪	薪柴	杂草	沼气	电力	煤气	煤炭	汽油	柴油	太阳能	风能
2006	户数（户）	18	18	0	18	0	0	1	0	11	1	18	0
	比重（%）	100	100	0	100	0	0	5.56	0	61.11	5.56	100	0
2011	户数（户）	18	18	2	18	0	18	12	1	16	9	18	0
	比重（%）	100	100	11.11	100	0	100	66.67	5.56	88.89	50	100	0
变化	户数（户）	0	0	2	0	0	18	11	1	5	8	0	0
	比重增减百分点（个）	0	0	11.11	0	0	100	61.11	5.56	27.78	44.44	0	0

2011 年与 2006 年相比，整体来讲，消费传统生活能源和可再生能源的牧户数量和比例变化较小，而消费商品能源的用户数量及其比例都得到显著增长。其中：

牛粪和杂草的使用牧户保持不变，都是 18 户；而使用薪柴的牧户数量增长了 2 户。杂草主要是为了助燃，因此其使用量较少。与 11 村不同，17村 2011 年时还有山羊、绵羊 82 只，因此羊粪仍被使用；这种使用和农区不同，在 17 村羊粪和牛粪在户内外就混在了一起，因此使用牛粪时掺杂了羊粪。风能和沼气在调研的 18 户中，无论是 2006 年还是 2011 年都没有被使用，其变化都为 0。

薪柴使用户从 0 户变成 2 户，比例提高到 11.11%，增长了 11.11 个百分点。这 2 户使用的薪柴不是专门为燃烧购买的，而是修建新房时，建房剩下的。因此，薪柴用户数量和比例的上升，同 11 村一样只是短期现象、个别现象。

太阳能用户在 17 村的比例为 100%，利用方式主要是太阳能板，少部分太阳房、偶尔太阳灶，没有热水器。18 户调研户在 2006 年和 2011 年都在使用太阳能板，区别只是数量和尺寸大小；太阳房的利用在调研中发现有 5 户，太阳灶的利用在 17 村调研中发现有 2 户，而且还不经常使用。

17 村的电力来源于镇上的雅安电站，此电站是规模较小的区域性小水电，2007 年通电，为镇所在地、17 村及周边村庄提供电力服务。2006 年时使用电力的户数为 0，到 2011 年时全部用上了电。

煤气使用户数从 1 户增长到 12 户，比重提高到 66.67%，比重增长了 66.67 个百分点。煤炭的使用户数从 0 户增长到 1 户，比重提高到 5.56%，比重增长了 5.56 个百分点。这 1 户村民使用的煤炭主要购买于巴青县。

汽油的使用户数从 11 户增长到 16 户，比重提高到 88.89%，比重增长了 27.78 个百分点。汽油主要用于摩托车和小汽车，几乎以摩托车为主，这种汽油使用结构与 11 村汽车摩托车并重的结构是不同的。

柴油在 17 村也得到了广泛使用，除了用于卡车外就是用于户用柴油发电机，2006 年只有 1 家用柴油机发电，到 2011 年就有 9 家使用了，比重从 5.56% 提高到了 50%，增长快速。这种快速增长与雅安镇水电站经常停电、电力可靠性差密切相关。

（二）支出变化

由于 17 村有雅安镇水电站为其提供电源，因此其生活能源消费表现出与 11 村显著不同的特点。2011 年与 2006 年相比，从调研问卷的 18 户来看，牧民生活能源消费支出的总额与结构都出现了显著变化，如表 5－13 所示。

表 5－13　巴青县雅安镇 17 村牧民生活能源消费支出变化

品种 ＼ 年份		2006		2011		变化	
		金额（元）	比重（%）	金额（元）	比重（%）	金额（元）	比重增减百分点（个）
传统能源	牛粪	0	0	0	0	0	0
	羊粪	0	0	0	0	0	0
	薪柴	0	0	0	0	0	0
	杂草	0	0	0	0	0	0
	沼气	0	0	0	0	0	0

续表

品 年 份 种		2006		2011		变化	
		金额（元）	比重（%）	金额（元）	比重（%）	金额（元）	比重增减百分点（个）
商品能源	电力	0	0.00	16520	18.94	16520	18.94
	煤气	200	2.34	5400	6.19	5200	3.85
	煤炭	0	0.00	1000	1.15	1000	1.15
	汽油	7200	84.11	49700	56.98	42500	−27.13
	柴油	1000	11.68	11400	13.07	10400	1.39
可再生能源	太阳能	160	1.87	3200	3.67	3040	1.80
	风能	0	0.00	0	0.00	0	0
合计		8560	100	87220	100	78660	0

2011 年时，电价是夏天 0.5 元/度，冬天 0.9 元/度；夏天 1 个月停电 5 天，冬天则 8~10 天，各村轮流停电。有 1 家有电炉，5000 瓦的，此户是村里电工。太阳能板的支出仍是除以 5 年，一个 4 平方米的太阳能板天气好时能带动冰箱，一个 0.3 平方米的太阳板一天能进行 2~3 次打酥油茶。煤气主要夏天用，冬天不用，放牧时也会带上煤气。小型柴油发电机主要为了应对停电，尤其是为冰箱充电。有 5 个太阳房，有 3 个太阳能灶。有 1 台旧的二手面包车，到镇县上时使用。2 家有太阳灶，但是用得极少。有 1 家使用 2000 斤煤炭，每公斤约 1 元。2006 年 1 家使用煤气，共 2 瓶。2006 年 1 家使用柴油机。

从总额上讲，18 户牧民的生活能源消费支出总额从 8560 元增长到 87220 元，增长了 9.2 倍。其中电力消费从无到有，2006 年没有一家使用户用电网，2007 年 17 村开始接上雅安镇水电站的电网，到 2011 年时所有 18 户都大量使用电力，并达到 16520 元。2006 年 18 户中只有 1 户使用 2 瓶煤气，到 2011 年时则有 12 家使用了 54 瓶，每瓶价格约 100 元，增长了 26 倍。汽油则用作小汽车和摩托车的燃料，尤其是以作为摩托车的燃料为主，2006 年花费了 7200 元，到 2011 年时则支出增加到 49700 元，增长了 5.9 倍；尤其是这些年，摩托车使用数量和频率都增加快速。柴油主要用来为家电提供电力，尤其是冰箱，以及修建房屋时为机械提供动力，2006 年只有 1 户使用，消费支出为 1000 元，到 2011 年则增长到 11400 元，增长了 10.4 倍，18 户中有 9 户有柴油发电机。太阳能则全部是用在照明上，虽然 2006 年全村基本使用太阳能板，但是面积较小，约 0.3 平方米；但是到了 2011 年有一些牧民的太阳能板面积达到 4 平方米，许多是两个大的太阳能板；相应地，支出也从 160 元增长到 2011 年的 3200 元，增长 19 倍。煤炭在 2011 年也得到使用，有 1 家使用 2000 斤，约 1000 元的煤炭，这些煤炭是从巴青县城购买的。

从生活能源消费支出结构来看，2006～2011 年，消费支出比例得到提高的有电力、柴油、煤气、煤炭、太阳能；而汽油的消费支出比例却下降。这些能源消费支出占总生活能源消费支出的比例如图 5－12 和图 5－13 所示。

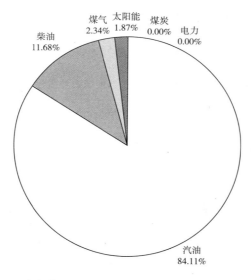

图 5－12　雅安镇 17 村农牧民生活能源消费支出结构（2006）

无论是 2006 年还是 2011 年，牧民生活能源消费支出中占主导的仍是汽油能源，2006 年时为 84.11%、2011 年时为 56.98%。但是，其他能源的比例却发生了显著变化，其中电力和煤气消费的比例显著提升，电力消费支出比例从 0 快速增长到 2011 年的 18.94%；煤气则从 2.34% 增长到 6.19%。同时，太阳能消费支出比例也增长了 1.8 个百分点。而汽油的消费支出比例则快速从 84.11% 下降到 56.98%、下降了 27.13 个百分点。

因此，2011 年相对于 2006 年来讲，生活能源消费结构虽然都以汽油占主导，但是表现出变化的多样性，尤其是电力的地位日益突出。

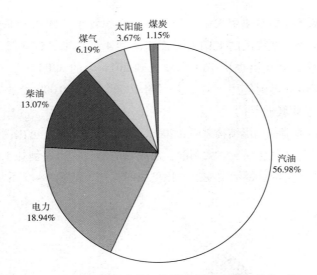

图 5-13 雅安镇 17 村农牧民生活能源消费支出结构 (2011)

（三）时间变化

2006～2011 年，17 村调查问卷的 18 户牧民在生活能源收集与运输上花费的时间，如表 5-14 所示。

表 5-14 17 村牧民生活能源消费时间变化（采集与运输）

年 品 种 份	2006		2011		变化	
	时间（小时）	比重（%）	时间（小时）	比重（%）	时间（小时）	比重增减 （百分点）
传统能源 牛粪	7200	98.25	4320	91.29	-2880	-6.96
羊粪	0	0.00	0	0.00	0	0.00
薪柴	0	0.00	0	0.00	0	0.00
杂草	100	1.36	90	1.90	-10	0.54
沼气						
商品能源 电力	0	0.00	0	0.00	0	0.00
煤气	6	0.08	162	3.42	156	3.34
煤炭	0	0.00	6	0.13	6	0.13
汽油	0	0.00	0	0.00	0	0.00
柴油	8	0.11	72	1.52	64	1.41
可再生能源 太阳能	14	0.19	82	1.73	68	1.54
风能	0	0.00	0	0.00	0	0.00
合计	7328	100.00	4732	100.00	-2596	

太阳能和小电都是 2007、2008、2009、2010、2011 年中的 5 年总共
集中起来的，因此需要除以 5；同样 2006 年也进行了类似处理。在 2006
年时，每家到巴青县或那曲购买太阳能板，来回 4 小时，18 家共 72 小
时，进行一个扣除 50%，再除以 5 年，为 7.2 小时。2011 年，只有 5 家
太阳能板面积超过 1 平方米，13 家小于此数，大的经常需要 1~2 个人
去，所以时间变成了 13×4＋5×4×1.5＝82 小时，再除以 5，得到 16.4
小时。2006 年煤气是一瓶一次，因此 2006 年是 2 瓶×6 小时/1，扣一个
50% 折扣，得到 6 小时；2011 年是 54×6 小时，扣一个 50% 折扣，因此
2011 年是 162 小时。2011 年牛粪同样需要家庭中妇女一个月的时间，
2006 年时家中没有其他能源，因此会花更多一些时间约 1 个月多。杂草
则是花 2 天时间，约 10 小时。电力则是不花时间，电线直接入户。柴油
则是到县里买的，平均一年 4 次，每次 4 小时，扣除 50%，2006 年 1 家
有，其用时 8 小时；2011 年时 9 家有，72 小时。煤炭则是冬天一次买的，
花了 6 小时，因为数量达 2000 斤，因此没有 50% 扣除，是专门为买煤炭
而去的。

　　2011 年与 2006 年相比，从调研问卷的 18 户来看，牧民花在生活能源
采集和运输上的时间总额与结构都出现了显著变化。

　　从生活能源采集与运输花费的时间总额上讲，18 户牧民花在生活能源
采集和运输上的时间从 7328 小时，减少到 4732 小时，减少了 35.43%、
2596 小时，平均每家 144 小时。由于出现了现代商品能源对传统能源的替
代，因此总体上出现传统生活能源上的时间减少、商品能源上的时间花费
增加的趋势。其中花在牛粪采集和运输上的时间减少了 40%、2880 小时；
与牛粪配套使用的杂草的采集与运输时间也随之减少，从 100 小时减少到
90 小时，减少了 10 小时。与此相反，花在煤气上的时间从 6 小时增长到
162 小时，增长了 156 小时；柴油上的时间从 8 小时增长到 72 小时，增长
了 8 倍。由于电力是直接入户，因此没有花费额外时间。花在太阳能板运
输上的时间则从 14 小时增长到 82 小时，增长了近 5 倍。

　　从生活能源采集与运输花费的时间结构来讲，2006~2011 年，仍是以
牛粪采集与运输花费时间占主导的结构，现代商品能源运输所花时间有所
增长，但是不如雅安镇 11 村显著，如图 5－14 和图 5－15 所示。

　　2006 年和 2011 年，牧民花在牛粪采集与运输上的时间仍占据主导地

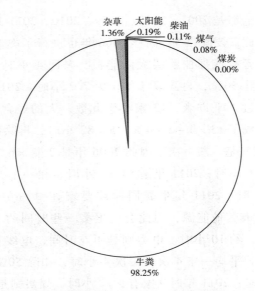

图 5 – 14　雅安镇 17 村农牧民生活能源上的时间结构（2006）

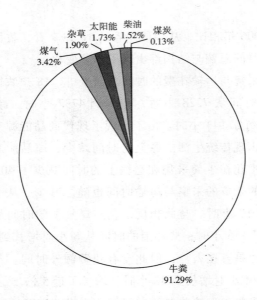

图 5 – 15　雅安镇 17 村农牧民生活能源上的时间结构（2011）

位，分别达到 98.25% 和 91.29% 。时间消费比例得到提高的有煤气、柴油、煤炭和太阳能；而牛粪的比例却下降。

煤气运输上的时间占总时间的比例从 2006 年的 0.08%，快速增长到 2011 年的 3.42%，增长了 3.34 个百分点。柴油运输上的时间占总时间的比例从 2006 年的 0.11%，快速增长到 2011 年的 1.52%，增长了 1.41 个百分点；太阳能运输上的时间占总时间的比例从 2006 年的 0.19%，快速增长到 2011 年的 1.73%，增长了 1.54 个百分点。花在牛粪采集和运输上的时间的比例则显著下降，下降了近 7 个百分点。

（四）能量变化

2006 ~ 2011 年，雅安镇 17 村生活能源消费能量的实物，如表 5 – 15 所示。

表 5 – 15　雅安镇 17 村牧民生活能源消费能量变化（实物量）

品　　种	年　　份	2006	2011
传统能源	牛粪	120177 公斤	71772 公斤
	羊粪	0	0
	薪柴	0	120 公斤
	杂草	2460 公斤	1640 公斤
	沼气	0	0
商品能源	电力	0	27533 度
	煤气	30 公斤	810 公斤
	煤炭	0	1000 公斤
	汽油	1051 公斤	4425 公斤
	柴油	177 公斤	1242 公斤
可再生能源	太阳能	6 平方米	20.3 平方米
	风能	0	0

17 村 2011 年时户均 4.0 人，2006 年时户均 4.5 人。各种燃料从实物量转换成标准煤的方式和系数，与前面 11 村相同。

2011 年与 2006 年相比，从调研问卷的 18 户来看，牧民生活能源消费能量的总额与结构都出现了显著变化。

从生活能源能量消费总额上讲，18 户牧民的生活能源能量消费总额从 2006 年的 59814 公斤标准煤，下降到 2011 年的 49119 公斤标准煤，下降了 17.88%。

表 5 - 16　雅安镇 11 村牧民生活能源消费能量变迁（标准煤）

年 品 份 种		2006		2011		变化	
		标准煤 （公斤）	比重 （%）	标准煤 （公斤））	比重 （%）	标准煤 （公斤）	比重增减 百分点(个)
传统能源	牛粪	56603	94.63	33805	68.82	- 22798	- 25.81
	羊粪	0	0.00	0	0.00	0	0.00
	薪柴	0	0.00	69	0.14	69	0.14
	杂草	1159	1.94	772	1.57	- 387	- 0.37
	沼气	0	0.00	0	0.00	0	0.00
商品能源	电力	0	0.00	3384	6.89	3384	6.89
	煤气	51	0.09	1389	2.83	1337	2.74
	煤炭	0	0.00	714	1.45	714	1.45
	汽油	1546	2.58	6511	13.26	4965	10.67
	柴油	258	0.43	1810	3.68	1552	3.25
可再生能源	太阳能	197	0.33	666	1.36	469	1.03
	风能	0	0.00	0	0.00	0	0.00
合计		59814	100	49119	100	- 10695	0.00

　　从生活能源能量消费结构来讲，2006～2011 年，能量消费比例得到提高的有汽油、柴油、煤气、电力、太阳能和薪柴；而牛粪和杂草所提供的能量比例却下降，如图 5 - 16 和图 5 - 17 所示。

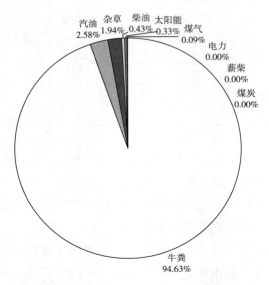

图 5 - 16　雅安镇 17 村农牧民生活能源消费的能量结构（2006）

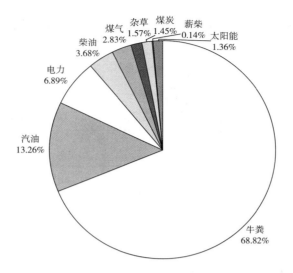

图 5-17　雅安镇 17 村农牧民生活能源消费的能量结构（2011）

2006 年和 2011 年相比，虽然总体上以牛粪为主导的结构仍没有改变，2006 年牛粪提供了生活能源中的 94.63% 的能量，2011 年提供了 68.82% 的能量。但是，油品类能源（汽油和柴油）、电力、煤气提供的能量比例显著提升，从 2006 年的 3.43% 快速增长到 2011 年的 29.47%。

三　班戈县新吉乡 4 村

班戈县新吉乡 4 村是那曲西部的一个纯牧村，也是一个较为贫困偏远的村庄，交通不便，2011 年调研时仍没有通电网。这就使得这个村与前面调研村庄在生活能源消费上具有自己的特点。2011 年我们对 4 村的 21 户进行了调研，涉及富裕、中等和贫困等各种层次牧民。他们的生活能源消费变化如下。

（一）品种变化

2011 年与 2006 年相比，整体来讲，生活能源消费的品种结构变化较少，只是多了一个煤气品种的消费①，如表 5-17 所示。

① 调研中发现有部分用户晚上用手电筒和蜡烛照明，但不常用，因此本文没有计算其品种、能量消耗和支出情况。

表 5 – 17　班戈县新吉乡 4 村牧民生活能源消费品种变化

年份	品种	传统能源					商品能源					可再生能源	
		牛粪	羊粪	薪柴	杂草	沼气	电力	煤气	煤炭	汽油	柴油	太阳能	风能
2006	户数（户）	21	21	0	0	0	0	0	0	3	0	21	0
	比例（%）	100	100	0	0	0	0	0	0	14.29	0	100	0
2011	户数（户）	21	21	0	0	0	0	17	0	14	0	21	0
	比例（%）	100	100	0	0	0	0	80.95	0	66.67	0	100	0
变化	户数（户）	0	0	0	0	0	0	17	0	11	0	0	0
	比例增减百分点（个）	0	0	0	0	0	0	80.95	0	52.38	0	0	0

　　2011 年草原补偿按 2003 年户口是否已存在计算，每户送 2 瓶 15 公斤的煤气；多数是一年用 1 瓶，舍不得用剩下 1 瓶。2011 年分户的牧民，可能会买一些牛粪，20 斤 1 袋约 8 元钱，买了 6 袋，但是估计 2012 年就不用买了。村中存在用牛换电视和太阳能板的交易方式，例如有一家超载户，有 4300 亩草场，2010 年用 1 头牛约 4500 元，换回一套设备包括 1 台 14 英寸电视机、2 平方米太阳能板、1 个接收器、1 个电瓶、1 个稳压装置、1 个 CD 机。一年去 3 次县城，已是村里去得较多的人了。多数牧民还不知道县里正在接青藏直流电网。

　　牛粪和羊粪的使用牧户保持不变都是 21 户；而使用薪柴和杂草的牧户数量仍为 0，调研中牧民专门使用如同雅安镇那样的矮丛杂草的现象，并没有被发现。由于牛粪和羊粪在户内外就混在了一起，因此使用牛粪时偶尔会掺杂些羊粪。风能和沼气在调研 21 户中，无论是 2006 年还是 2011 年都没有被使用，其变化都为 0。

　　太阳能用户的比例为 100%，利用方式全部是太阳能板，没有如同雅安镇的太阳房，也没有发现太阳灶和热水器。21 户调研户在 2006 年和 2011 年都在使用太阳能板，区别只是数量和尺寸大小。

　　煤气使用户数从 0 户增长到 17 户，比例提高到 80.95%，比重增长了 80.95 个百分点。但是这些煤气没有一个是自己出钱买的，全是政府在 2011 年实施草原生态补偿时给的，并且只发放给 2003 年之前的牧户，新分户是没有的，通常政府给了 2 瓶。调研中了解到家庭条件好的，表示用完这些煤气后，还会自己到县上购买；但是家庭条件不好的，就不会再用了。

　　汽油的使用户数从 3 户增长到 14 户，比例提高到 66.67%，增长了

3.67 倍。汽油全部用于摩托车和小汽车，除了 1 家使用二手小汽车之外，其他全部用在摩托车上。柴油的使用在新吉乡 4 村没有被发现。

（二）支出变化

由于班戈县新吉乡 4 村既没有接通电网，又比较偏远贫困，因此其生活能源消费表现出与前两个调研村显著不同的特点。2011 年与 2006 年相比，从调研问卷的 21 户来看，牧民生活能源消费支出的总额与结构出现显著变化，如表 5 - 18 所示。

表 5 - 18　班戈县新吉乡 4 村牧民生活能源消费支出变化

品种＼年份		2006		2011		变化	
		金额（元）	比重（％）	金额（元）	比重（％）	金额（元）	比重增减百分点（个）
传统能源	牛粪	0	0	48	0.45	48	0.45
	羊粪	0	0	0	0	0	0
	薪柴	0	0	0	0	0	0
	杂草	0	0	0	0	0	0
	沼气	0					
商品能源	电力	0		0		0	0
	煤气	0		0		0	0
	煤炭	0		0		0	0
	汽油	800	64.52	8500	79.38	7700	14.86
	柴油	0	0.00	0	0.00	0	0.00
可再生能源	太阳能	440	35.48	2160	20.17	1720	-15.31
	风能	0	0	0	0	0	0
合计		1240	100	10708	100	9468	0

从总额上讲，21 户牧民的生活能源消费支出总额从 1240 元，增长到 10708 元，增长了 7.6 倍。这些消费增长主要来源于汽油的消费。虽然煤气的消费数量显著提升，但是其来源于政府提供，因此农牧民并没有产生现金支出。同时，太阳能领域的消费支出也从 440 元，快速增长到 2160 元，增长了 3.9 倍。调研中，我们发现近年来新分户出现较多，他们刚分户时，可能会面临牛粪不足的短暂情况，从而出现一定数量的购买，我们调研就发现一家新分户，2011 年就购买了 6 袋牛粪，每袋约 20 斤，花了 48 元。但是户主

同时表明，2012 年时，自家的和捡些牛粪，就够用了，不用再买了。

从生活能源消费支出结构来讲，2006～2011 年，消费支出比例得到提高的有汽油，而太阳能消费支出的比例却下降。这些能源消费支出占总生活能源消费支出的比例，如图 5–18 和图 5–19 所示。

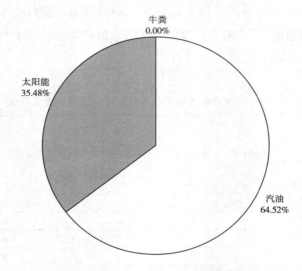

图 5–18　班戈县新吉乡 4 村农牧民生活能源消费支出结构（2006）

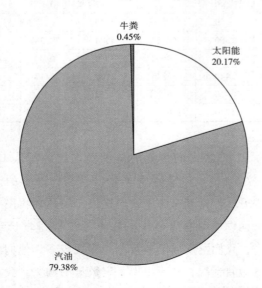

图 5–19　班戈县新吉乡 4 村农牧民生活能源消费支出结构（2011）

2006～2011年，牧民生活能源消费支出结构发生了显著变化。2006年是以太阳能和汽油消费支出占主导，汽油占总消费支出的64.52%；但是到了2011年就变成了以汽油消费支出占主导，占总消费支出的79.38%。2006和2011年，共同特点是都形成了"汽油＋太阳能"占绝对主导的结构，其他品种的能源消费支出相当少。与其他村庄相比，表现出明显的能源消费结构单一的特点。

（三）时间变化

由于新吉乡4村现代商品能源消费较少，而且没有电力，因此他们的生活能源更依赖于传统能源，几乎就是牛粪。2006～2011年，该村牧民生活能源的收集和运输所花费的时间变化如表5－19所示。

表5－19　班戈县新吉乡4村牧民生活能源消费时间变化（采集运输）

品种 \ 年份		2006		2011		变化	
		时间（小时）	比重（%）	时间（小时）	比重（%）	时间（小时）	比重增减百分点（个）
传统能源	牛粪	7560	99.88	7200	98.80	－360	－1.08
	羊粪	0	0	0	0	0	0
	薪柴	0	0	0	0	0	0
	杂草	0	0	0	0	0	0
	沼气	0	0	0	0	0	0
商品能源	电力	0	0	0	0	0	0
	煤气	0	0	68	0.93	68	0.93
	煤炭	0	0	0	0	0	0
	汽油	0	0	0	0	0	0
	柴油	0	0	0	0	0	0
可再生能源	太阳能	9	0.12	19.5	0.27	10.5	0.15
	风能	0	0	0	0	0	0
合计		7569	100	7287.5	100	－281.5	

2011年新吉乡4村共有74户，301人，户均4.08人，低于那曲和自治区水平。采集牛粪需要一个妇女约1个半月时间，没有摩托车货车等运输。低于0.3平方米的太阳能板，政府给的以及安居工程给的基本上在乡上购买或取，只有大的自己到县上或拉萨购买。到乡上来回4小时，坐四轮车、摩托车；到县上或拉萨，则来回10小时。2006年21户中，有3户

太阳能板较大，大的按照 4×1.5 小时计算，18 户较小的，折扣 5 年和 50% 的系数，从而 2006 年的太阳能时间为（18×4 + 3×4×1.5）×0.5/5（小时）。2011 年时，太阳能板小于 0.3 平方米的有 6 家，大于 1 平方米但是政府送的有 6 家，大于 1 平方米但自己买的有 9 家，从而时间为（6×4 + 6×4×1.5 + 9×10×1.5）×0.5/5（小时）。由于没有其他能源，因此要花费一个妇女约 1.5 个月，于是 2011 年的时间就是 45×8×21 小时。2011 年时，只是新增加了太阳能和汽油，并没有对牛粪的做饭、取暖形成替代。2006 年时，户均人口更多些约 4.5 人，因此牛粪消费总量和时间会多些，按照牛粪使用量与人口数的规模经济，牛粪增加量不会超过人口增加量，因此 2011 年牛粪使用量估计为 2006 年的 1 +（4.5 − 4.08）/4.08 × 0.5 倍。煤气运输也是在乡里，来回 4 小时，共 17 家，共 68 小时。

2011 年与 2006 年相比，从调研问卷的 21 户来看，牧民花在生活能源采集和运输上的时间总额与结构并没有出现显著变化。

从生活能源采集与运输花费的时间总额上讲，21 户牧民花在生活能源采集和运输上的时间从 7569 小时，减少到 7287.5 小时，减少了 3.72%、281.5 小时。在新吉乡 4 村，太阳能的利用主要是为了照明和电视机提供电力，这种能源用能目的与牛粪作为餐饮取暖目的之间是互补关系，而不是替代关系；因此并没有出现现代能源与传统生活能源的替代现象。太阳能运输上的花费时间，从 2006 年的 9 小时，提升到 2011 年的 19.5 小时，这直接取决于家中摩托车数量的多少和使用程度。而牛粪采集和运输所花费的时间从 7560 小时，下降到 2011 年的 7200 小时，则主要是受家庭分户的影响，出现户均人口持续下降，从而引发牛粪消费量的下降。

从生活能源采集与运输花费的时间结构来讲，2006～2011 年，仍是以牛粪采集与运输花费时间占绝对主导的结构，现代商品能源运输所花时间则相当少，如图 5 - 20 和图 5 - 21 所示。

2006 年和 2011 年，牧民花在牛粪采集与运输上的时间仍占据绝对主导地位，分别达到 99.88% 和 98.80%，而其他类型的能源所占时间却不到 1% 和 2%，这与其他村庄显著不同。

（四）能量变化

虽然传统生活能源牛粪并不占用现金消费支出，或非常少的现金支

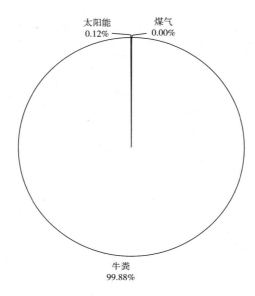

图 5 – 20　班戈县新吉乡 4 村农牧民生活能源消费时间结构（2006）

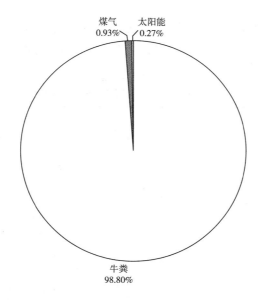

图 5 – 21　班戈县新吉乡 4 村农牧民生活能源消费时间结构（2011）

出，但是却提供了主要的生活能源能量。2006～2011 年，新吉乡 4 村 21
户牧民生活能源能量消费的实物，如表 5 – 20 所示。

表 5 – 20　班戈县新吉乡 4 村牧民生活能源消费能量变化（实物量）

品　　种 \ 年份		2006	2011
传统能源	牛粪	140207 公斤	127121 公斤
	羊粪	0	0
	薪柴	0	0
	杂草	0	0
	沼气	0	0
商品能源	电力	0	0
	煤气	0	360 公斤
	煤炭	0	0
	汽油	116.8 公斤	756.7 公斤
	柴油	0	0
可再生能源	太阳能	7.6 平方米	27.1 平方米
	风能	0	0

　　新吉乡 4 村 2011 年时户均 4.08 人，2006 年时户均 4.5 人。各种燃料从实物量转换成标准煤的方式和系数，与雅安镇 11 村相同。

表 5 – 21　班戈县新吉乡 4 村牧民生活能源消费能量变化（标准煤）

品　　种 \ 年份		2006		2011		变化	
		标准煤（公斤）	比重（%）	标准煤（公斤）	比重（%）	标准煤（公斤）	比重增减百分点（个）
传统能源	牛粪	66037	99.37	59874	95.81	– 6163	– 3.56
	羊粪	0	0	0	0.00	0	0
	薪柴	0	0	0	0.00	0	0
	杂草	0	0	0	0.00	0	0
	沼气	0	0	0	0.00	0	0
商品能源	电力	0	0	0	0.00	0	0
	煤气	0	0	617	0.99	617	0.99
	煤炭	0	0	0	0.00	0	0
	汽油	172	0.26	1113	1.78	941	1.52
	柴油	0	0	0	0.00	0	0

续表

品种 \ 年份		2006		2011		变化	
		标准煤（公斤）	比重（％）	标准煤（公斤）	比重（％）	标准煤（公斤）	比重增减百分点（个）
可再生能源	太阳能	249	0.37	888	1.42	639	1.05
	风能	0	0	0	0.00	0	0
合计		66458	100	62492	100.00	-3966	0

2011 年与 2006 年相比，从调研问卷的 21 户来看，牧民生活能源消费能量的总额与结构并没有出现显著变化。21 户牧民的生活能源能量消费总额从 2006 年的 66458 公斤标准煤、下降到 2011 年的 62492 公斤标准煤，下降了 5.97%。并且煤气、汽油和太阳能的消费能量值呈现出增长趋势，而传统能源牛粪则出现降低，但是下降并不显著。

从生活能源能量消费结构来讲，2006~2011 年，能量消费比例得到提高的有汽油、煤气、太阳能；而牛粪提供的能量比例却下降，如图 5-22 和图 5-23 所示。

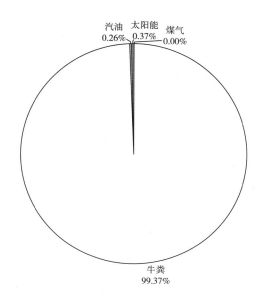

图 5-22 班戈县新吉乡 4 村农牧民生活能源消费的能量结构（2006）

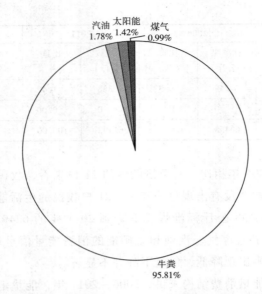

图 5 - 23　班戈县新吉乡 4 村农牧民生活能源消费的能量结构（2011）

2006 年和 2011 年相比，从生活能源能量提供比例结构来看，牛粪占据了绝对主导地位，并且年际变化较小；2006 年牛粪提供了生活能源中的 99.37% 的能量，2011 年提供了 95.81% 的能量。但是，太阳能、汽油和煤气提供的能量比例也得到了一定程度的提升，尽管幅度较小。

四　聂荣县色庆乡 28 村

聂荣县色庆乡 28 村，又名帕玉村，是 1994 年由色庆乡的 18 户贫困户，从分散走向集中搬迁而形成的村。但是，帕玉村长期以来就是政府和对口援助的重点支持村，因此，28 村牧民生活能源消费形成了自己的特点。2012 年，我们对帕玉村 20 户中的 12 户进行了问卷调查，他们的生活能源消费情况如下。

（一）品种变化

2006 年 12 月，帕玉村接通藏中电网，因此 2011 年与 2006 年相比，生活能源消费的品种结构有了较大变化，多了电力和煤气品种的消费，如表 5 - 22 所示。

表 5 - 22　聂荣县色庆乡 28 村牧民生活能源消费品种变化

年份	品种	传统能源					商品能源					可再生能源	
		牛粪	羊粪	薪柴	杂草	沼气	电力	煤气	煤炭	汽油	柴油	太阳能	风能
2006	户数（户）	12	12	0	0	0	0	0	0	3	0	10	0
	比例（%）	100	100	0	0	0	0	0	0	25.00	0	83.33	0
2011	户数（户）	12	12	0	0	0	12	3	0	9	0	4	0
	比例（%）	100	100	0	0	0	100	25.00	0	75.00	0	33.33	0
变化	户数（户）	0	0	0	0	0	12	3	0	6	0	- 6	0
	比重增减百分点（个）	0	0	0	0	0	100	25.00	0	50.00	0	- 50	0

2006 年太阳能有 10 户，2011 年有 4 户，2007 ~ 2011 年只有 1 户新买了 0.2 平方米 170 元的太阳板。既有用户的太阳能板坏了，就基本上不用了，因为电力通后，可以照明了，替代了太阳能板。

牛粪和羊粪的使用牧户保持不变、都是 12 户；而使用薪柴和杂草的牧户数量仍为 0，牛粪和羊粪在户内外混在一起使用。风能和沼气在调研 12 户中，无论是 2006 年还是 2011 年都没有被使用，其变化都为 0。

太阳能用户的比例出现了下降，2006 年时有 10 户使用，到了 2011 年时只有 4 户仍在使用，利用方式全部是太阳能板，提供照明。太阳灶虽然 12 户中有 3 个，但是有的坏了，也不常用。2007 ~ 2011 年，只有 1 家新购买了太阳能板，面积较小，约为 0.3 平方米。

煤气使用户数从 0 户增长到 3 户，比例提高到 25%，比例增长了 25 个百分点。但是这些煤气中，有 2 户是自己的，有 1 户是别人送的。

汽油的使用户数从 3 户增长到 9 户，比例提高到 75%，增长了 2 倍。汽油全部用于摩托车，调研户中都没有小汽车。柴油的使用没有被发现。

（二）支出变化

色庆乡 28 村人均草场面积较小，牲畜数量有限，因此牛粪资源相对不足，从外村购买牛粪的现象较为普遍；再加上 2006 年年底接通藏中电网，使得 28 村 2011 年与 2006 年相比，牧民生活能源消费支出的总额与结构出现显著变化。

表 5－23 聂荣县色庆乡 28 村牧民生活能源消费支出变化

品种	年份	2006		2011		变化	
		金额（元）	比重（%）	金额（元）	比重（%）	金额（元）	比重增减百分点（个）
传统能源	牛粪	975	50.39	4815	25.97	3840	－24.42
	羊粪	0	0	0	0	0	0
	薪柴	0	0	0	0	0	0
	杂草	0	0	0	0	0	0
	沼气	0	0	0	0	0	0
商品能源	电力	0	0	2955	15.94	2955	15.94
	煤气	0	0	3000	16.18	3000	16.18
	煤炭	0	0	0	0	0	0
	汽油	600	31.01	7740	41.74	7140	10.73
	柴油	0	0	0	0	0	0
可再生能源	太阳能	360	18.60	34	0.18	－326	－18.42
	风能	0	0	0	0	0	0
合计		1935	100	18544	100	16609	

从总额上讲，12 户牧民的生活能源消费支出总额从 1935 元，增长到 18544 元，增长了 8.6 倍。这些消费增长主要来源于汽油、电力、煤气和牛粪的消费。汽油消费增长了近 12 倍，牛粪消费支出增长了 3.9 倍，电力和煤气的消费支出则从无到有。太阳能领域的消费支出却出现显著下降，从 360 元，快速下降到 34 元，下降到原来的 9%。

从生活能源消费支出结构来讲，2006～2011 年，整个消费支出结构出现根本性变化，如图 5－24 和图 5－25 所示。

2006 年时以牛粪支出为主，占能源消费支出的 50.39%；但是到了 2011 年时占第一位的变成了汽油，占能源消费支出的 41.74%，并且电力和煤气消费支出比例显著提升，分别增长到 16.18% 和 15.94%；而牛粪消费支出比例却显著下降，从 50.39% 下降到 25.97%。整体上，2011 年比 2006 年的消费支出结构呈现出更多样性和均衡性。

（三）时间变化

草场与牲畜数量不足使得在草场捡牛粪，相对于其他村庄变得困难些，花费的时间也多些；同时由于收入水平较低，他们更依赖于牛粪作为

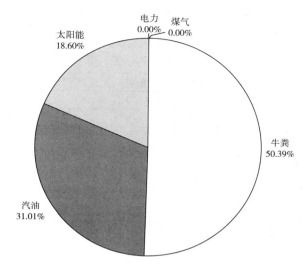

图 5 – 24　聂荣县色庆乡 28 村农牧民生活能源消费支出结构 （2006）

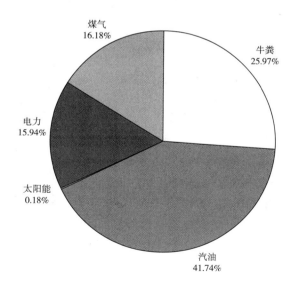

图 5 – 25　聂荣县色庆乡 28 村农牧民生活能源消费支出结构 （2011）

生活能源。再加上交通相对便利、现代商品能源的购买更方便省时，电力直接入户，这些使得色庆乡 28 村花在捡牛粪上的时间比例就更多，如表 5 – 24 所示。

表 5－24　聂荣县色庆乡 28 村牧民生活能源消费时间变化 （采集运输）

品种 \ 年份		2006		2011		变化	
		时间（小时）	比重（%）	时间（小时）	比重（%）	时间（小时）	比重增减百分点（个）
传统能源	牛粪	2880	99.90	2400	97.75	－480	－2.15
	羊粪	0	0	0	0	0	0
	薪柴	0	0	0	0	0	0
	杂草	0	0	0	0	0	0
	沼气	0	0	0	0	0	0
商品能源	电力	0	0	0	0	0	0
	煤气	0	0	55	2.24	55	2.24
	煤炭	0	0	0	0	0	0
	汽油	0	0	0	0	0	0
	柴油	0	0	0	0	0	0
可再生能源	太阳能	3	0.10	0.3	0.01	－2.7	－0.09
	风能	0	0	0	0	0	0
合计		2883	100	2455.3	100	－427.7	

　　2011 年共有 20 户，94 人，户均 4.7 人，户均人口数变化不大。捡牛粪需要一个妇女约 25 天，除了从村里合作社分一些之外，还要自己捡些甚至到其他村捡，还要自己买些，合作社会有专门负责捡牛粪的人员。太阳能板，2006 年只有 10 家，面积都不大只有 0.2 平方米，从聂荣县购买，来回 3 小时，1 个人就可以了，扣除系数 0.5，再除 5 年，于是所用时间为 $10 \times 3 \times 0.5/5$ （小时）。2011 年时仍没有大的太阳能板，使用太阳能板的有 4 家，并且只有 1 家是在 2007 ~ 2011 年购买的，从而时间为 $1 \times 3 \times 0.5/5$ （小时）。虽然村里使用太阳能户数少，但是村里道路照明是太阳能，这些是对口援藏项目资金修建的。煤气主要是在那曲镇加，一次一瓶，共 22 瓶，共 22 次到那曲，一次来回 5 小时，所以用 $22 \times 5 \times 0.5$ （小时）。

　　2011 年与 2006 年相比，从调研问卷的 12 户来看，牧民花在生活能源采集和运输上的时间总额与结构并没有出现显著变化。

　　从生活能源采集与运输花费的时间总额上讲，12 户牧民花在生活能源采集和运输上的时间从 2883 小时，降低到 2455.3 小时，减少了 14.84%、427.7 小时。其中花在牛粪和太阳能采集与运输上的时间减少，而花在煤气运输上的时间却在增多。

从生活能源采集与运输花费的时间结构来讲，2006～2011年，仍是以牛粪采集与运输花费时间占绝对主导的结构，现代商品能源运输所花时间则相当少，如图5-26和图5-27所示。

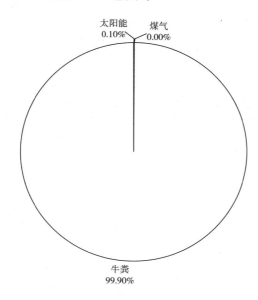

图 5-26 聂荣县色庆乡 28 村农牧民生活能源时间支出结构（2006）

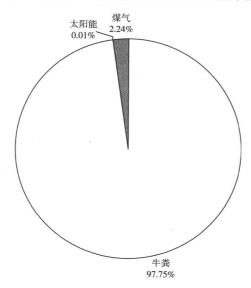

图 5-27 聂荣县色庆乡 28 村农牧民生活能源时间支出结构（2011）

2006 年和 2011 年，牧民花在牛粪采集与运输上的时间仍占据绝对主导地位，分别达到 99.90% 和 97.75%，而花在其他类型的能源上的时间却不到 1% 和 3%，这与其他村庄显著不同。

（四）能量变化

2006~2011 年，聂荣县色庆乡 28 村 20 户牧民生活能源能量消费的实物，如表 5-25 所示。

表 5-25　聂荣县色庆乡 28 村牧民生活能源消费能量变迁（实物量）

品　　种 ＼ 年　份		2006	2011
传统能源	牛粪	92880 公斤	86400 公斤
	羊粪	0	0
	薪柴	0	0
	杂草	0	0
	沼气	0	0
商品能源	电力	0	4221 度
	煤气	0	0
	煤炭	0	0
	汽油	87.6 公斤	1130 公斤
	柴油	0	0
可再生能源	太阳能	2.3 平方米	1.1 平方米
	风能	0	0

28 村 2011 年时户均 4.7 人，2006 年时户均约 4.3 人。牛粪按照冬天夏天各 6 个月，夏天每天 30 斤，冬天 50 斤计算，共 12 户，共 86400 公斤。村委员介绍，整体来讲，2006 年比现在牛粪用得差不多，稍多一些。电力为 0.7 元/度。

2011 年与 2006 年相比，从调研问卷的 12 户来看，牧民生活能源消费能量的总额与结构并没有出现显著变化。

从生活能源能量消费总额上讲，12 户牧民的生活能源能量消费总额从 2006 年的 43951 公斤标准煤、下降到 2011 年的 43478 公斤标准煤，减少了 473 公斤标准煤（见表 5-26）。

表 5 - 26　聂荣县色庆乡 28 村牧民生活能源消费能量变迁（标准煤）

品种 \ 年份		2006		2011		变化	
		标准煤（公斤）	比重（%）	标准煤（公斤））	比重（%）	标准煤（公斤）	比重增减百分点（个）
传统能源	牛粪	43746	99.53	40694	93.60	-3052	-5.94
	羊粪	0	0	0	0.00	0	0.00
	薪柴	0	0	0	0.00	0	0.00
	杂草	0	0	0	0.00	0	0.00
	沼气	0	0	0	0.00	0	0.00
商品能源	电力	0		519	1.19	519	1.19
	煤气	0		566	1.30	566	1.30
	煤炭	0		0	0.00	0	0.00
	汽油	129	0.29	1663	3.82	1534	3.53
	柴油	0		0	0.00	0	0.00
可再生能源	太阳能	75	0.17	36	0.08	-39	-0.09
	风能	0		0	0.00	0	0.00
合计		43951	100	43478	100	-473	

从生活能源能量消费结构来讲，2006～2011 年，电力、汽油和煤气消费能量值呈现出增长趋势，而传统能源牛粪和太阳能则出现降低，但是下降并不显著，如图 5 - 28 和图 5 - 29 所示。

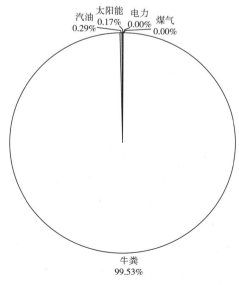

图 5 - 28　聂荣县色庆乡 28 村牧民生活能源消费能量结构（2006）

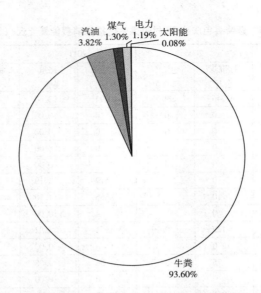

图 5 – 29　聂荣县色庆乡 28 村牧民生活能源消费能量结构（2011）

2006 年和 2011 年相比，从生活能源能量提供比例结构来讲，牛粪占据了绝对主导地位，并且年际变化较小。2006 年牛粪提供了生活能源中的 99.53% 的能量，2011 年提供了 93.60% 的能量。但是汽油、煤气和电力提供的能量比例也得到了一定程度的提升，尽管幅度较小。

五　那曲县和拉萨市的补充调研

（一）补充调研目的

从空间位移上讲，定居涉及村落化和城镇化两个方面。我们对村庄的调研中涉及村落化和住房更新的较多，而城镇化牧户较少。因此，为了解那些从牧区直接迁移到城镇，尤其是大城镇牧民的生活能源消费的变化，我们对常住拉萨而户口和生计来源仍在那曲的牧民进行补充性调研，这将有益于全面了解那曲定居对生活能源消费的影响。

此外，聂荣县色庆乡 28 村，虽然体现了从分散到集中的聚居要求，但是 28 村显得有些特殊，一是中石油和西藏农业科学院对其支持力度较大，是对口援助的典型村庄；二是发展基础比较薄弱，尤其是缺少草场和牲畜，进而牛粪的消费出现独特特征。而这些在那曲地区的其他地区则是相

表 5-28　拉萨市雄嘎社区的巴青县牧民生活能源消费品种变化

年份	品种	传统能源					商品能源					可再生能源	
		牛粪	羊粪	薪柴	杂草	沼气	电力	煤气	煤炭	汽油	柴油	太阳能	风能
2006	户数（户）	5	5	0	5	0	0	2	0	5	2	5	0
	比例（%）	100	100	0	100	0	0	40	0	100	40	100	0
2011	户数（户）	5	5	0	0	0	5	5	0	5	0	2	0
	比例（%）	100	100	0	0	0	100	100	0	100	0	40	0
变化	户数（户）	0	0	0	-5	0	5	3	0	0	-2	-3	0
	增减百分点（个）	0	0	0	-100	0	100	60	0	0	-40	-60	0

能源消费更加便利和清洁，例如太阳能主要是为了洗澡，电力除照明外还主要用来冷藏、取暖，煤气除了炒菜外还主要用来取暖；油烟机等现代厨房电器也被这 5 户使用，如图 5-31 和图 5-32 所示。

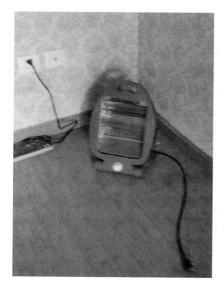

图 5-31　从巴青虫草产区迁移定居到拉萨市区牧民的取暖装置（2011）

整体来讲，这些从虫草产区来的牧民迁移定居到拉萨后，其生活能源消费迅速向城镇居民转变，与那些作为公职人员的许多城镇居民家庭的生活能源消费没什么差别了，从厨房内的设施就可体现出来。

图 5-32　从巴青虫草产区迁移定居到拉萨市区牧民的厨房设施（2011）

第四节　四个村庄中牧民定居对生活能源消费的影响及差异

总结前面 4 个村庄以及补充调研点的牧民生活能源消费变化，我们可以归纳提炼出那曲地区牧民定居对生活能源消费的影响。这些影响可以从传递路径、生活能源消费总量以及生活能源消费结构三个方面来具体呈现。

一　影响的传递路径及差异

前面第三章的理论分析表明，定居对生活能源消费的影响，可以通过空间位移和住房更新两个手段，沿着提高收入水平、接近能源设施、提升能源偏好三条路径实现传递。不同村庄的差异，只是他们实现的手段和传递路径的主次上有所差异，例如有些以空间位移为主，有些以接近能源设施为主，等等。这种差异在那曲地区东、中、西部也同样存在，并体现在我们上述 4 个调研村庄中。

（一）4 个村庄定居方式的差异

定居方式可以从空间位移是迁移到城镇还是村落来区分，也可以从住房更新是大还是小来区分，因此我们通过空间位移和住房更新两个维度来对上述 4 个村庄进行定居方式差异的分析，如表 5 - 29 所示。

表 5 - 29　那曲定居方式的分类

		住房更新程度	
		大	小
空间位移地点	城镇	定居模式 A： 巴青县雅安镇 11 村（部分）	定居模式 B： 没有发现和分析
	村落	定居模式 C： 巴青县雅安镇 17 村 聂荣县色庆乡 28 村 巴青县雅安镇 11 村（部分）	定居模式 D： 班戈县新吉乡 4 村

4 个调研村庄定居过程中不仅存在住房更新程度的差异，也存在迁移地点的不同。

班戈县新吉乡 4 村的定居方式属于定居模式 D，住房更新程度低，空间位移小且在村落中，没有大聚集。调研的 21 户中没有一个是二层楼，砖结构使用比例不高，通常是在原有土房旁边新建一个或旧房拆除重建，没有在居住空间的集中上出现变化。

聂荣县色庆乡 28 村的定居方式属于定居模式 C，住房更新程度大，空间位移小且在村落中，但是沿那聂公路集中。调研的 12 户中全部是由中石油援建的新房，砖木结构，有太阳房，配套节能灯和大窗户。这些住房是旧房拆除重新建立的，仍在原来村落中，但是规划更整齐和集中。

巴青县雅安镇 17 村的定居方式属于定居模式 C，住房更新程度大，空间位移小且在村落中，但是沿国道 317 和雅安镇政府所在地集中。调研的 18 户中虽然没有 2 层楼结构，但是许多采用砖木结构，修建了太阳房。这些住房或是在拆除旧房基础上新建，或是在旧房旁边新建，但基本沿着国道 317 和政府所在地展开。

巴青县雅安镇 11 村的定居方式则出现了分化：一部分居民从村里迁移到了拉萨市和那曲地区，另一部分则留在了村里。前一部分牧民的定居方式属于定居模式 A，约有 16 户，占村总户数的 45.71%，他们通常迁移在拉萨和那曲地区行署所在地，住房更新大，空间位移到城镇。后一部分牧民的定居方式属于定居模式 C，约有 19 户，占村总户数的 54.29%，他们中许多修建了二层楼，使用砖木结构，但是空间仍是在村里，拆除旧房新建。

图 5-33   4 个调研村庄住房差异（2011）

图 5-33 直观显示[①]，各个村之间住房更新程度差异是非常显著的，聂荣县色庆乡的帕玉村是全村所有户都实现大的更新；而班戈县新吉乡 4 村的住房更新力度却要小得多。

（二）4 个村庄传递路径的差异

前面第三章中关于定居影响生活能源消费的传递路径理论分析表明，定居中住房更新会影响到牧民生活能源消费偏好，空间位移则会影响到可用于生活能源消费的支出预算和可获取生活能源的成本；进而在牧民生活能源消费最大化决策下实现生活能源消费数量和结构的均衡。在此过程中，存在 4 种基本路径，如表 5-30 所示。

---

① 以上住房除了聂荣县色庆乡帕玉村是整村住房更新之外，其他村的住房图片虽然只有部分，但是这些图片并不是刻意选择极端好的或差的，而是村里的大众类型。

表 5–30　牧民定居行为影响生活能源消费的 4 种基本路径

基本路径	传递过程
路径 1	空间位移 – 收入与就业变化 – 可用于生活能源消费预算的变化 – 能源消费最优化决策 – 生活能源消费总量与结构变化
路径 2	空间位移 – 接近能源设施服务 – 生活能源价格和隐性成本变化 – 能源消费最优化决策 – 生活能源消费总量与结构变化
路径 3	空间位移 – 接近能源设施服务 – 周边生活能源消费的示范作用 – 生活能源消费的偏好调整 – 能源消费最优化决策 – 生活能源消费总量与结构变化
路径 4	住房更新 – 生活能源消费的偏好调整 – 能源消费最优化决策 – 生活能源消费总量与结构变化

上述 4 种基本路径可以进行组合，形成最影响生活能源消费的多重作用。例如从牧区搬迁到拉萨后，可以用上电力，并受周边居民影响，开始使用电取暖器等，这个过程中就存在路径 2 和路径 3 的组合。

调研的 4 个村庄受定居模式的差异影响，这些村庄中的牧民定居行为对其生活能源消费的影响路径也有所不同，尤其是各个路径的主次地位有差异，如表 5–31 所示。

表 5–31　调研 4 个村庄定居影响生活能源消费的路径差异

村庄名称	传递路径的组合	各路径的主次			
		第一（主要）	第二	第三	最后
巴青县雅安镇 11 村	A:路径 3 + 路径 4	路径 4	路径 3		
	B:路径 2 + 路径 3 + 路径 4	路径 2	路径 4	路径 3	
巴青县雅安镇 17 村	路径 1 + 路径 2 + 路径 3 + 路径 4	路径 2	路径 4	路径 3	路径 1
班戈县新吉乡 4 村	路径 3 + 路径 4	路径 4	路径 3		
聂荣县色庆乡 28 村	路径 1 + 路径 2 + 路径 3 + 路径 4	路径 2	路径 4	路径 3	路径 1

1. 巴青县雅安镇 11 村的传递路径

巴青县雅安镇 11 村的 35 户大体分成两种类型：一种是迁移到拉萨或那曲，只在虫草采集季节回到村里，户口仍在村里的牧民，有 16 户；另一种是仍常年居住在村里的牧民，有 19 户。从而，此村定居对生活能源消费影响的传递路径出现了分化，形成了 A 和 B 两种不同的路径组合。前一种类型的 16 户牧民属于 B 类型组合：路径 2 + 路径 3 + 路径 4。后一种类型的 19 户牧民属于 A 类型组合：路径 3 + 路径 4。

在 B 类型中，这些牧民迁移到城镇之后，并没有新的就业和收入增长，而仍是利用其虫草收入，因此没有路径 1 的存在；他们迁移到拉萨或那曲的目的之一就是希望能分享城镇中的基础设施，包括电力服务、煤气服务等。在迁移定居过程中，通常会购买拉萨或那曲的楼房，相互之间进行攀比。因此 B 类型中的牧民，定居对其生活能源消费影响的传递路径，首先是获取能源服务即路径 2，其次是住房更新后对清洁便利的电力、煤气等能源偏好提升即路径 4，最后是受周边居民大量使用现代能源的示范作用影响而提升能源偏好即路径 3，而对于通过迁移来增长收入进而影响能源消费的路径 1 则不存在。

在 A 类型中，没有向城镇集中甚至乡镇和公路沿线集中，而只有新建的房屋。因此定居对他们生活能源消费的影响路径组合为：路径 3 和路径 4。新建房变大变好后，为了保持楼房的干净和室内空气质量，以及配套以新的电器，他们通过虫草收入的增长，或多或少地购买了发电设备如微型小水电、户用柴油发电机，并大量使用煤气，因此住房更新后引发的能源偏好升级是其最主要的影响传递即路径 4。在修建房屋过程中和生活过程中，出现了相互攀比的能源消费影响则成为次要的传递路径即路径 3；但是路径 1 和路径 2 则并不存在。

2. 巴青县雅安镇 17 村的传递路径

雅安镇 17 村沿着 G317 线，并在镇政府所在地，因此近年来一些新建房从山上迁移集中在沿线和政府所在地，并分享雅安水电站提供的电力服务。此外，17 村虽然没有虫草资源，但是经镇协调他们有部分名额可以进入镇里的其他 9 个产虫草村采集，因此虫草收入虽然没有 11 村多，但是数量也较为可观，户均通常在 1 万元左右。

从调研问卷来看，巴青县雅安镇 17 村定居对其生活能源消费影响的传递路径组合为：路径 1 + 路径 2 + 路径 3 + 路径 4。其中路径 2 为最主要传递路径，其次是路径 4、路径 3，最后是路径 1。

2007 年开通的雅安水电站对他们吸引力特别大，近年来 17 村有部分村民，开始向沿线和政府所在地迁移也就是为享受电力，以及到县城更方便些，因此获取能源基础设施成为其首要传递路径。安居工程建设过程中，较多牧民修建了太阳房，为保持清洁，较多地使用了电网电力和煤气。为防止电网停电，导致冰箱储存的肉变质，许多牧民还购买了较大面积的太阳能板（2~4平方米）和柴油发电机来为冰箱和冰柜提供电力，从而传递路径4的作用也不可忽视。然后是建房过程中和日常生活中，对生活能源消费的相互影响和攀比，即路径3。最后是迁移集中后，带来就业和收入的增长，进而带来生活能源消费的变化，即路径1，例如在虫草季节，在雅安镇上开设一些甜茶馆和藏餐、参与一些虫草交易、参与村里的石材合作经济组织。虽然路径1存在，但是其作用有限，毕竟通过迁移来增加收入的户数较少、季节性强、增收额度较小。

3. 班戈县新吉乡4村的传递路径

班戈县新吉乡4村，既没有电力网，也远离公路干线，村里定居过程就是将旧房更新或新建一个；但是由于收入水平和财产有限，住房更新程度并不大，也没有配套以通电建设。因此，此村定居对生活能源消费的影响传递路径组合为：路径3和路径4。

定居于原地，没有向城镇和公路沿线集中，因此定居并没有对收入水平增长做出贡献，而定居过程也没有出现能源设施的改善，因此路径1和路径2并不存在。通过住房更新，村民增加了一些电视机，为了给电视机提供电力，进而增多了对太阳能板的需求和消费；同时安居工程中政府配套了部分小面积的太阳能板，因此定居影响生活能源消费的路径4存在。在建房和日常消费过程中的示范和攀比，使得路径3也出现了。但是，此村路径3和路径4的作用都存在，但不显著。

4. 聂荣县色庆乡28村的传递路径

色庆乡28村的建立就是将全乡贫困户集中在此建立起来的，近年来政府的支持和对口援助，极大地改善了住房条件和基础设施，是那曲首个新农村示范村，这点从全村统一整洁的住房就可以体现出来。并且28村是西藏进行合作经济效果较好的示范村，在公路沿线开设了奶制品商店。

因此，28村定居对生活能源消费影响的传递路径组合为：路径1＋路径2＋路径3＋路径4。其中最为首要的是路径2，其次是路径4、路径3，最后是路径1。受到收入水平有限的影响，虽然28村作为4个村中最为完善的住房更新，但是并没有带来显著的用能结构变化；28村通电之后给生活能源消费结构带来的变化，显著低于巴青县雅安镇 17 村。路径 1 虽然存在，但是并不显著。

因此，综合来看，4 个村庄定居对生活能源消费的影响传递路径存在较大差异，但共同点是路径 3 和路径 4 的存在，路径 1 不存在或作用不显著；差异则是路径 2 在各村的不同。

二　对生活能源消费总量的影响及差异

（一）生活能源消费能量总量

受定居和其他因素的共同作用，近年来 4 个调研村庄的生活能源消费总量也有所变化和差异，在此过程中定居因素起着不同的作用，如表 5 - 32 所示。

表 5 - 32　调研 4 个村庄生活能源消费总量的变化 （能量）

村庄名称	2006 年		2011 年		变化			
					户均		人均	
	户均 （标准煤）	人均 （标准煤）	户均 （标准煤）	人均 （标准煤）	增额 （标准煤）	增幅 （%）	增额 （标准煤）	增幅 （%）
巴青县雅安镇 11 村	5681	835	6742	1037	1061	18.67	202	24.19
巴青县雅安镇 17 村	3323	738	2729	682	- 594	- 17.88	- 56	- 7.59
班戈县新吉乡 4 村	3165	703	2976	729	- 189	- 5.97	26	3.70
聂荣县色庆乡 28 村	3663	852	3623	771	- 40	- 1.09	- 81	- 9.50

从户均生活能源消费能量来看，2006～2011 年，出现增长的有 1 个村即巴青县雅安镇 11 村，出现消费负增长的有 3 个村即巴青县雅安镇 17 村、班戈县新吉乡 4 村和聂荣县色庆乡 28 村。4 个村定居方式的差异在此起到了重要作用，巴青县雅安镇 11 村住房更新大，再加上收入增长多，使得他们对柴油、汽油和煤气的需求与消费大量增加，超过了牛粪消费能量的减少，从而最终导致出现户均能源能量消费的正增长。

从人均生活能源消费能量来看，2006～2011 年，出现增长的有 2 个村即巴青县雅安镇 11 村和班戈县新吉乡 4 村，出现消费负增长的有 2 个村即巴青县雅安镇 17 村和聂荣县色庆乡 28 村。巴青县雅安镇 11 村出现正增长是与定居后大量使用现代能量密切相关，而班戈县新吉乡 4 村出现人均生活能源消费正增长，则与户均人口下降快速相关，由于能源消费过程中存在家庭人口的规模经济，因此户均人口减少时，会带来人均能源消费能量的增长。在 4 个村中，班戈县新吉乡 4 村分户现象较为普遍，户均人口 2006 ~ 2011 年下降了 10%，而聂荣县色庆乡 28 村户均人口却有所增长。

（二）生活能源消费支出总量

生活能源消费支出总量与能量总量密切相关，但又不完全一致，尤其是在那曲地区大量使用非市场化能源牛粪的情况下，更是如此。在那曲地区，牛粪提供了大量生活能源能量，但却占据较少的支出，甚至个别地区不占用支出。因此，4 个村庄生活能源消费支出总量也存在不同，如表 5 - 33 所示。

表 5 - 33　调研 4 个村庄生活能源消费总量的变化（支出）

村庄名称	2006 年		2011 年		变化			
					户均		人均	
	户均（元）	人均（元）	户均（元）	人均（元）	增额（元）	增幅（%）	增额（元）	增幅（%）
巴青县雅安镇 11 村	3799	559	24031	3697	20232	532.56	3138	561.36
巴青县雅安镇 17 村	476	106	4846	1211	4370	918.06	1105	1042.45
班戈县新吉乡 4 村	59	13	510	125	451	764.40	112	861.54
聂荣县色庆乡 28 村	161	38	1545	329.00	1384	859.62	291	765.79

无论是从户均生活能源消费支出，还是从人均生活能源消费支出来看，消费支出都获得了显著增长。

从增额来看，户均生活能源消费支出增长和人均生活能源消费支出增长最多的都是巴青县雅安镇 11 村，其次是巴青县雅安镇 17 村，然后是聂荣县色庆乡 28 村，最后是班戈县新吉乡 4 村。这种增额差异是各村收入和定居方式不同共同作用的结果。巴青县雅安镇 11 村和班戈县新吉乡 4 村都没有电网，但是牧民收入前者远高于后者，因此在定居方式上表现出更好的住房更新，以及相应的能源消费支出。

从增幅来看，巴青县雅安镇 11 村则是较低的，这主要受其 2006 年能源消费支出起点就较高的影响。

（三）生活能源消费时间总量

生活能源消费存在许多隐性的成本，其中能源采集和运输的时间成本就是其中之一，尤其是牛粪采集和运输不便的村庄更是如此。4 个村庄花在生活能源消费上的时间总量及差异，如表 5 - 34 所示。

表 5 - 34　调研 4 个村庄生活能源消费总量的变化（时间）

村庄名称	2006 年		2011 年		变化			
					户均		人均	
	户均（小时）	人均（小时）	户均（小时）	人均（小时）	增额（小时）	增幅（％）	增额（小时）	增幅（％）
巴青县雅安镇 11 村	311	46	268	41	- 43	- 13.82	- 5	- 10.87
巴青县雅安镇 17 村	407	90	263	66	- 144	- 35.38	- 24	- 26.67
班戈县新吉乡 4 村	360	80	347	85	- 13	- 3.61	5	6.25
聂荣县色庆乡 28 村	240	56	205	44	- 35	- 14.58	- 12	- 21.43

从户均生活能源消费所花时间来看，都出现了下降。其中下降最多的是巴青县雅安镇 17 村和聂荣县色庆乡 28 村，最小的是班戈县新吉乡 4 村。在此过程中，定居因素所起到的作用体现在，巴青县雅安镇 17 村和聂荣县色庆乡 28 村通过定居，更加接近电网，并靠近交通干线，从而对传统能源的依赖减少、对现代商品能源运输的时间降低。而巴青县雅安镇 11 村则地处偏远山沟，定居方式为保留在村中，因此每年花在购买煤气、太阳能板、柴油上的时间较多。生活能源消费除了能量消费上具有家庭规模经济之外，在能源采集与运输上也具有规模经济；因班戈县新吉乡 4 村，定居于村中，没有交通干线，收入水平较低；但是分户较多、户均人口下降快，从而出现了人均生活能源采集与运输时间的增多。

综合上述分析，牧民定居方式的差异在 4 个村生活能源消费的能量、支出和时间总量的变化过程中起到了重要作用。整体来讲，定居促进了生活能源消费支出的增长，但是降低了户均和人均生活能源消费的能量和花费时间。在此过程中，受 4 个村定居方式不同和其他因素（尤其是收入水平因素）的影响，它们在增额和增幅上又表现出一定的程度差异。

三　对生活能源消费结构的影响及差异

生活能源消费结构涉及能源消费的升级，在既定能源消费总量下，如果清洁和使用便利的能源比例更高，那就表明生活能源消费结构水平更

高。同生活能源消费总量变化一样，定居因素同样对于生活能源消费结构
的升级起到了重要的推动作用。

（一）生活能源消费能量结构的差异

青藏高原是重要的生态安全屏障，为了保护生态环境和提升农牧民民生
水平，西藏于2008年正式实施了薪柴能源替代工程，用现代商品能源和可再
生能源实现对传统牛粪和薪柴的替代。针对作为牧区的那曲地区来讲，核心
就是牛粪能源的替代。事实上，2006年实施的安居工程中也配套了许多薪柴
能源的替代内容，例如致力于通电、通路，发放太阳能板和节能灯等。

从4个村庄来看，安居工程实施以来，生活能源消费中薪柴能源替代
现象开始显现出来，集中体现在牛粪、薪柴和杂草在生活能源消费能量结
构中比例的下降，而现代商品能源比例的提升，如表5-35所示。

表5-35　调研4个村庄生活能源消费结构的变化（能量）

单位：%

能源 村庄		牛粪	汽油	太阳能	煤气	电力	柴油	煤炭	薪柴	杂草
巴青县雅 安镇11村	2006年	83.65	12.15	0.17	0.49	0	2.05	0	0	1.49
	2011年	50.54	35.81	0.49	3	0.57	8.64	0	0.12	0.84
	变化（百分点）	-33.11	23.66	0.32	2.51	0.57	6.59	0	0.12	-0.65
巴青县雅 安镇17村	2006年	94.63	2.58	0.33	0.09	0	0.43	0	0	1.94
	2011年	68.82	13.26	1.36	2.83	6.89	3.68	1.45	0.14	1.57
	变化（百分点）	-25.81	10.68	1.03	2.74	6.89	3.25	1.45	0.14	-0.37
班戈县新 吉乡4村	2006年	99.37	0.26	0.37	0	0	0	0	0	0
	2011年	95.81	1.78	1.42	0.99	0	0	0	0	0
	变化（百分点）	-3.56	1.52	1.05	0.99	0	0	0	0	0
聂荣县色 庆乡28村	2006年	99.53	0.29	0.17	0	0	0	0	0	0
	2011年	93.60	3.82	0.08	1.3	1.19	0	0	0	0
	变化（百分点）	-5.93	3.53	-0.09	1.3	1.19	0	0	0	0

4个村庄中，2006~2011年，牛粪仍占据生活能源消费的主导地位；
但是占生活能源消费能量的比例全部出现下降，而且下降程度差异大。其

中巴青县雅安镇 11 村从 83.65% 快速下降到 50.54%，下降了 33.11 个百分点，巴青县雅安镇 17 村从 94.63% 快速下降到 68.82%，下降了 25.81 个百分点。但是，另外两个村庄牛粪占生活能源消费比例仍处于高位，下降程度并不显著，班戈县新吉乡 4 村只下降了 3.56 个百分点，2011 年牛粪仍提供了 95.81% 的生活能源能量；聂荣县色庆乡 28 村只下降了 5.93 个百分点，2011 年牛粪仍提供了 93.60% 的生活能源能量。

巴青县雅安镇 11 村村民收入增长迅速，并进行了大规模的住房更新，但是定居过程中并没有进行空间位移以集中于城镇、公路沿线，而是原村，从而产生出这样一个困境：一方面住房更新和收入增长产生了对更为清洁、便利的现代能源的需求尤其是对电力和煤气的需求；另一方面由于没有迁移到城镇或公路附近，无法获取电网，于是他们只好利用其高收入，购买大量柴油发电机、微型小水电发电机、大面积太阳能板来为生活提供清洁便利的能源。于是出现了现代能源的快速消费增长。

与此相反，班戈县新吉乡 4 村选择了原地重建，并且住房更新程度小的定居方式，从而对清洁便利能源的需求较少，再加上收入水平低，从而他们生活能源中对牛粪的依赖并没有因定居而出现显著变化。而且他们虽然也同样地处偏远，但是由于收入水平低，生活简单，对出行需求也不高，调研中我们发现一年到县城 3 次的人在村里已算较多的了。

聂荣县虽然住房更新规模大，且接通了电网，但是其收入水平低，出现有需求无财力的局面，从而出现对牛粪依赖程度居高不下的现象。

巴青县雅安镇 17 村收入增长同样迅速，定居方式为住房更新大、集中于政府与公路沿线，有电网接入。因此，随着收入水平提高，他们修建了更好的住房，迁移到了电网接入地点，从而新产生出来的对清洁便利能源的需求能得到较好满足和实现。源于此，此村牛粪占生活能源消费能量比例下降多，电力、太阳能和煤气的消费增长快，因此牛粪替代也快。

（二）生活能源消费支出结构的差异

牛粪虽然提供能量但是不产生或不经常产生现金的支出，因此各种能源为生活提供的能量比例结构与支出结构存在显著差异，如表 5 - 36 所示。

4 个村庄中，2006 ~ 2011 年，汽油成为生活能源消费支出的主导能源，而电力、煤气、太阳能和柴油所占支出比例则差异较大。4 个村中汽油都是第一大比例消费支出，班戈县新吉乡 4 村达到 79.38%，交通最为便利的聂荣县色庆乡 28 村也达到了 41.74%。

表 5 – 36　调研 4 个村庄生活能源消费结构的变化（支出）

单位：%

村庄＼能源		牛粪	汽油	太阳能	煤气	电力	柴油	煤炭	薪柴	杂草
巴青县雅安镇 11 村	2006 年	0	84.62	3.16	2.82	0	9.4	0	0	0
	2011 年	0	76.69	2.21	3.27	1.49	16.35	0	0	0
	变化（百分点）	0	− 7.93	− 0.95	0.45	1.49	6.95	0	0	0
巴青县雅安镇 17 村	2006 年	0	84.11	1.87	2.34	0	11.68	0	0	0
	2011 年	0	56.98	3.67	6.19	18.94	13.07	1.15	0	0
	变化（百分点）	0	− 27.13	1.8	3.85	18.94	1.39	1.15	0	0
班戈县新吉乡 4 村	2006 年	0	64.52	35.48	0	0	0	0	0	0
	2011 年	0.45	79.38	20.17	0	0	0	0	0	0
	变化（百分点）	0.45	14.86	− 15.31	0	0	0	0	0	0
聂荣县色庆乡 28 村	2006 年	50.39	31.01	18.6	0	0	0	0	0	0
	2011 年	25.97	41.74	0.18	16.18	15.94	0	0	0	0
	变化（百分点）	− 24.42	10.73	− 18.42	16.18	15.94	0	0	0	0

　　牛粪成为生活能源消费支出的有两个村，如果说班戈县新吉乡 4 村中的牛粪买卖交易只是个别和暂时现象，那么聂荣县色庆乡 28 村的牛粪交易购买则是普遍和长期现象，2006 年时牛粪购买占据生活能耗消费支出的一半，即使是 2011 年也超过了 1/4。这两个村庄收入水平都有限，而聂荣县色庆乡则更是缺少草场缺少牲畜，当然也就缺乏可捡的牛粪了。

　　巴青县雅安镇 11 村定居于村落，远离公共能源设施，为获取电力和煤气，必须出行，消费了较多的柴油、汽油，还要购买水电装备，这些引发了这些能源品种上较大的支出，例如 2011 年柴油消费占支出的 16.35%，是 4 个村中比例最高的村庄。

　　巴青县雅安镇 17 村定居于政府所在地和公路沿线，接近公共能源设施，能获取电力和方便运输煤气，从而大量增加了对电力的消费。例如

2011 年电力消费支出占生活能源消费支出的 18.94%，是 4 个村中最高的。

（三） 生活能源消费时间结构的差异

定居过程中的空间位移，与公共能源的距离远近，都直接影响到生活能源采集与运输的时间花费。2006～2011 年，4 个村庄生活能源消费时间结构及差异，如表 5－37 所示。

表 5－37　调研 4 个村庄生活能源消费结构的变化 （时间）

单位：%

村庄 \ 能源		牛粪	汽油	太阳能	煤气	电力	柴油	煤炭	薪柴	杂草
巴青县雅安镇 11 村	2006 年	96.44	0	0.19	0.52	0	0.28	0	0	2.57
	2011 年	89.61	0	0.34	4.40	0.13	3.52	0	0	2
	变化(百分点)	-6.83	0	0.15	3.88	0.13	3.24	0	0	-0.57
巴青县雅安镇 17 村	2006 年	98.25	0	0.19	0.08	0	0.11	0	0	1.36
	2011 年	91.29	0	1.73	3.42	0	1.52	0.13	0	1.90
	变化(百分点)	-6.96	0	1.54	3.34	0	1.41	0.13	0	0.54
班戈县新吉乡 4 村	2006 年	99.88	0	0.12	0	0	0	0	0	0
	2011 年	98.80	0	0.27	0.93	0	0	0	0	0
	变化(百分点)	-1.08	0	0.15	0.93	0	0	0	0	0
聂荣县色庆乡 28 村	2006 年	99.90	0	0.10	0	0	0	0	0	0
	2011 年	97.75	0	0.01	2.24	0	0	0	0	0
	变化(百分点)	-2.15	0	-0.09	2.24	0	0	0	0	0

4 个村庄中，无一例外地都形成了以牛粪占能源花费时间绝对主导的时间结构，并且 2006～2011 年此种基本结构变化不显著。2011 年，牛粪采集与运输占生活能源消费所花费的时间最高的是班戈县新吉乡 4 村，达到 98.80%；比例最低的是巴青县雅安镇 11 村，也达到了 89.61%。占据第二位生活能源花费时间的是煤气，但比例没有超过 5%。

牛粪占生活能源消费时间比例变化最大的是巴青县雅安镇 11 村，2006～2011 年下降了 6.83 个百分点。这主要是因为定居引发的煤气、电力和太阳能板需求大，但由于地处偏远，从而引发运输时间多。

第五节　小结

　　通过建立牧民生活能源消费变化的评价指标体系，结合那曲地区4个村庄的田野调查和问卷访谈数据，研究发现，生活能源消费变化评价指标应当包括生活能源消费数量和结构变化两个方面，并且生活能源消费须从能源能量、能源支出、能源时间等三个维度来度量。4个村庄在定居方式上的差异，再加上虫草资源禀赋的不同，使得他们收入水平、接近电力网络、煤气和柴油运输成本等出现不同；这些不同进而使得4个村庄牧民的生活能源消费数量、结构以及传递路径也出现不同的特点。

第六章　那曲地区牧民定居后生活能源消费面临的问题和约束

那曲地区牧民的定居行为尤其是 2006 年实施的安居工程，引发了牧民生活能源消费总量和结构的变化，这种变化有好的方面，也存在着诸多需要重视的问题；而解决或弱化这些问题却又面临着诸多约束。本章将对那曲牧民定居后生活能源消费面临的问题，以及解决问题面临的约束进行分析。

第一节　定居后那曲牧民生活能源消费面临的问题

从前面 4 个调研村庄，以及对那曲县香茂乡和拉萨市雄嘎社区的补充调研来看，那曲地区牧民定居后生活能源消费面临 4 个主要问题：公平问题、结构问题、效率问题和环境问题。

一　公平问题

能源作为人类生存和发展的基本支撑条件之一，已成为体现公平的重要指标，成为基本公共服务的重要内容。基本公共服务的重要指向就是体现公平，让社会各个群体都能享受到。而目前从调研的情况来看，那曲地区牧民生活能源服务存在着公平问题，影响到能源公共服务均等化的实现。

（一）区域间的不平衡

由于各区域发展水平和自然交通条件的差异，长期以来形成了那曲各县之间的能源供给不平衡。尽管存在着能源资源的区域分布不均衡，但是各县之间的能源不平衡，更多地体现在能源运输设施的不均衡，尤其是电网传输线路。

调研的 4 个村庄中，只有巴青县雅安镇 11 村和聂荣县色庆乡 28 村两个村庄接入了电网，并且前者只是区域性小水电网，电力稳定性和可靠性差，经常停电和电压不稳。那曲地区 10 个县中，在 2011 年时，接通了国家电网的只限于那曲、聂荣和安多一线，而其他县则没有接通或工程正在建设阶段。

（二）分配中的不公正

为了解决无电牧区农牧民家庭的供电问题，中央和自治区各级政府实施了多项工程，免费向农牧民发放能提供电力的户用设施，例如太阳灶、煤气罐、户用光伏发电系统。但是这些设备在分配过程中因种种原因而出现分配的不公正。

我们在 4 个村庄的调研中了解到，户用光伏发电系统作为目前较大的太阳能发电户用设备，除能提供照明用电之外，还可以为电视，甚至洗衣机和冰柜提供电力，价格在 5000 元以上；光伏发电系统是很受农牧民欢迎的能源设备。但是这种设备在分配过程中却存在牧民之间的转售现象，我们在巴青县雅安镇 11 村调研时了解到，他们是从其他县花费 4000 元购买的，对方因为分户等原因而多领取了一套。

在西藏自治区，随着国家对农牧民支持力度的加大，许多项目、资金和财物等优惠资源以户为单位进行发放，因此为争取到更多资源，分户现象开始普遍出现。这种程序合法，而多分资源的现象，引发了农牧民对资源分配过程不公正的不满。

2006～2012 年，那曲地区总户数从 8.29 万户快速增长到 11.62 万户，增长了 40.17%，而同期那曲地区人口仅增长了 21.29%，近 20 个百分点的差异绝不是收入增长后家庭走向小型化因素所能解释的。多位调研村庄中的村干部也对此感受深刻，每每为上面发放下来的资源如何分配而发愁。

二 结构问题

生活能源消费的结构是衡量一个区域能源发展水平的核心标志之一。随着经济发展和人民生活的改善，按照能源消费的阶梯理论，现代商品能源在生活能源消费中的比例会越来越大，并部分或全部替代传统生活能源。

目前，从那曲地区牧民生活能源消费总量上来看，并不存在显著问题，毕竟那曲地区牲畜资源丰富，能为农牧民生活提供大量的能源。也正因为如此，那曲地区牧民生活能源消费还存在显著的结构问题。

（一）牛粪依赖程度高

4个调研村庄中牛粪占生活能源能量的比重都处于高水平，如图6-1所示。

2011年，4个村庄中牛粪、薪柴、杂草等传统能源占生活能源消费能量的比重，除巴青县雅安镇11村低于全国农牧区平均水平之外，其他3个村都远高于全国同期平均水平，尤其是聂荣县色庆乡28村和班戈县新吉乡4村更是达到90%以上。即使是4个村的平均水平，也达到了73.68%，而全国平均水平则为56.73%。

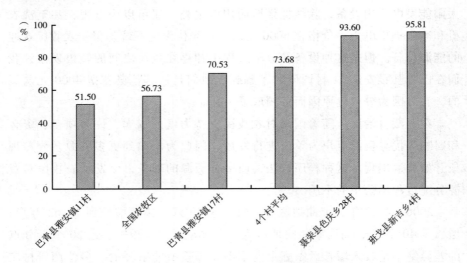

图6-1 4个调研村庄牛粪薪柴杂草占能量比及与全国比较（2011）

上述牛粪、薪柴、杂草比例中，又以牛粪为绝对主导。因此，那曲地区生活能源结构方面体现出来的最大问题就是对牛粪依赖程度高。

（二）能源贫困程度深

如同对收入贫困的理解一样，能源贫困既包括贫困广度，又包括深度等两个方面。能源贫困的广度是指能源贫困人口占总人口的比例，而能源贫困的深度则是指贫困的深入程度。同时，能源贫困是一个随着经济发展水平不断发展的概念，存在绝对贫困和相对贫困的理解。能源绝对贫困则是从物理能量意义上讲，指某个群体的生活能源消费能量处于无法维护生存的能量值。如果低于这个能量值则可能出现身体损害甚至死亡。而能源相对贫困则是从比较意义上来讲的，指低于社会平均能源消费数量和结构水平的状态。

从能源贫困的绝对意义上讲，4 个调研村庄都不存在能源绝对贫困。那曲地区地广人稀，牲畜数量相对较多，大量的牛粪可以满足做饭、热水和取暖的基本能源需求。从 2011 年 4 个村庄调研结果来看，人均生活能源消费能量为 820 千克标煤，高于全国平均水平。

但是，从能源贫困的相对意义上讲，调研村庄都存在着程度有所不同的能源相对贫困。他们都以牛粪作为主要生活能源能量来源，电力能量支出占生活能源能量比重低，如没有接通电源的巴青县雅安镇 11 村和班戈县新吉乡 4 村，而接通了电源的聂荣县色庆乡 28 村由于收入水平低而无法大量消费。巴青县雅安镇 17 村则处于两种情况之间，有一定收入又接通了电源。

电力作为现代生活能源的代表性和核心能源种类，成为界定和理解能源贫困的关键因素。例如国际能源署认为主要依靠传统生物质能或无法获取和使用电力，是能源贫困的重要标志，并构成能源发展指数的 3 个指标之一。因此，从没有接通电力角度来讲，有两个村没有接通（班戈县新吉乡 4 村和巴青县雅安镇 11 村），因此能源贫困广度为 50%。从电力提供能量比例来讲，有 3 个村比重较低（聂荣县色庆乡 28 村除外）、不超过 5%，因此能源贫困深度至少达到 75%。从电力消费支出占整个生活能源消费支出比例角度来看，只有两个村超过 10%（聂荣县色庆乡 28 村和巴青县雅安镇 17 村），因此能源贫困深度也达了 50%。

综合来讲，无论采用哪种能源贫困的计量方式，从调研情况来看，可以得到如此判断：那曲地区能源绝对贫困现象较少，而能源相对贫困较多。

（三）能源发展指数低

为了解决单从电力角度来理解一个区域的能源发展水平的不足，国际能源署于 2004 年首次提出了能源发展指数（EDI, energy development index），以度量一个区域整体上的能源发展水平。

EDI 力求反映能源服务的数量和质量，因此其由三方面的指标组成：一是人均商业能源消费；二是商业能源在终端能源消费总量中所占的比例；三是有电力供应的人口比例。EDI 的计算公式如下：

$$
\begin{cases}
EDI = \dfrac{EDI_1 + EDI_2 + EDI_3}{3} \\
EDI_i = \dfrac{x_i - \min_i}{\max_i - \min_i}, i = 1,2,3
\end{cases}
\qquad (式6-1)
$$

其中：EDI_1 代表人均商业能源消费量、EDI_2 表示商业能源在终端能源消费总量中所占的比例、EDI_3 表示有电力供应的人口比例。x_i 代表指标 i 的真实值，$\max_i$ 代表指标 i 的最大值，$\min_i$ 代表指标 i 的最小值。

由于比较范围不同，$\max_i$ 和 $\min_i$ 就会有所不同。因此，一个区域的能源发展指数，要先确定其比较范围。这个范围可以是国际层面，也可以是国家层面，甚至是乡村层面，具体依研究需要来定。

2014 年 8 月，西藏通过电网覆盖 75 个县中的 45 个县 115.1 万人的用电，占西藏农村总人口的 48.36%[①]。而且这 115.1 万人中还包括城镇人口，按照 2013 年城镇化率 23.71% 进行扣除后，西藏农区通电网人口占农村人口的比例估计值为 36.83%，处于全国较低水平。

从 4 个村调研数据来看，同样人均商业能源消费量和商业能源占总生活能源比重也较低。2011 年班戈县新吉乡 4 村人均商业能源消费人均 30 千克标煤[②]、聂荣县色庆乡 28 村则只有人均 50 千克标煤；分别占其能源消费总量的 4.19% 和 6.40%。

三 效率问题

能源使用过程中会出现热值损失，并直接受用能工具的影响。例如相同数量和质量的薪柴或牛粪，如果使用节能灶就比普通灶更能提供能量。正是由于这个因素的影响，可能出现贫困地区虽然没有电视、冰箱等设施但是人均能源消费数量反而更高的情况。从调研情况来看，目前那曲地区生活能源消费过程中存在三类能源效率问题：用能工具的低效率、能源生

---

① 《国网投 53.8 亿解决西藏 115 万无电人口用电问题》，《中国电力报》，http://www.chinapower.com.cn/newsarticle/1218/new1218018.asp。

② 此处商业能源指除了牛粪、薪柴和杂草之外的其他能源。

成的低效率、设施维护的低效率。

（一）用能工具的低效率

用能工具的热利用和转化效率直接影响到最终所能获取的能源数量。最多的用能工具是牛粪炉具，此外还有一些是电器包括冰箱、冰柜和电视机。

牛粪炉具既可做饭、烧水，同时在冬天还可以取暖。因此，在寒冷季节使用牛粪不仅能完成炊事活动，而且还能同时具有取暖的功能，此时牛粪炉的热利用效率较高。但是在夏天，不需要取暖时，为了做饭烧水，还大量依赖牛粪炉，牛粪炉的热利用效率就比较低。

图 6-2　牧民使用的牛粪炉

近年来西藏包括那曲实施了家电下乡惠民政策。按照国家家电下乡政策，从 2009 年 2 月 1 日起，在 4 年内由中央和地方财政以直补方式对农牧民购买家电进行补贴。西藏自治区家电下乡补贴资金由中央全额承担。中央财政对指定的彩电、冰箱、手机、洗衣机、热水器、空调、电脑、电磁炉、微波炉、电压力锅、酥油茶机（酥油搅拌机、酥油分离器）11 类家电产品给予销售价 13% 的补贴。针对西藏自治区农牧民购买力水平较低，消费习惯特殊等实际情况，自治区政府决定，家电下乡补贴标准在国家补贴 13%（最高限价以内）的基础上，增加 7%，达到 20%；将家具、电动酥油搅拌机纳入自治区财政补贴范围，补贴标准分别为 25%、20%，家具享受补贴的最高限价为 3000 元。因此，西藏自治区家电下乡补贴产品范围和标准均居全国之首。

在这些优惠政策的激励下，那曲地区农牧民家电使用范围和频率也得到了提高。这无疑增加了对电力的需求，无论是来自电网提供，还是来自自己柴油发电机提供。但是，从调研中对家用电器和照明用灯的节能标准来看，农牧民更偏重于价格便宜，而不是节能优先的家电，尤其是冰柜等大耗电产品。

图 6 - 3   牧民使用的冰柜和洗衣机

许多农牧民家庭在修建新房后，利用家电下乡机会购置了一些新家用电器，其能效标准却并不高。例如图 6 - 3 中左边海尔冰柜的能效等级是 3级、右边则只有 4 级能效。能效等级是表示家用电器产品能效高低差别的一种分级方法，按照国家标准相关规定，我国的能效标识将能效分为 5 个等级，4 级就表示低于市场平均能效水平了。

（二）能源生成的低效率

一是体现在为了获取电力能源方面的低效率。巴青县雅安镇 11 村，利用其丰富的虫草收入，购买了柴油发电机、微型水电发电机、大面积太阳能板来为其提供电力。这种分散的发电方式，使得每度电的成本比电网大大提高。巴青县雅安镇 11 村被调研的 14 户牧民，为获取电力供应，共花费 67400 元，户均 4814 元。按照内地农村电价 0.5 元一度标准计算，折合约 1 万度电。而内地农村，包括发达地区农村一户一年用电量也没超过 1万度电。与此相反，从电器数量来看，11 村牧民使用着比内地农村更少的电器。

二是体现在电力供应的可靠性差同样会带来额外的成本。巴青县雅安镇 17 村就是最好的案例。巴青县雅安镇 17 村虽然接通了雅安水电站的电网，但是由于是区域性小电网，而且此水电站不仅在冬天会因水量不足而出现轮流停电的现象，而且还经常出现发电设备故障而无法发电的现象。牧民为了应对停电，避免储存在冰柜中的肉和食品变坏，额外购买了柴油发电机和大面积户用光伏设备。这些由电力可靠性差和停电出现的问题引发了额外的能源支出，导致用电支出费用较大。2011 年，巴青县雅安镇 17 村被调研的 18 户，为获得稳定的电力，花在柴油发电机和大面积户用光伏设备上的费用为 14600 万元，户均 811 元，约合内地农村的 1622 度电。

因此，那曲地区整体上为了获取电力，尤其是稳定的电力供应，购买了额外的能源发电设备，导致用户最终每度电的实际成本远高于内地农村。这反映出那曲地区电力产生的效率是较低的。

（三）设施维护的低效率

受当地能源公共服务能力不足、资金有限和农牧民文化水平限制，那曲地区能源设施的维护也存在低效率现象。

巴青县雅安水电站处于怒江上游的央曲河上，装机容量为 160 千瓦，于 2004 年由国家投资约 680 多万元建设而成，为雅安镇周边近千人口提供电力。但是受泥沙影响，电站现在经常出现损坏，维修要到成都去完成。由于缺少资金，目前只剩下一台机组在运行了，发电能力大打折扣。

那曲县香茂乡风光互补发电站是西藏首座单机容量最大的风光互补发电站，它于 2009 年建成并投入使用。但是到 2012 年调研时，它的发电能力已下降，稳定性也变差了。从而使用此电源的用户数量也下降。同时，当地农牧民家出现了多条电线：风光互补发电站的、国家电网的、自家太阳能板的。这种多重配置带来了能源设施利用和维护的重复和低效。

太阳灶作为在西藏大力推广的设备，在调研村庄中却较少被发现使用；这既有随着农牧民收入水平不断提高，而减少对太阳灶需求的影响；也有太阳灶操作过程出现损坏后，无法使用的影响。

四 环境问题

那曲地区生活能源消费结构中煤炭消费数量和比例都较少，因此带来的 CO_2 排放物对大气的影响不大。但是由于大量使用牛粪作为生活能源，由此引发了两类环境问题：一是室内空气污染，二是燃料与肥料的冲突。前者直接影响到农牧民身体健康，而后者则直接影响到草场肥力，进而影响到草场沙化。

（一）室内空气的污染

牛粪在燃烧过程中会产生大量的颗粒物 PM2.5、有害气体 CO 以及气溶胶的重金属（Cu、Zn、As、Cd、Pb、Bi）。实验表明这些有害物质在室内的含量与农牧民在室内的炊事和取暖活动时间有高度的一致性。妇女和儿童在室内的时间最长，在污染物中的暴露水平最高，致癌风险最大。室内颗粒物上的多环芳烃在呼吸系统的沉积量中占了最大的比例。[1] 农牧区人群因室内牛粪饼燃烧造成的污染暴露占到居民细颗粒物暴露总量的 47.0% ~ 99.7%，是西藏农牧区人群主要的污染暴露源[2]。

图 6 - 4 为聂荣县色庆乡 28 村一户牧民正在升火的场景，妇女因为做饭较多，成为暴露在有害气体中的健康受害者。

图 6 - 4　调研中牧民正在点燃牛粪炉

---

① 陆晨刚等：《西藏民居室内空气中多环芳烃及其对人体健康影响》，《复旦大学学报》（自然科学版）2006 年第 6 期，第 714 ~ 718 页。

② 高翔：《西藏农牧区民居室内空气污染及其对策研究》，复旦大学博士学位论文，2008。

（二）燃料与肥料冲突

在那曲地区牛粪既是一种燃料，同时也是一种肥料。作为肥料，牛粪在草地生态系统中具有重要的价值。牛粪中有一种叫作胡敏素的有机物质，可以增强土壤团粒结构的黏结，维持土壤肥力和草地生态系统的物质循环。而土壤肥力和草地生态系统的物质循环又是确保草场产草能力的基本条件。如果这种循环被破坏，那么就会出现一种由生活燃料不足而引发的恶性循环，如图 6 - 5 所示。

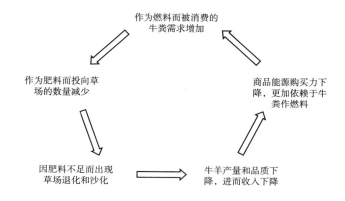

图 6 - 5　肥料与燃料冲突引发的恶性循环

随着牧区人口数量的增长或天气变得更加寒冷，引发对作为燃料而被消费的牛粪需求增加。与此对应，在短期牛粪数量既定的情况下，作为肥料而投入草场的数量就减少，当超过某一个临界值时，草场生态的需求数量就越大。在超过一定数值时，草地生态系统的物质循环被破坏，草场开始出现退化甚至沙化，进一步导致草场承载能力下降，牛羊产量和品质下降，进而带来农牧民收入下降。由于收入下降，农牧民没有充足的现金来购买商品能源以替代牛粪，从而又引发他们更加依赖于牛粪，并对牛粪作为燃料的需求增加。如此周而复始就出现了牛粪在燃料与肥料功能平衡上的冲突。

从 4 个调研村庄来看，近年来人口都得到了增长。而且越是人均草场资源不足的村庄，牛粪作为燃料与肥料的冲突就更为明显。从外面购买牛粪的行为则是燃料与肥料两种功能存在冲突的最好外在表现。

班戈县新吉乡 4 村中存在的牛粪买卖如果说只存在于新分户的话，那些聂荣县色庆乡 28 村普遍存在的牛粪从外面买进则表明，此村牛粪作为燃料与肥料两种功能存在明显的冲突。而收入水平较好的巴青县雅安镇 11 村和 17 村则不存在这种冲突，农牧民可以到山上草场上随意拾牛粪，且牛粪随处可见。

第二节　定居后那曲牧民生活能源消费面临的约束

从国内外农村生活能源消费的趋势来看，生活能源结构走向清洁化和商品化是大趋势。那曲改变当前以牛粪为主的生活能源消费结构、实现生活能源消费的优化升级，是弱化结构、公平、效率与环境等一系列问题的必然选择。但是那曲生活能源消费优化升级仍面临着来自需求与供给两个方面的诸多约束。

一　自然气候冷

那曲地区地势高，受高原地形影响，气候比周边地区更为寒冷。年平均气温为 −2.9 ~ 3.4℃，最低温度曾达 −42.9℃。那曲地区各区域的气温差异和季节变化，如图 6 − 6 所示。

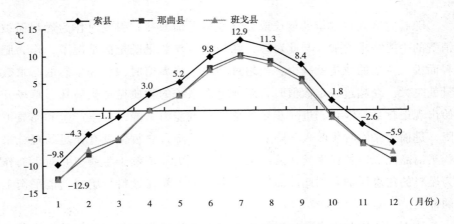

图 6 − 6　那曲地区东、中、西气温月度变化（2002）

数据来源：《那曲统计年鉴》。

我们以 2002 年的数据来说明那曲地区气温变化，图 6-6 显示了那曲地区气温变化的特点。第一，整体气温不高，最高气温才 12.9℃，索县年平均气温为 2.39℃、那曲县则为 -0.53℃、班戈县则为 -0.62℃。第二，整体气温差别不大，同一个县的最高气温与最低气温相差约在 20℃，因此有四季，但不是非常分明。第三，寒冷时间较长，地处 0℃ 及以下的月份约有 1 月、2 月、3 月、11 月、12 月，再加上 4 月与 10 月各半个月，合计共 6 个月左右。第四，东部和中西部区域存在气温的显著差异，东部地区更为暖和些，例如地处东部的索县无论哪个月都比地处中西部的那曲县和班戈县高 3℃ 左右。

那曲地区这种整体气温不高、寒冷时间长的特点，使得维持身体温度所需要的能量就比温暖地区更多。这种对生活能源的内在需求是长期存在、无法改变的。当生活能源供应不足时，这种内在需求就可能无法满足，成为生活能源消费优化升级的内在限制因素。

二　收入水平低

那曲地区自然气候冷导致了对生活能源的内在较大需求能否满足，还取决于农牧民是否有较高的收入水平。只有收入水平较高时，农牧民对生活能源消费的较大内在需求，才能变成现实的需求和实际的购买行为。

那曲地区虽然经过长期努力，农牧民收入水平不断提高，但是相对于其他地区来讲，其收入水平和收入增长速度都处于较后位置，如图 6-7 所示。

2012 年，那曲地区农牧民人均纯收入为 5586 元，排名七地市的倒数第二位，低于自治区平均水平 5719 元。从收入增长速度来看，那曲地区 2012 年农牧民人均纯收入的增长速度为 14.9%，同样处于七地市的倒数第二位，低于自治区平均水平 16.6%。

因此，那曲地区除了虫草产区和青藏沿线外，许多县收入水平并不高。这种低收入水平状态制约了农牧民可以用以购买商业能源的预算支出水平。

受那曲地区人均 GDP 较低、产业结构中农牧业占据较大比重、三产中以正规就业为主缺乏非正规就业的经济结构影响，那曲地区农牧民人均年收入水平低、增长速度慢的情况，在短期内无法改变。

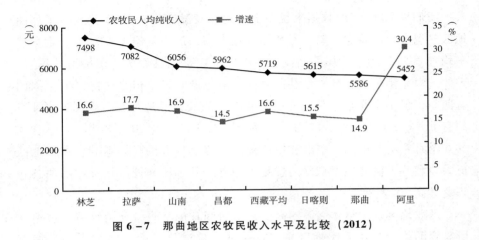

图 6 - 7　那曲地区农牧民收入水平及比较（2012）

三　能源资源少

西藏的能源资源中，煤炭、石油和天然气发现较少，水能、地热能以及太阳能、风能蕴藏量丰富。虽然水能资源丰富，但是却主要分布于藏东南区域，而藏北地区较少。因此，作为藏北区域主体的那曲地区比西藏自治区面临着更为严峻的能源短缺。

相对来讲，那曲地区较为丰富的能源为太阳能资源和风能，但是这两种可再生能源转变为电网电力目前不仅存在技术上的困难，而且经济成本也较高。从调研的村庄来看，那曲县香茂乡农牧民最终偏好于藏中电网，而不是风光互补发电、风能发电的现象就表明了大电网在农牧民生活能源中的偏好程度。

虽然在西部的班戈县发现了油气资源、羌塘盆地发现了可燃冰，但是这些能源资源的开发将是一个长期过程，短期内无法改变那曲地区能源资源少的局面。对于煤炭资源，那曲地区的门土煤矿曾是西藏最大的煤矿，但是后来由于气候恶劣、交通不便、煤质差、售价高等原因，门土煤矿早在 1988 年关闭了。

四　运输条件差

由于能源资源分布不均衡，从而产生了对能源运输的需要。能源运输因能源品种不同而有所差异，但主要依赖于公路运输、铁路运输、管道运输、电力传输线等方式。就那曲地区生活能源消费来讲，煤气罐、煤炭和太阳能板主要依赖于公路运输，电力则依赖于电力传输线。

到 2011 年年底，那曲地区公路养护里程数量虽然得到快速增长，但是公路网密度和公路等级却很低。全地区公路养护里程 12491.7 公里，公路网密度只有 0.027 公里/平方公里，远低于全国平均水平 0.43 公里/平方公里。从公路等级来讲，那曲地区 11 个县（其中包含 10 个县及双湖特别区）中只有 8 个县通油路、114 个乡镇中只有 28 个乡镇通油路、1191 个行政村中只有 73 个村通油路；而其他县和乡镇则仍是石子路，甚至有的乡村没有公路。

那曲地区海拔高、气候冷，这些因素给电力传输线的建设与维护带来了较高的成本。虽然有了青藏直流电网 2011 年年底开始投入试运行，并向西藏传输了大量电力，但是青藏直流电网目前覆盖区域主要是沿线的县城，而对距离县城较远的乡村的覆盖率还比较低。我们 2012 年对班戈县偏远的新吉乡 4 村调研时，村里许多人都不知道青藏直流电网已经接到班戈县城的事，对近期能接上电网他们也不抱希望。

五　人口密度低

能源设施尤其是电力发电和传输、煤气储运都存在规模经济，只有使用量达到一定程度时其成本才会下降。但是那曲地区人口数量和分布却不利于能源供给规模经济的形成。2012 年那曲地区人口密度只有 1.23 人/平方公里，而同期全国则为 140.36 人/平方公里，青海也达到 7.93 人/平方公里。尤其是西藏那曲地区的中西部地区，人口密度更低，2010 年"双湖特别行政区"只有 0.1 人/平方公里。

而且那曲地区人口密度低还具有大分散的特点，这与新疆虽然人口密度也低但是却小聚居的特点不同。那曲地区这种人口分布特点导致区内人口无法达到能源规模经济要求，从而出现较高能源供给成本，进而抑制了农牧民对能源的有效需求。我们在班戈县新吉乡 4 村了解到，一些牧民表示如果乡里也有提供煤气服务，那么他们将更愿意使用煤气，毕竟如果到县城的话，那有 170 多公里远，而到乡里也就 20 多公里。

六　牧民文化低

牧区由于教育成本相对于农区更高、教育条件更差，导致牧区农牧民的受教育程度通常低于农区。教育文化水平低对农牧民的生活能源消费会产生三类影响：一是影响到他们的收入能力，进而影响到可用于生活能源消费的预算支出。二是影响到他们维护能源设施的能力，一旦能源设施损坏他们就可能无法自己修理，只好废弃。三是影响到他们对各种生活能源品质的偏好，教育文化水平越高，越能认识到能源清洁性的重要，重视室内空气污染会损害健康。

第六次全国人口普查数据显示，2010 年那曲地区农牧民受教育程度低、文盲率较高，尤其是青壮年群体。

七 城镇动力弱

城镇迁移作为定居的重要空间位移，其可以在短期内就能实现对能源设施的接近和分享，从而优化调整生活能源消费数量与结构。但是，整体来讲，除了虫草产区之外，那曲地区农牧民城镇化的动力却并不强，尤其是中西部。

众多研究表明，城镇化的实现需要迁得出，而且还需要留得住，其核心就是要实现迁移后的就业、收入增长和生活舒适。[①] 要增强就业和收入增长，则要依赖于当地经济发展能力。

各次产业对生产活动的空间集中要求是不同的。第一产业的生产是分散进行不需要空间集中。第二产业的生产尤其是工业和矿业的生产需要空间集中，因此国内外通常是工业化与城镇化伴生出现、相互促进。第三产业则需要空间集中。2012 年，那曲地区工业增加值只有约 0.82 亿元，占 GDP 比重不到 2%；并且第三产业以公共服务部门为主（公职人员），不仅缺少现代服务业而且传统服务业也较少，非正规部门就业机会少，旅游业也不发达。

这些因素直接导致农牧民进入城镇之后的就业机会缺乏，在城镇逗留娱乐现象较多，如图 6－8 为一些农牧民在班戈县县城玩骰子。

综合来讲，当前那曲地区牧民定居后生活能源消费优化升级存在不利因素，一方面，因自然气候冷而对生活能源的内在需求量大；另一方面，

---

① 厉以宁：《牧区城镇化的新思路》，《北京大学学报》（哲学社会科学版）2012 年第 1 期，第 5～11 页。

图 6 - 8   班戈县县城停留的农牧民 (2012)

受收入水平低、能源资源少、运输条件差、人口密度低的影响，能源价格高和电力可获取性弱，能源供应少。于是农牧民的生活能源需要无法实现。再加上牧民文化水平低，使得对既有能源设施的维护成本高、利用效率低。区域经济城镇发展动力弱，农牧民无法通过城镇迁移方式来实现靠近能源设施。

第三节   小结

对那曲地区生活能源消费 4 个村庄的调研表明，定居后牧民生活能源消费面临着公平问题、结构问题、效率问题和环境问题。公平问题体现在那曲地区 11 个县（其中包含 10 个县及双湖特别区）之间生活能源设施分布不均衡尤其是电力和液化气销售网络，以及生活能源设施在分配过程中的不公平。结构问题体现在生活能源中对牛粪依赖程度高、能源贫困深、能源发展指数低。效率问题体现在用能工具的低效率、能源生成的低效率和设施维护的低效率。环境问题体现在室内空气污染、燃料与肥料间的冲突。而要实现那曲地区农牧民生活能源消费的升级，却又面临着气候冷、收入水平低、能源资源少、运输条件差、人口密度低、文化水平低、城镇动力弱等 7 个主要约束。

第七章　那曲地区牧民定居后生活能源消费的优化升级

那曲地区牧民定居后生活能源消费结构存在着严重依赖传统生物质能源尤其是牛粪的状况；而且要改变这种状况还面临着诸多约束。因此，如何确立好生活能源消费升级的目标、选择好恰当的实现战略，并辅以适宜的保障机制，对于定居后的那曲牧民实现生活能源消费的优化升级至为重要。

第一节　国内外农牧区生活能源消费升级经验

他山之石、可以攻玉，合理借鉴国内外农牧民生活能源消费升级的经验有益于确定恰当的那曲地区农牧民生活能源消费升级目标、战略及保障政策。

一　国外农村生活能源消费升级经验

（一）美国

美国十分重视农村社区建设和新能源的开发利用。通过法律形式来确保农村能源的提供。美国 2002 年新农业法中允许农村可再生能源贷款以及农村电气化项目得到重申和延长。

2002 年的农业法对于推进可再生能源发展，采取了多项支持条款：一是鼓励消费者购买再生能源，为农民、牧场主和农村小企业提供 1.15 亿美元用于贷款、贷款担保和补助，帮助他们购买再生能源系统。二是对可再生能源的生产者扩大和延长信贷，为生产者提供 6 亿美元用于购买合理商品，用于扩大生物能源的生产，提高生物能源的生产能力。三是增加研究和开发经费，为其提供 3.69 亿美元支持。四是宣传再生能源的优点，为其提供 500 万美元支持经费①。

风能也是美国农村能源建设的重点领域。为了促进农村风电发展，美国各州都不同程度地给予了税务优惠等激励政策。加州、华盛顿州、俄勒冈州等采取了对风电产业进行免税办法，并积极支持风电入网，发展风电农业。许多农村家庭都安装了电力网表，可以在风电电力富余时将电"反哺"给电网。农村电力消费者又是电力生产者，有效地减轻了农村大电网负担。

美国 2005 年的能源政策法，通过对一些法律概念的界定对美国农村能源的发展做出统一的规定，立法主要集中在农村电气化方面，并执行农村能源普遍服务政策。能源普遍服务的成本补偿早期主要采用价格补贴，现在则更多地开始转而采用能源普遍服务基金机制②。

（二）法国

19 世纪中叶以后，随着一系列经济和社会变革的产生，新兴工业的兴起，法国实现了由传统农村社会向现代社会的转型。在此转变之前，法国农村消耗的能源主要通过燃烧薪柴、煤炭、动物粪便和生活垃圾等。随着法国传统农村社会向现代社会转型的完成，工业化和城镇化进程的完成，农村发展成为重点。政府制定了农村可持续发展政策，其中促进农村能源结构升级是重点内容之一。

一是法国政府加大了对农村电力设施建设的投入，使电网覆盖全国各个村庄，促进农村电气化的实现。电能成为农村取暖、做饭的首选能源。二是政府支持农村发展可再生能源。20 世纪 70 年代后期，法国重视开发利用沼气作为农村生活燃料，现在又积极推动厌氧技术改良，从而能更有效地利用禽畜粪便和有机废水生产生物能源。

此外，政府支持生物能源产业的发展，通过实施生物能源战略计划，将用于种植可生产液体生物燃料作物的农田面积扩大，使法国成为欧洲液体生物燃料第一生产大国。政府还出台一系列措施，以鼓励和推动生物燃料和其他可再生燃料在交通运输中的使用，逐步提高生物燃料的消

---

① 朱立志等：《中国农村能源消费问题研究》，中国农业科学技术出版社，2011。
② 赵爽、刘昌海：《新农村建设中能源贫困的制度困境与对策》，《华南农业大学学报》（社会科学版）2012 年第 2 期，第 14～22 页。

费比率。为了降低生物能源的生产成本过高问题，政府大力支持对生物能源开发和使用的研究，以降低生物能源的使用成本和生产成本。

二 国内农村生活能源消费升级经验

农村生活能源消费是融入农村能源政策之中的。改革开放以来，中国农村能源政策的演变经历了三个主要议题。一是农村能源问题，它涉及能源公平问题，因此政府在 20 世纪 50 年代就关注农村沼气、小水电和地方煤矿的发展。二是能源安全问题，它是由 80 年代国际能源价格不断上涨而引发的，在此背景下发展可再生能源以保障国家能源安全是重要举措，1994 年中国 21 世纪议程确立了新能源和可再生能源在未来能源系统中的战略地位。三是全球气候变化问题，它是随着能源消费排放的温室气体引发的全球变暖问题而产生的，中国政府于 2007 年发布的中国应对气候变化国家方案中，农村能源被赋予了提高减缓和适应气候变化能力的新使命。[1]

为此，为推动农村可再生能源的发展，国家在考核、资金和技术领域制定了支持性激励政策，包括：将可再生能源发展作为建设资源节约型和环境友好型社会的考核指标，通过法律等途径引导和激励国内外各类经济主体参与开发利用可再生能源；建立稳定的财政资金投入机制，通过政府投资、政府特许等措施，培育持续稳定增长的可再生能源市场；推进低成本规模化可再生能源技术的开发利用，大型风电机组、农林生物质发电、沼气发电、燃料乙醇、生物柴油和生物质固体成型燃料、太阳能开发利用关键技术。

2006 年颁布的《可再生能源法》同样对农村可再生能源给予了大量支持。《可再生能源法》对发展小水电、生物质能源、风能、太阳能、地热能和潮汐能等可再生能源在税收、信贷财政补贴等方面做出了明确的规定。其初衷是希望该法能推动农村新能源革命，重点发展以可再生能源为核心的农村能源产业[2]。

2011 年，财政部初步形成了支持农村能源发展的政策体系，包括四个方面：一是开展农村能源示范县建设和可再生能源的发展；二是利用荒坡

① 朱四海：《中国农村能源政策：回顾与展望》，《农业经济问题》2007 年第 9 期，第 20 ~ 25 页。

② 张力小、胡秋红、王长波：《中国农村能源消费的时空分布特征及其政策演变》，《农业工程学报》2011 年第 1 期，第 1 ~ 9 页。

地、盐碱地种植能源作物，在确保国家能源供给基础上，大力推进秸秆气化、秸秆干馏；三是支持实施农村电网改造升级，促进城乡电力覆盖，在覆盖不到的地区，中央财政按总投资的70%，解决农民的基本用电问题；四是大力投入大量的资金建设用电项目。在风力资源丰富的地区发展风力发电，积极促进可再生资源开发利用[①]。

综合国内外农村生活能源发展经济来看，各国政府都关注三个方面的议题：农村生活能源公共服务均等化、可再生能源发展以及电网建设与改造升级。

第二节　那曲牧民生活能源消费升级的目标选择

一　目标组合

生活能源消费过程，从经济学意义上讲是能源供给与消费均衡问题，从环境学上讲会带来生态环境问题，从社会公正意义上讲涉及基本公共服务均等化领域的社会公平问题。因此，无论是长期目标、中期目标和即期目标，都要围绕着生活能源所涉及的能源供应、能源消费、生态环境等三个领域进行综合权衡，如图7-1所示。

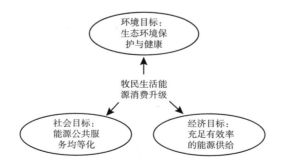

图7-1　农牧民生活能源消费升级的目标组合

---

① 王保安：《农村能源发展财税政策体系框架初步形成——财政部部长助理在由国家能源局、财政部、农业部联合召开的全国农村能源工作会议上的讲话》，《农业工程技术（新能源产业）》2011年第7期，第6~7页。

2012 年，在联合国秘书长潘基文领导下，联合国开展了一项新的全球性倡议，即人人享有可持续能源。此倡议提出，到 2030 年要实现三大目标：确保全世界的人口普遍享有现代能源服务、将能源效率的速度提升一倍（即将全球能源密集程度减少 40%）、将可再生能源的比例提高一倍（即将可再生能源的使用提高 30%）[1]。

2012 年，于迪拜举行的达沃斯世界经济论坛提出了"能源三角"的定义，以平衡能源生产与消费过程中的议题。能源三角是指如下三个领域：以环境可持续发展的方式促进经济增长，为人类提供普遍能源服务，保障能源安全。这就要求在环境污染、社会发展目标、充足能源供应三者之间实现均衡，尤其是对中国这样的发展中国家[2]。

在借鉴上述关于能源发展新要求的基础上，那曲地区农牧民生活能源消费升级的目标应该体现在三个方面：

第一，环境目标。环境目标的出现是源于生活能源生产与消费过程中带来对生态环境的影响。根据环境目标的外部性是否存在，可以细分为两类：一类是具有外部性的生态环境保护目标，例如燃烧牛粪所带来的碳排放、燃料肥料冲突引发的草场沙化等；另一类是不具有外部性的室内污染引发的健康保护目标，例如室内烟雾和有害气体等。

第二，社会目标。社会目标的出现是源于生活能源是影响到人类生存和发展的基本资源。社会目标的核心就是要实现能源基本公共服务的均等化，使人人都能享受到能源服务，尤其是现代能源服务，确保各个群体之间不会出现能源消费品质的显著差异。

第三，经济目标。经济目标的出现是源于生活能源的生产、运输都需要花费成本，如果成本过高则可能无法实现生活能源消费的供给。经济目标的核心就是要低成本、高效率地提供能源服务。

三个目标之间并不是天然同步实现的，而是存在着一些冲突或不协调的内在因素。例如向偏远而分散的牧区提供电网电力服务，可以较好地实现社会目标和环境目标，但是其建设成本高、经济目标不易实现。正因为

① http://www.un.org/zh/events/sustainableenergyforall/.
② 林伯强：《如何平衡能源三角关系》，http://finance.china.com.cn/roll/20121130/1164316.shtml.

三个目标之间存在着冲突，因此就需要在农牧民生活能源消费升级时进行目标组合、目标权衡与优化选择。

二 目标权重

由于各个地区的区情不同，因此人们对这些目标的重视点也会有所差别，尤其是发达区域和欠发达区域、内地和民族地区有较大差别。那曲地区作为西藏自治区的一部分，其生活能源目标之间的权衡会受西藏自治区发展目标的影响。

2010 年，第五次西藏工作座谈会提出，"要大力保障民生，切实把保障和改善民生作为西藏经济社会发展的出发点和落脚点"。并且"要更加注重改善农牧民生产生活条件，更加注重经济社会协调发展，更加注重增强自我发展能力，更加注重提高基本公共服务能力和均等化水平，更加注重保护高原生态环境，更加注重扩大同内地的交流合作，更加注重建立促进经济社会发展的体制机制"。将西藏建设成为"重要的国家安全屏障、重要的生态安全屏障、重要的战略资源储备基地、重要的高原特色农产品基地、重要的中华民族特色文化保护地、重要的世界旅游目的地"。

可见，生活能源消费所涉及的民生改善、基本公共服务、生态环境等因素都是中央治理西藏时所关注的重要议题。因此，那曲生活能源消费升级的目标中，能源基本公共服务的社会目标、可持续发展的生态环境目标，会比内地其他地区的权重更为重要；这是西藏区情，也是那曲农牧民生活能源消费升级目标选择时的区情。

从而，那曲地区农牧民生活能源消费升级的目标权重可以确定为：社会目标 > 环境目标 > 经济目标，且三者兼顾。

三 目标选择

西藏那曲地区农牧民生活能源消费升级的目标选择，就是要针对当地农牧民生活能源消费面临的问题和挑战，借鉴农村生活能源消费升级的国内外经验，在社会目标、环境目标和经济目标权重有别的约束下，实现社会目标、环境目标和经济目标三者的均衡和综合利益最大化。

西藏那曲农牧民生活能源消费升级的目标是：推进电网向农牧区的建设与延伸，推进煤气（液化气）销售网络向县乡的延伸，提高太阳能的应用范围和使用效率，提高牛粪用能工具的效率，加强对农牧民用能观念的引导和技术服务，逐步实现农牧民生活能源结构向清洁化、优质化和电气化转变，形成一条符合牧区实际的牛粪资源替代与互补并存的生活能源消费升级模式，消除能源贫困。

这个目标强调了如下方面。

第一，现代能源与牛粪能源之间的关系。国内外经验表明随着经济发展和农牧民收入水平提高，现代能源对传统能源的替代是一种趋势，但并非完全替代关系。由于那曲地区基本上是牧区，而且城镇化水平低，因此现代能源与牛粪能源之间的关系具有自己的特点：现代能源与牛粪能源之间既有替代关系，又存在互补关系。正如国际能源署所观察到的：电力简单取代生物质是一种常见的误解。事实上，大多数家庭都会随着收入的增加而同时使用多种燃料，例如同时使用生物质和煤油（或 LPG）做饭，或同时用生物质和燃料油来取暖①。

从我们调研的 4 个村庄来看，虽然牛粪占生活能源能量比重都出现下降，但是这种下降主要不是替代造成的，而是源于现代能源使用量增长更快所导致的。例如柴油的使用主要是为了发电以维持照明、冰箱冰柜冷藏、电视娱乐等生活功能，而不是做饭、烧水等；汽油的使用主要是为了摩托车和小汽车的生活出行功能。这些生活用能目的，显然是牛粪不能提供的，是农牧民新增的生活功能。牛粪则提供了几乎所有的取暖生活用能，而不依赖于电力、煤气、柴油与汽油等现代能源。从这个意义上讲，在那曲地区，现代能源与牛粪能源之间存在着互补关系。

与此同时，从做饭与烧水的生活用能目的上讲，接通了电网的村庄中，人们开始使用煤气来炒菜、电饭煲来做饭、电水壶来烧水，这些生活用能传统上是由牛粪来实现的。因此，从这个意义上讲，在那曲地区，现代能源与牛粪能源之间存在着替代关系。

那曲地区现代能源与牛粪能源之间的替代与互补关系将长期存在，农牧民生活能源消费升级时要处理好这对关系：在照明、出行、娱乐等领域推进现代能源对牛粪的互补，在餐饮领域推进现代能源对牛粪的替代。那曲地区实现薪柴替代战略，不单是实现现代能源占生活能源能量比重的提

① 朱成章：《可再生能源与农村能源贫困》，《节能与环境》2006 年第 10 期，第 23～24 页。

高，而且还要看这种比重提高是替代形成的还是由互补形成的。

第二，电网电力、局域网电力，还是户用电力的权衡选择。电力的提供有许多来源，可以由远距离运输的大电网提供，也可以由区域性的小水电和光伏电站提供，甚至由户用太阳能发电设备提供。虽然这些方式都可以提供电力，但是这些电力的品质却有所差异，尤其是电力可靠性；大电网可靠性强于其他方式。国外一些研究也表明，分散式发电对于缓解燃料贫困并不显著①。

电力可靠性直接影响牧民对生活能源的消费程度。我们对巴青县雅安镇17村的调研就深刻表明，即使是接通了小水电，实现了电力可获得性，但是由于其电力可靠性差、经常停电，使得农牧民不得不自己购买微型柴油发电机、户用光伏设备，从而提高了额外生活能源消费的成本。因此，从降低因电力可靠性而引发的额外生活能源消费成本来讲，倡导那曲地区农牧民优先获取电网电力，其次才是局域网电力，最后是户用光伏电力设备。

那曲地区应当积极利用青藏直流工程贯穿其境的有利条件，推进国家电网向农牧区延伸，建成横贯南北和东西的"十字形"大电网格局。虽然建设国家电网线路相对于其他方式投入较高，但是其后续投入少、农牧民额外生活能源投入也较少。区域性的小水电经常出现事故，维护成本高；户用光伏设备在当前农牧民缺乏维护技能和技术服务人员的情况下，其使用期限也低于预期值。

第三，推进煤气（液化气）销售网络向县乡延伸。煤气因其燃烧热量高、室内污染少、易于储存而广受那曲地区农牧民偏好。但是煤气的罐装环节，目前那曲地区只有那曲镇和一些县城才有加气站。例如，2011年8月，那曲地区有6个充气站（那曲地区液化气钢瓶检测充装中心、华美天然气有限公司、新民液化气站、那曲农机液化气站、索县亚拉气站、巴青县登山液化气站）；而那曲地区则共有11个县（其中包含10个县及双湖特别区）。因此，如果农牧民到县城充气的话，必然需要较远距离的远输，从而会抑制农牧民对煤气的消费。有鉴于此，可以利用商务部的"万村千

---

① Gordon Walker, "Decentralised systemsand fuel poverty: Are there any link so risks?", *Energy Policy*, 2008 (36): 4514 - 4517.

乡市场工程"，推进煤气销售网络向乡村延伸，实现煤气运输和销售的网络经济和规模经济。

第四，提高太阳能的应用范围和利用效率。那曲地区太阳能资源丰富，但是其应用范围目前限于太阳灶、太阳能热水器、户用太阳能发电、光伏发电等领域，而太阳房的使用却较少提及。但是，从调研情况来看，那曲地区农牧民对太阳房有一定程度的喜欢，尤其是家中有老人和小孩的家庭。因此，有必要在定居过程中修建房屋时试行和推行太阳房，扩大太阳能的应用范围。针对太阳灶使用数量较少，户用太阳能发电、光伏发电则存在维护能力弱等问题，有必要提高这些设施的利用效率。

第五，提高牛粪用能器具的效率。基于牛粪与现代能源之间互补关系的存在，因此在中长期中牛粪仍在那曲农牧民生活能源中占据重要地位和比例。针对农牧民定居过程中的集中程度，采用牛粪利用的新技术和新方式，以提高牛粪用能器具的效率。对于居住集中程度较高的村庄，逐渐实现以牛粪为原料的集中供暖，以提高牛粪供热效率；对于居住集中程度较低的村庄，则通过燃具改造提高牛粪使用效率。

第六，消除那曲地区的能源贫困，提升能源消费结构。尽管那曲地区东中西部、虫草产区和非虫草产区存在着经济水平的差异，但是都面临着能源贫困问题，要么是能源绝对贫困，要么是能源相对贫困。牛粪占据生活能源能量高比例，缺乏稳定可靠的电力供应，都充分说明了解决能源贫困的难度。

第三节　那曲牧民生活能源消费升级的实现战略

为了形成一个符合牧区实际的牛粪资源替代与互补共存的生活能源消费升级模式，消除能源贫困，需要采取针对性的实现战略。

一　定居模式差异化战略

定居过程可以影响到就业与收入增长、影响到能源可得性、影响到农牧民生活能源消费偏好。因此，根据那曲地区不同区域情况，实施定居模式的差异化战略，以促进生活能源消费升级。

对于那曲地区虫草产区,定居模式采用迁移定居于拉萨、那曲的模式,从而更加接近电力、煤气等现代能源设施,实现生活能源消费跨越式升级,缓解能源贫困,降低能源使用成本。在此过程中,针对这些牧民期望,为其提供住房购买、小孩上学、医疗等领域的便利政策。

对于那曲地区的中西部等非虫草产区,定居模式则采用就地集中、小聚居的模式,从而为接通电力网、采用较大规模的集中式太阳能光伏发电,降低平均成本。把生活在偏僻的、能源资源匮乏的农牧区群众集中安置到资源条件较好的小城镇,这样有利于政府对能源基础设施的合理规划与建设,便于各种能源资源的合理配置和调整①。

二　农牧民收入增长战略

收入是影响农牧民生活能源消费支付能力的决定性因素,尤其是现金性收入,因此通过增加农牧民收入,将为生活能源消费升级提供收入支持。

按照收入来源不同,那曲地区农牧民的收入可以分成 4 种:工资性收入、经营性收入、财产性收入和转移性收入。2012 年,那曲地区农牧民的收入构成及与其他区域的比较,如图 7 - 2 所示。

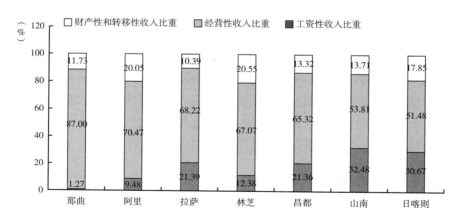

图 7 - 2　那曲地区农牧民收入构成及比较 (2012)

①　李为虎、达瓦:《西藏农村能源可持续发展面临的问题与对策》,《能源研究与信息》2008年第 4 期,第 193 ~ 196 页。

2012 年，那曲地区农牧民人均纯收入构成中，工资性收入占 1.27%，为西藏自治区七地市中比重最低的，反过来其家庭经营性收入比重是七地市中最高的，达到了 87.00%。而财产性和转移性收入也是七地市中最低的。

工资性收入主要是农牧民到城镇打工挣得的，在打工过程中农牧民才能感受到城镇生活能源消费方式，受到城镇其他人示范效应的影响，从而改变和提升其生活能源消费偏好。但是，那曲地区工资性收入比例却非常低，表明他们与城镇交流、感受其影响的机会少。

因此，那曲地区实施农牧民收入增长战略，除了继续加大和完善中央和对口援助资金的利用之外，还需要从两个方面入手，增加他们的收入增长。

首先，促进那曲地区农牧民工资性收入的增长。可以通过组织各种劳务输出机构和提供各种劳务信息，为农牧民流动到拉萨或其他地市打工创造条件和争取更多收益。也可以在那曲地区的建设工程项目中，为农牧民就业打工设置一些有益条款，尤其是劳动力技能要求低的环节，例如建筑、修路等。

其次，促进那曲地区农牧民家庭经营性收入的增长。家庭经营性收入发生的地点可以是乡村例如乡村藏家乐、小卖店；也可以是城镇例如藏茶馆。从我们调研的情况来看，目前那曲地区农牧民家庭经营性活动的地点，基本上处于乡村，且以畜牧养殖业为主；而第二、三产业家庭经营性活动较少。因此，促进那曲地区农牧民家庭经营性收入的增长应当放在畜牧业领域，形成养殖、销售、加工的产业链，并组织壮大农牧民经济合作组织，增强议价能力。将经济合作组织从松散结构整合成为产权清晰、责权利明确的经济实体，加强带头人的核心作用。

三　电力供给可靠性战略

电力服务有两个重要指标：可获取性和可靠性。前者指是否能接通电力，可以用通电率指标来衡量；后者是指供电系统持续供电的能力，可以用供电可靠率、用户平均停电时间、用户平均停电次数等指标来衡量。

在那曲地区，电力在牛粪替代和缓解能源贫困中处于核心地位，目前那曲地区电力提供方式已多样化，包括电网电力、风光互补发电、小水电和户用光伏发电设备等；经过多年努力，那曲地区电力实现行政村通电率100%[①]。可以说，从通电率来讲，电力可获得性已显著提升。

但是，从我们调研的情况来讲，那曲电力可靠性对农牧民电力消费质量的影响已日益突出，相对于全国来说，差距甚大。2011年，全国城市（市中心＋市区）10千伏用户平均供电可靠率为99.95%，相当于同级用户年平均停电时间为4.79小时；2011年全国农村10千伏用户供电可靠率为99.79%，相当于农村用户的年平均停电时间为18.43小时[②]。而接通藏中电网的聂荣县色庆乡28村，2012年停电时间在20多天；接通小水电的巴青县雅安镇17村，2012年停电时间一次就在10多天的现象是经常发生的。这种电力可靠性差的现象，也为其他研究西藏能源的学者所关注[③]。

因此，为快速而稳固地推进生活能源消费升级，应当在扩大通电率的同时，更加关注电力可靠性，实施电力供给可靠性提升战略，尤其是推进电力供给的网络化。国外研究表明，巴西农村的电气化带来了显著的能源贫困的减少和能源公平的提升[④]。

大型网络的电力供给，可以通过各个地方电力的调度，实现能源互补调节，提高电力稳定性。因此，电网建设的重点是利用青藏直流工程机会，通过主电网延伸方式，将更多县乡接通到藏中电网，推进班戈、嘉黎、索县、巴青、比如五县藏中电网并网；并论证和规划好尼玛、申扎等县接入电网事宜，推进电网向重点乡镇延伸。

四 煤气销售乡村化战略

煤气（液化气）成为替代牛粪的重要能源，除了在传统的餐饮环节之

---

① 《西藏行政村通电率将达到100%》，http：//news. xinhuanet. com/local/2013 – 03/26/c_115165852. htm。

② 《城市10千伏用户供电可靠率达99. 945%》，http：//www. cpnn. com. cn/zdzgtt/201206/t20120604_ 412759. html。

③ 罗国亮、王永华：《西藏农村电力普遍服务的现状和对策分析》，《中国藏学》2009年第2期，第97～101页。

④ Marcio Giannini Pereira, Marcos Aure lio Vasconcelos Freitas, Neilton Fidelisda Silva, "The challenge of energy poverty : Brazilian casestudy", *Energy Policy*, 2011（39）：167 – 175.

外，尤其在繁忙的季节和夏天；甚至取暖环节也出现了替代，例如一些富裕家庭使用燃气取暖器来替代传统的牛粪灶取暖，尤其偏好一个品牌名称叫史丹的燃气取暖器。

煤气消费虽然并不是每个那曲地区农牧民都能消费得起的，但是对于虫草产区的东三县和其他各县中较为富裕的家庭来讲，还是承担得起的。我们在那曲地区东中西部不同村庄的调研中，发现煤气的使用户数和数量在不断增长。由于煤气的灌装通常是在地区和县城进行，因此就会产生价格不菲、时间不少的运输成本。如果运输是一家一户来进行，那么这对于那些地处偏远、交通不便的农牧民来说是一种较大限制。

如果能实现煤气从县城到乡村的规模化运输和销售，那么农牧民对煤气的消费需求将会显著提高。我们在班戈县新吉乡4村的调研中就了解到，农牧民希望煤气罐运输能更方便些，能在乡上实现煤气交换（将无气的瓶子，与有气的瓶子交换，并支付差价）。

因此，实施煤气销售乡村化战略，借助既有商务部门的乡村销售网络，对其煤气销售交换进行补贴，推动煤气运输销售的规模化，推动煤气对牛粪的餐饮、取暖等功能的部分替代，缓解能源贫困。这也是与国内其他一些研究成果所显示的，推动煤气在农村的更高程度使用有益于薪柴能源替代的结论相通[1]。

五 可再生能源高效化战略

国内外经验表明，开发和利用农村可再生能源是推动农村生活能源消费升级的重要战略。那曲地区农牧区可再生能源丰富，尤其是太阳能和生物质能牛粪。但是从调研情况来看，目前农村地区太阳能和牛粪资源的利用存在着低效率的情况。

太阳灶在那曲地区推广多年，先后有阳光计划、科技之光、送电到乡、金太阳、薪柴能源替代等工程，但是调研村庄中使用太阳灶的数量极其有限。牛粪在那曲地区整体上不适合用作沼气。户用光伏发电设备在维护上也面临着人员不足的问题，出现一旦损坏就丢弃的现象。国外在对非洲加纳太阳能光伏发电能源进行研究后，指出光伏发电除了发电环节之

---

① 宗刚：《西藏农村传统生活能源替代研究》，中国藏学出版社，2013。

外，传输环节也对于缓解农村生活能源非常重要①。

因此，要使可再生能源在那曲地区得到更好的利用，为农牧民所接受，就有必要进一步提升可再生能源的效率，包括热转化效率更高、维护效率更高两个重要方面。重点建设太阳能房和培训太阳能光伏设备的维护人员。

六　能源项目示范引导战略

农牧民从本质上讲，属于风险规避类型的居多②。因此，对于农村能源的新技术、新应用具有"天生"的防范心理。由于交通不便、电视不通等因素制约，那曲中西部地区许多村庄的农牧民对于能源新技术和应用不甚了解。

因此，政府通过自己的资金或者引入外部资金，通过在农牧区建立能源项目、产生示范效应，从而引导农牧民生活能源消费偏好的改变和提升。从调研中了解到，班戈县新吉乡4村的能源项目就起到了较好的示范引导作用，通过向农牧民发放2瓶煤气罐，使村中一些较富裕的牧民产生了以后自己购买煤气的想法。巴青县雅安镇17村太阳房的修建在村中较多，也是受益于村中安居工程中对太阳房修建的补贴、示范和引导。

第四节　那曲牧民生活能源消费升级的保障机制

那曲地区生活能源消费升级目标的实现、战略的实施，都需要有恰当的保障机制，涉及政府与市场的职责分工、政策支持体制、人员组织等。

一　明晰政府市场分工

生活能源消费是农牧民的微观主体行为，是在其收入约束下，实现生活能源消费所带来的收益最大化行为。因此，市场机制在农牧民生活能源数量和结构选择过程中起着决定性作用。但是，这并不表示政府可以在农

---

①　George Y. Obeng. , "Solar photovoltaic electrification and rural energy – poverty in Ghana", *Energy for Sustainable Development*, 2008（1）.

②　弗兰克·艾利思：《农民经济学》，上海人民出版社，2006。

牧民生活能源领域放任不管。

首先，农村生活能源消费具有基本公共服务性质，或者普遍服务性质。生活能源会影响到生存发展，事关生存，甚至关乎人权。2011年，联合国秘书长潘基文在与挪威首相、环境大臣联合举行的记者招待会上说："当人们完全不能获得能源，你怎么能确保人权，怎么能奢谈人权？""向穷困人口提供可持续能源是改善发展中国家人权状况的一部分"。因此，政府在保障农牧民生活能源消费上具有重要职责，尤其是向贫困地区和贫困人口保障生活能源。

其次，农村生活能源消费具有环境外部性性质。生活能源的生产与消费都会带来生态环境影响，这些影响是由农牧民消费生活能源时所产生的负外部性影响。但是这些负外部性影响却并不会进入他们的能源消费决策，从而导致生活能源消费数量增多、环境影响大的生活能源品种比例增多等能源消费决策结果。

因此，出于以上两点考虑，政府有必要参与牧区农牧民生活能源消费升级的过程，并明晰政府与市场的分工。具体来讲，政府要在如下领域承担起相应的职责。

第一，向农牧民进行生活能源消费中的环境负外部性宣传与引导职责。那曲地区农牧民对牛粪具有非常高的依赖程度，而牛粪如果过度用于生活燃料，那么可能引发"燃料与肥料"的失衡和生态破坏；以及室内空气污染引发呼吸道疾病和眼科疾病。因此，针对那曲地区农牧民文化水平普遍较低的现实，通过印发生动形象的宣传册、通过对在校中小学生的生活能源消费的教育、通过向农牧民无偿发放或补贴发放节能灯和煤气等方式，引导他们生活能源消费偏好向清洁化、优质化转变。2013年，我们对拉萨市墨竹工卡县农牧民的一项调研发现，学校通过对在校小学生宣讲节能灯的好处后，许多小学生将此观念带回了家，从而提高了家中使用节能灯的数量。

第二，向农牧区的能源基础设施建设与运营提供资金。电力建设和现代能源销售体系建设都需要资金，如果完全按照市场经济原则，那么那曲地区人少地广又不发达的因素，必然会导致这些能源基础设施建设与运营出现亏损，这属于市场失灵的领域。而这些地区的发展对于民族团结和居民幸福具有重要的社会价值和环境价值，不能仅仅从经济角度和社会角度来考虑，而是要从全局角度来考虑[①]，因此，政府应为这些能源设施提供资金。

这些资金主要应当由中央政府提供，而以对口援助为辅，那曲地区根据自身财力情况配套。这些能源基础设施的建设可以由市场经济来完成，运营也可以采用市场经济来实施，但是资金来源应当由政府承担，能源价格管制所带来的企业亏损由政府补贴。

第三，在对农牧民进行宣传引导、发放相应资金的同时，加强生活能源消费领域的监督检查。在那曲地区东部一些区域，建立健全护林员制度，监督和防止大量树木被砍伐而用于生活能源；在那曲地区中西部一些区域，建立健全护草员制度，监督和防止荆棘和灌丛被大量采挖。

二 完善支持政策制度

那曲地区农牧民生活能源消费升级面临着许多困难和约束。一方面，如果没有政府支持，这些问题的解决在短期内无法实现，缓解能源贫困也无从谈起。另一方面，我们也要重视支持政策的效率，完善支持政策的相关制度。

首先，完善相关能源法规。针对那曲地区生活能源消费所具有的基本公共服务性质以及环境负外部性的存在，完善相关能源规则的重点就体现在两个方面：能源普遍服务领域的法规和能源生态环境保护领域的法规。对于能源生态环境保护领域的法规，要立足于促进生活能源消费升级对生态环境保护所能带来的促进作用，来建立对农村可再生能源发展的支持政策，实行将碳排放政策与生活能源政策结合起来[②]。

其次，完善资金保障制度。那曲地区牛粪替代和能源贫困的缓解过程，需要以经济作为引导，要求在不损害农牧民利益的前提下进行。国内外研究表明，只有这种确保农牧民微观主体收益不被损害的情况下，政府的中观与宏观政策才能被微观主体接受和实施。例如，缓解气候变迁的行动会导致能源贫困的加重，尤其是当碳排放的外部成本的内部化没有被充分补偿时，面临这种情况时，就需要综合考虑在缓解气候变化

---

① 赵会茹等：《电力普遍服务社会价值的综合评价》，《电网技术》2009 年第 13 期，第 99 ~ 105 页。

② 程胜：《中国农村能源消费及政策研究》，华中农业大学，2009。

和减轻能源贫困之间建立协同①，为其提供充足的资金保障，并提升能源效率标准。

对那曲地区没有接入电网的小水电、集中式太阳能发电项目，在资金保障上面，要求在项目论证时，不仅要考虑建设成本，更要考虑将来的维护成本，预留充足维护资金。

最后，提升资金效率制度。除了加强能源项目资金的行政监管，防止贪污懈怠之外，还应当加强两个方面的效率：一是运营管理效率，能源基础设施的资金由政府来提供，但这并不代表项目的建设与运营就必须由政府来管理，因此可以通过借鉴市场化运作方式来提高项目资金的效率。例如那曲地区可再生能源发电项目，可以选择4种模式：政府全部投入的基础设施建设模式；政府补贴、行政推广模式；政府引导下的市场化的推广模式；政府补贴、监管下的市场化运作模式②。二是解决项目重复建设。在那曲地区，能源项目除了中央政府来源之外，还有对口援藏的项目来源，因此如果协调不畅，就可能出现一个区域重复建设项目，而其他地区一个项目都没有的局面。我们在那曲县香茂乡就了解到，村里一些牧民家里有4条线：国家电网的线、集中式风光互补发电设备的线、自家小太阳能板的线、风能发电设备的线。

三　加强能源组织力量

那曲地区农牧民生活能源品种较多，涉及电力、煤气、柴油、汽油、太阳能、水能、牛粪、薪柴等，但是这些生活能源的供给却并不归属于同一个部门，而是涉及国家电网、中石油中石化、科技部门、农业部门、林业部门等。由此，就对农牧民生活能源生产与供应的组织过程提出了要求。

一是加强能源供给力量的建设。随着电网不断向那曲地区东、西两个方面延伸，要求投入更多的电力建设人员参与建设。随着户用光伏互补设备在无电网区域的发放，以及集中式光伏发电在乡镇上的建设，这需要更多的技术人员为建成后的设备维护服务，否则将面临如同沼气项目的困

---

① Diana Urge – Vorsatz n, Sergio Tirado Herrero, "Building synergies between climate change mitigation and energy poverty alleviation", *Energy Policy*, 2012 (49): 83～90.

② 罗国亮：《可再生能源与西藏农村居民用电》，《资源产业经济》2008年第2期，第19～21页。

境。而牛粪和太阳能如何更加高效地利用，则需要科技部门投入更多科技人员进行研发创新。

二是加强能源管理部门的协同。由于生活能源种类多，且分属不同部门，因此要求各相关部门能实现有效交流和高效协同。那曲地区发改委及其能源办，要根据中央和自治区能源规划，统筹农村能源项目的空间布局和时序安排，并及时与电力、农牧、水利、林业、科技和对口援藏省市进行交流、协调。

三是加强能源统计与监测工作的力量。那曲地区发改委及其能源办还需要与统计部门合作，加强农村生活能源统计工作，并与相关部门交流，及时传达那曲地区农牧民生活能源供给和消费领域中出现的新动态和新问题，构建能源贫困风险的实时动态监测体系。在那曲地区，农牧民占据70%以上，牛粪消费又占据生活能量的90%左右，这与国内发达地区商品能源消费较多是显著不同的；因此那曲地区对生活能源的统计工作就与国内其他发达地区要有所不同，不能只统计商品能源，还要对传统生活能源进行统计。而这些非商品能源统计工作，难度很大，因此必须加强能源统计力量和统计人才的培养。

第五节　小结

本章通过总结国内外农村生活能源消费升级的经验，提出了那曲地区生活能源消费升级的目标：在社会目标、环境目标和经济目标权重有别的约束下，实现社会目标、环境目标和经济目标三者的均衡与权衡；推进农牧区电网的建设与延伸，推进煤气（液化气）销售网络向县乡延伸，提高太阳能的应用范围和使用效率，提高牛粪用能器具的效率，加强对农牧民用能观念的引导和技术服务，逐步实现农牧民生活能源结构向清洁化、优质化和电气化转变，形成一条符合牧区实际的牛粪资源替代与互补共存的生活能源消费升级模式，消除能源贫困。为实现上述目标，需要采取定居模式差异化战略、农牧民收入增长战略、电力供给可靠性战略、煤气销售乡村化战略、可再生能源高效化战略、能源项目示范引导战略。与此同时，需要明晰政府与市场分工、完善支持政策和加强能源组织力量等保障机制。

参考文献

Ambuj D. Sagar, "Alleviating energy poverty for the world's poo", *Energy Policy*, 2005 (33): 1367 – 1372.

Anjali Bhide, Carlos Rodríguez Monroy, "Energy poverty: A special focus on energy poverty in India and renewable energy technologies", *Renewable and Sustainable Energy Reviews*, 2011 (15): 1057 – 1066.

Barbara Illsley, Tony Jackson, Bill Lynch, "Addressing Scottish rural fuel poverty through a regional industrial symbiosis strategy for the Scottish forest industries sector", *Geoforum*, 2007 (38): 21 – 32.

Belinda Spagnoletti, Terry O'Callaghan, "Let there be light: A multi-actor approach to alleviating energy poverty in Asia", *Energy Policy*, 2013 (63): 738 – 746.

Benjamin K. Sovacool, "What moves and works: Broadening the consideration of energy poverty", *Energy Policy*, 2012 (42): 715 – 719.

Chris Morris., "Fuel povertyandhumanhealth: Are view of recent evidence Christine Liddell", *Energy Policy*, 2010 (38): 2987 – 2997.

Diana Urge – Vorsatz n, SergioTiradoHerrero, "Building synergies between climate change mitigation and energy poverty alleviation", *Energy Policy*, 2012 (49): 83 – 90.

George Y. Obeng, "Solar photovoltaic electrification and rural energy-poverty in Ghana", *Energy for Sustainable Development*, 2008 (1): 43 – 54.

Gordon Walker, Rosie Day, "Fuel poverty as injustice: Integrating distribution, recognition and procedure in the struggle for affordable warmth",

Energy Policy, 2012 (49): 69 - 75.

Gordon Walker, "Decentralised systems and fuel poverty: Are there any links or risks?", *Energy Policy*, 2008 (36): 4514 - 4517.

IEA, Energy Povergy How to make modern energy access universal, 2010.

Liddell, ChrisMorris, S. J. P. McKenzie, "A Measuring and monitoring fuel poverty in the UK: National and regional perspectives Christine", Energy Policy , 2012 (49): 27 - 32.

Marcio Giannini Pereira, Marcos Aure lio Vasconcelos Freitas, Neilton Fidelisda Silva, "The challenge of energy poverty: Brazilian case study", *Energy Policy*, 2011 (39): 167 - 175.

Philippa Howden - Chapman, "Tackling cold housing and fuel poverty in New Zealand: Are view of policies, research, and health impacts", *Energy Policy*, 2012 (49): 134 - 142.

Ranjan Parajuli, "Access to energy in Mid/Far west region - Nepal from the perspective of energy poverty", *Renewable Energy*, 2011 (36): 2299 - 2304.

Richard Moore, "Definitions of fuel poverty: Implications for policy", *Energy Policy*, 2012 (49): 19 - 26.

Ryan Walker, "Area-based targeting of fuel poverty in Northern Ireland: An evidenced-based approach", *Applied Geography*, 2012 (34): 639 - 649.

R. H. Hosier, "Energy ladder in devloping nations", *Encyclopeia of Enrgy*, 2004 (2): 423 - 435.

Shonali Pachauri A. n. Daniel Spreng, "Measuring and monitoring", Energy-Poverty, *Energy Policy*, 2011 (39): 7497 - 7750.

Sovacool, "The political economy of energy poverty", *Energy for Sustainable Development*, 2012 (16): 272 - 282.

Stefan Buzar, *Energy Poverty in Eastern Europe - Hidden Geographies of Deprivation*, Ashgate, UK, 2007.

UNDP, *Energizing Poverty Reduction: A Review of the Energy - Poverty Nexus in Poverty Reduction Strategy Papers*, 2007.

UNDP，*How do rural energy services reduce poverty*，2005．

《可持续发展可再生能源北京宣言》，《农村可再生能源及生态环境动态》2005 年第 11 期。

藏超：《城市化对能源消费的影响机制研究》，2012。

陈英玉：《牧民流动与牧区城镇化道路》，《攀登》2006 年第 4 期。

程胜：《中国农村能源消费及政策研究》，华中农业大学，2009。

丁士军、陈传波：《贫困农户的能源使用及其对缓解贫困的影响》，《中国农村经济》2002 年第 12 期。

弗兰克·艾利思：《农民经济学》，上海人民出版社，2006。

高鸿业：《西方经济学（微观部分）》，中国人民大学出版社，2014。

高翔：《西藏农牧区民居室内空气污染及其对策研究》，复旦大学博士学位论文，2008。

高新才、王娟娟：《牧民定居工程的经济社会效应——基于玛曲县的调查分析》，《开发研究》2007 年第 5 期。

高永久、邓艾：《藏族游牧民定居与新牧区建设——甘南藏族自治州调查报告》，《民族研究》2007 年第 5 期。

格勒、安才旦：《藏北牧民》，中国藏学出版社，1993。

国际能源署：《世界能源展望 2004》，中国石化出版社，2004。

韩玉斌：《藏族牧民定居后的文化调适》，《西北民族大学学报》（哲学社会科学版）2012 年第 6 期。

贺卫光：《甘肃牧区牧民定居与草原生态保护》，《西北民族大学学报》（哲学社会科学版）2003 年第 5 期。

花晓波、阎建忠、刘祥：《定居牧民对草地退化的适应策略——以那曲县为例》，《山地学报》2013 年第 2 期。

黄平芳：《村落社区的旅游城镇化研究》，《江西农业大学》（社会科学版）2012 年第 4 期。

郎维伟、赵书彬：《藏北牧区定居点向村落变迁初探》，《西藏研究》2010 年第 6 期。

李红波、张小林城：《乡统筹背景的空间发展：村落衰退与重构》，《改革》2012 年第 1 期。

李君：《四川阿坝藏族牧区城镇化建设研究》，西南交通大学，2013。

李巍等：《游牧民定居视角下的村庄整合与发展战略研究——以甘南州合作市为例》，《现代城市研究》2013年第9期。

李为虎、达瓦：《西藏农村能源可持续发展面临的问题与对策》，《能源研究与信息》2008年第4期。

李艳梅：《中国城市化进程中的能源需求及保障研究》，北京交通大学，2004。

李中锋：《四川藏区牧民定居与彝区"三房"改造工程效应分析》，《天府新论》2013年第4期。

厉以宁：《牧区城镇化的新思路》，《北京大学学报》（哲学社会科学版）2012年第1期。

陆晨刚等：《西藏民居室内空气中多环芳烃及其对人体健康影响》，《复旦大学学报》（自然科学版）2006年第6期。

吕刚：《那曲地区实施安居工程效果评价》，四川农业大学，2012。

罗国亮：《国外能源贫困文献综述》，《华北电力大学学报》（社会科学版）2012年第4期。

罗国亮：《可再生能源与西藏农村居民用电》，《资源产业经济》2008年第2期。

罗国亮、王永华：《西藏农村电力普遍服务的现状和对策分析》，《中国藏学》2009年第2期。

骆江玲：《国内外城镇化模式及其启示》，《世界农业》2012年第6期。

闵文义、关春玉：《西部民族牧区城镇化与畜牧产业化互动模式研究》，《西北第二民族学院学报》（哲学社会科学版）2008年第2期。

彭定萍、贺卫光：《夏河游牧民定居社区适应性的现状研究——基于夏河牧区定居新村的实地调查》，《西北民族大学学报》（哲学社会科学版）2009年第1期。

邱大维：《能源规划与系统分析》，清华大学出版社，1995。

师守祥等：《牧区移民定居的动力机制、效益分析与政策建议：甘南藏族自治州个例分析》，《统计研究》2003年第3期。

石田宽、马广志：《日本的乡村聚落》，《人文地理》1989年第3期。

苏发祥、才贝：《论藏族牧民定居化模式及其特点——以甘肃省玛曲县、青海省果洛州为个案》，《中南民族大学学报》（人文社会科学）2012

年第 4 期。

佟新：《人口社会学》，北京大学出版社，2000。

托达罗、史密斯：《发展经济学》，机械工业出版社，2009。

托曼、崔延虎、崔乃然：《游牧、定居与牧区社会发展研究与思考》，《草食畜牧》1996 年第 S1 期。

王保安：《农村能源发展财税政策体系框架初步形成——财政部部长助理在由国家能源局、财政部、农业部联合召开的全国农村能源工作会议上的讲话》，《农业工程技术》（新能源产业）2011 年第 7 期。

王春英、杨丽雪、于潇：《牧民定居下的现代畜牧业发展现状调查——以红原县为例》，《西南民族大学学报》（自然科学版）2013 年第 5 期。

王娟娟：《甘南藏族自治州游牧人口定居的机制、模式和效应研究》，兰州大学博士学位论文，2009。

王娟娟：《基于推拉理论构建游牧人口定居的动力机制体系——以甘南牧区为例》，《经济经纬》2010 年第 2 期。

王岚等：《四川藏区牧民由定居转为安居的几个问题》，《西南民族大学学报》（人文社会科学版）2011 年第 11 期。

王庆一：《“穷人燃料”与能源贫困》，《能源评论》2012 年第 5 期。

王子敏、范从来：《城市化与能源消耗间关系实证研究》，《城市问题》2012 年第 8 期。

席建超：《旅游地乡村聚落演变与土地利用模式——野三坡旅游区三个旅游村落案例研究》，《地理学报》2014 年第 4 期。

徐君、冯倩：《牧民定居社区社会关系重构研究——以青海省玉树州曲县 H 社区为例》，《西藏民族学院学报》（哲学社会科学版）2013 年第 4 期。

袁晓玲、方莹、张宝山：《能源消费与城市化水平关系的动态计量分析——以关中城市群为例》，《城市发展研究》2011 年第 3 期。

泽柏：《川西北高寒牧区牧民定居的研究——专题报告之二》，《四川草原》1990 年第 1 期。

翟永平：《气候变化下消除能源贫困的二重奏》，《能源评论》2011 年第 1 期。

张建世：《从游牧到定居——藏北牧民生活的变迁》，《西藏民俗》1996年第2期。

张黎娜、夏海勇：《城市化进程中的能源消费差异研究——基于中国省际面板分析》，《学海》2013年第3期。

张力小、胡秋红、王长波：《中国农村能源消费的时空分布特征及其政策演变》，《农业工程学报》2011年第1期。

张涛：《甘南藏族自治州牧民定居模式与效应分析》，《甘肃社会科学》2003年第6期。

章辉：《青藏高原牧区城镇化实证研究》，西藏民族学院，2006。

赵会茹等：《电力普遍服务社会价值的综合评价》，《电网技术》2009年第13期。

赵爽、刘昌海：《新农村建设中能源贫困的制度困境与对策》，《华南农业大学学报》（社会科学版）2012年第2期。

朱成章：《可再生能源与农村能源贫困》，《节能与环境》2006年第10期。

朱成章：《能源贫困——开发可再生能源为建设社会主义新农村服务》，《能源政策研究》2006年第4期。

朱立志等：《中国农村能源消费问题研究》，中国农业科学技术出版社，2011。

朱四海：《中国农村能源政策：回顾与展望》，《农业经济问题》2007年第9期。

宗刚：《西藏农村传统生活能源替代研究》，中国藏学出版社，2013。

附录一　西藏半农半牧区农牧民生活
电力消费及保障调查研究[*]

摘　要： 报告以生态环境保护和民生改善作为背景，研究西藏半农半牧区农牧民生活电力消费的现状特征及其影响因素。数据来源于课题组2012年10月对半农半牧的林周县的春堆村16户农牧民的问卷调查。报告在阐明选择半农半牧区作为分析区域、选择电力作为分析能源品种的理由和现实意义基础上，进行了相关研究文献的综述，并通过对春堆村16户样本数据的分析，得到如下结论：

第一，西藏半农半牧区以其生态脆弱、能源延伸重要通道以及人口数量多等因素，值得其成为西藏生活电力消费研究的重点区域。

第二，春堆村的电力消费现状具有三个特征：一是人均电力消费量并没有随着家族富裕程度的提升而增长；二是虽然电力接入较早、电网停电时间较少，但是人均电力消费的规模水平相对于全国来讲并不高、传统生物质能仍占据炊事取暖主体；三是整体来讲，电力消费正处于传统基本能源服务向中等能源服务转变的阶段，在此阶段牛羊粪等传统生物质能源仍居主体，但是电力、液化气等现代能源消费增长较快。

第三，家庭人口的常住与否，电力消费中的人口规模经济，是使得人均电力消费量并没有随着家族富裕程度的提升而增长的重要原因。

第四，农牧交错带的区位，便利了春堆村到林周北部甚至当雄进行"秸秆牛粪交换"的实现，使得传统生物质能的可获取性极大提高，从而出现传统生物质能源占据炊事取暖能源主体，向现代高级能源服务阶段的

---

* 本报告是作者于2012年向中国藏学研究中心学术委员会提交的一个成果。

转变缓慢的现状。

第五，安居工程、外出打工和上学促进了电力和液化气等现代能源的使用，成为促进传统能源服务向现代能源服务阶段转变的积极因素。

第六，春堆村能源升级优化的方向应当以"能源升级—生态环境保护—民生改善"的良好循环为目标，以能源消费的优质化为首选、高效化次之的实现路径。同时，应当采取提高农牧民收入尤其是现金收入，提升电力相对于传统生物质能的优势，加快实施和监督与春堆村进行畜粪交易的牧区的草原生态补偿工作。

能源是人类赖以生存的基础，人类社会的发展离不开能源的使用，其中电力对人类的发展则更具有关键性作用。因此，2011年，联合国秘书长潘基文发起了"人人享有可持续能源"的倡议，提出全球在2030年实现三大目标：人人享有现代能源服务、能源效率在全球范围内提高一倍、全球可再生能源在能源结构中的比重翻番，并将2012年定为"人人享有可持续能源"国际年。[①]

在联合国力推人人享有可持续能源的国际背景下，在中央政府和西藏自治区政府力争2020年基本实现包括电力在内的公共服务均等化的国内背景下，构成西藏总人口70%的农牧民是否实现了"人人享有可持续能源"，是否"人人享有现代能源服务"，实现的程度如何，正是这些疑问引发了本文的关注。

一 研究问题的提出

生活能源作为民生之一，关系到农牧民的做饭、照明、取暖、文化生活等诸多方面。电力是诸多生活能源品种之中影响民生质量最为重要的能源，它不仅可以转化为其他多种能源，而且是现代生活的基础，否则无法享受电气化时代的家用电器、无法通过电视来了解世界。

另外，能源的生产、运输与消费环节都与生态环境密切相关，都会对生态环境产生重要的影响。例如传统薪柴能源的采集不当就会导致植被破坏、水土流失等生态问题；传统薪柴能源消费过程中如果通风措施不当，

---

① 《人人享有可持续能源》，http://www.un.org/zh/events/sustainableenergyforall/。

就会带来室内空气污染的环境问题。

因此，如果一个地区的能源需求得不到满足，就会陷入"能源贫困"（energy poverty）。能源贫困状态下，当地居民在炊事方面主要依靠传统生物质能，无法获取和使用得起电力，不能自主选择安全、可靠、高质量、保护环境的能源。[1] 甚至，陷入到"能源贫困—民生恶化—环境恶化"的恶性循环之中。

2008 年，西藏自治区政府发布了《西藏自治区薪柴替代能源发展规划》。规划指出，受高寒缺氧、能源匮乏、经济欠发达等因素的制约，西藏广大农牧民主要依靠牛（羊）粪、薪柴、草皮、树根和荆棘等作为生活燃料和取暖燃料。由此带来的负面影响，是大量的林木、植被、草场等遭到砍伐和破坏，森林、草场、耕地等基本生产要素循环发展能力日益降低。[2]

上述描述向人们展示了西藏似乎处于能源贫困的状态的情景，但这种描述是否对于西藏所有农牧民都恰当？这种描述在 4 年后的今天是否仍恰当？这些问题值得我们思考和分析。

对于第一个方面来讲，前面的描述对于西藏整体来讲是恰当的，例如 2010 年西藏与全国相比电力消费水平差得多，如图 1 所示：无论是人均装机容量，还是人均电力消费量和人均生活电力消费量，西藏都远落后于全国平均水平。但是，如果考虑到西藏在能源禀赋、人口密度、生物丰度等要素在七地市的分布不均衡的情况，那么我们可以相信各个地方所面临的能源贫困和电力贫困程度是不同的。例如水资源相对丰富的"一江三河流域"（雅鲁藏布江及其支流拉萨河、年楚河、尼洋河）电力资源不会这样缺乏、生物丰度也是更好。

就第二个方面来讲，2008 年以来，西藏在农牧区加大了能源尤其是电力投资，实施了两个重大工程：一是西藏电力公司 2008 年开始对其有业务关系或资产关系的 32 个县实施"户户通电工程"，核心是电网延伸；二是 2009 年开始针对无电网的区域实施"金太阳工程"，核心是太阳能光伏发电。

因此，我们认为有必要思考一下 2008 年至今的 4 年后，西藏农牧区能

---

[1] IEA，"Energy and poverty"，In：*World Energy Outlook 2002*，Paris：IEA，2002.

[2] 《西藏自治区薪柴替代能源发展规划》，http：//www.xizang.gov.cn/getCommonContent.do? contentId=358110。

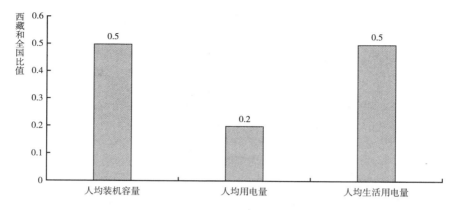

图1 西藏与全国相比的用电量比较（2010）

源贫困的状态是否得到改善？农牧民电力消费的情况如何？是什么因素决定了生活电力消费的特点？这些正是本次所级课题所要调查的内容，也构成了本次所级课题报告所提出来需要研究的问题。

调查清楚目前西藏各个类型地区农牧民生活能源，尤其是电力能源消费的现状和特征，对于西藏电力公共服务均等化的实现、对于西藏生态环境保护政策在能源领域的具体实施，具有支撑作用。

二 研究区域的选择及其基本情况

（一）农牧区类型的选择

正是鉴于西藏各个区域在能源禀赋和供给能力上的差异，笼统地讲西藏是否处于能源贫困或电力贫困状态并不恰当，因此需要确定一个研究区域来进行具体分析，得出适合和针对此类区域的结论和措施。

如果将西藏广大农牧区分成农业县、牧业县和半农半牧县三种类型区域的话，选择半农半牧区是恰当的。理由如下：

第一，半农半牧区通常也是生态脆弱区、人地关系紧张区。半农半牧区又称为农牧交错带，指农区和牧区的交错或过渡地区。半农半牧区由于自然、历史和人为因素的影响，在土地利用方面存在尖锐矛盾，主要表现在垦荒过度而导致沙化、天然草地面积缩小、生态环境脆弱。

第二，半农半牧区也是西藏能源建设，尤其是电力建设，从电力相对丰富的农业区向电力缺乏的牧业区进行电网延伸的重点地区。农业区通常会有丰富的水电资源，也是电力基础设施或电力通道的密集地区，如一江三河流域基本上是农业区；而牧业区则水电资源不足，因此电力基础设施电网延伸到牧区时，会经由半农半牧区。

第三，半农半牧区及其人口在西藏数量和比例不可忽视。根据《西藏统计年鉴》（2012）对西藏73个区市县的分类，其中半农半牧县的为24个、占全区的33%。西藏24个半农半牧县在空间上的分布，如图2所示。

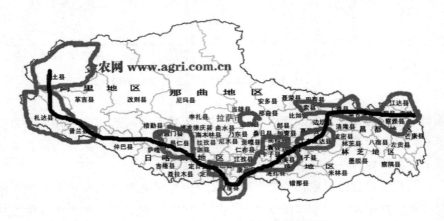

图2　西藏半农半牧区的空间分布示意图

（二）区县和村庄的选择

受调研资金和人力的约束，课题没有对所有24个半农半牧县进行调研，而是选择了林周县作为研究的案例区域，并选择了其下属的春堆村作为研究的案例村庄。选择林周和春堆村是基于如下因素的考虑：

第一，林周和春堆村是中国藏学研究中心社会经济所长期跟踪的点。课题组对林周和春堆村的历史变化有感性认识，对发展变化比较了解；同时与村干部和固定农牧民建立了良好的关系。这些因素有利于提高调研的效率和效果。

第二，由于本报告在分析空间过渡时，是从农业区向牧业区；因此选择林周县作为分析县，与此逻辑保持一致。同样春堆村也是从农区向牧区过渡的起点，如图3所示。

（三）春堆村的基本情况

交通情况：春堆村位于林周县西北部，距离林周县城40公里、距离拉

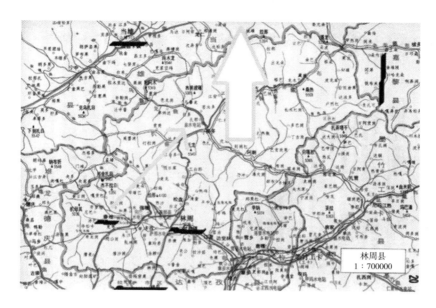

图3 林周县及春堆村的空间位置

萨市约100公里，目前已通油路和水泥路。能源设施情况：2003年春堆村接通藏中电网。

人口情况：春堆村是一个比较大的行政村，下辖16个自然村、总户数为365户、总人口为2234人（2011年统计）。农牧业情况：春堆虽然划为半农半物，但是仍以农业为主，牧业也占据重要地位。2011年，行政村共有牲畜12867头、耕地面积7186亩。收入情况：2011年，春堆村人均收入为6054.5元。

进一步通过将春堆村与西藏自治区比较，我们可以更加清晰得出春堆村的发展基本情况，如表1所示。

表1 林周县春堆村与西藏发展情况的比较

区域	人均收入（元/人）	人均耕地面积（亩/人）	人均牲畜数据（头/人）
春堆村	6054	3.2	5.76
西藏全区	4904	1.45	9.33

表1表明，春堆村总体上发展水平高于西藏平均水平，人均收入水平远高于同期西藏，同时人均耕地资源也高于西藏平均水平，但是人均牲畜数据低于西藏平均水平。

三 相关文献综述

（一） 文献检索来源

中文文献检索源选择了学术期刊网（CNKI）、中国博士学位论文库、中国优秀硕士学位论文库。外文文献检索源选择了 Science Direct Online 数据库（全球最大科学文献出版商发行）、ProQuest 数据库（全球著名学位论文数据库）。

（二） 文献检索结果

文献检索词的选择，直接决定了所能检索到的文献情况。结合本课题以西藏半农半牧区农牧民生活电力消费作为研究对象，为获得更多的相关研究文献，避免检索太窄，本课题的文献检索范围适当放宽。对 2000 ~ 2011 年间的相关检索结果如表 2 所示。

表 2　文献检索范围及检索结果

数据来源	检索范围（篇名）	篇数
中国学术期刊网	西藏 + 半农半牧 + 电力	0
	半农半牧 + 电力	0
	半农半牧 + 能源	0
中国博士学位论文库	西藏 + 半农半牧 + 电力或能源	0
	半农半牧 + 电力	0
	半农半牧 + 能源	0
中国优秀硕士学位论文库	西藏 + 半农半牧 + 电力或能源	0
	半农半牧 + 电力	0
	半农半牧 + 能源	0
ScienceDirect Online	Tibet + energy/power/electricity	6
ProQuest	Tibet + energy/power/electricity	0

检索结果表明：目前国内外专门以西藏的电力和能源的文献较少，研究西藏半农半牧区的电力与能源资料就更少了，几乎处于空白状态。

因此，本报告放宽了检索条件，将检索范围扩展到农村电力消费和保障领域。通过对上述文献期刊源的再次检索，检索结果表明：国内外与农村电力保障相关的普遍服务研究较多，对西藏农村电力保障得也不少，但是对西藏电力生活电力消费进行实证性的调查研究却相对较少。既研究的主要观点如下。

第一，农村电力普遍服务的研究。赵会茹（2009）对电力普遍服务价值进行了分析，指出对电力普遍服务的效益评价不应该仅局限于经济效益评价，而应该站在全社会的角度衡量①。Keith Presnel（2001）针对电力普遍服务可以导致的不正当竞争行为，提出建立农村电力普遍服务基金是克服不正当竞争的较好措施②。

第二，农村生活电力消费的影响因素。Leach（1992）提出收入和价格是影响农村生活能源消费的主要经济因素③。Jiang 和 O'Neill（2004）指出收入增长和农村商品燃料可获得性是影响农村生活能源消费结构的两个重要因素④。王效华（2003）的研究表明我国人均生活能源消费与人均收入之间具有正相关关系⑤。陆慧、卢黎（2006）对农村居民收入和能源消费结构的关系进行了研究，研究结果显示，收入水平越高，那么农村居民更倾向于使用舒适卫生优质能源⑥。

第三，西藏农村电力消费及普遍服务提供研究。罗国亮、王永华（2009）指出，西藏目前电力消费具有未覆盖群体数量大、分布广、用不起电的消费特点。对此，电力普遍服务应当有两个基本目标：第一是用得上电，第二是用得起电。当前西藏农村电力普遍服务的主要目标应该定为前者；随着经济发展、当地用电条件的改善，再以第二个目标为主⑦。李

---

① 赵会茹：《电力普遍服务社会效益量化研究》，《工业技术经济》2009 年第 5 期，第 102 ~ 105 页。

② Keith Presnel，"Exporting Australiaps remote area power supply industry"，*Renewable Energy*，2001（3）：353 – 360.

③ Leach. the energy transition，*Energy Policy*，1992（2）：116 – 123

④ Leiwen Jiang and Brian C. O'Neill，"The energy transition in rural china"，*International Journal of Global Energy Issues*，2004（21）：2 – 26

⑤ 王效华、高树铭：《中国农村能源可持续发展：现状、挑战与对策》，《中国沼气》2003 年第 4 期，第 41 ~ 43 页。

⑥ 陆慧、卢黎：《农村收入水平对农村家庭能源消费结构影响的实证分析》，《财贸研究》2006 年第 3 期，第 28 ~ 34 页。

⑦ 罗国亮、王永华：《西藏农村电力普遍服务的现状及对策分析》，《中国藏学》2009 年第 2 期，第 97 ~ 101 页。

为虎（2008），指出西藏许多农村电力缺少，需要通过可再生能源来产生电力来进行补充①。

综上所述，既有文献在电力普遍服务的理论基础和影响因素上进行了较深入的分析，但是对西藏农村电力消费的研究仍较少，而且没有专门区分生活电力和生产电力。此外，这些研究是以整个西藏或农村为背景进行的区域研究，没有专门研究半农半牧地区。因此，这些既有研究在为我们提供借鉴的同时，也存在继续研究的空间，尤其是以西藏半农半牧地区为研究区域，以生活电力为研究能源对象，可以补充既有研究在这些领域的不足，从而具有理论上的研究价值。

四　数据来源及问卷设计

（一）数据来源

报告中所使用的数据，可以分成两类：一类是来源于政府部门正式出版的统计资料，包括《中国统计年鉴》《西藏统计年鉴》《中国能源统计年鉴》《农村住户调查年鉴》。此类数据主要是较为宏观的数据。另一类来源于本课题组对春堆村的调研问卷资料。我们对春堆村的调研时间是 2012 年 10 月，共调研了 16 户农牧民。春堆村的微观数据的采集则采用的是面对面的一问一答方式。调整过程中村干部同行，并做恰当解释和翻译工作。

（二）问卷设计

对春堆村 16 户农牧民的调查问卷设计，涉及他们的家庭情况、收入情况、农业耕地及农业产出情况、牧业产出情况、能源消费情况、家电情况、住房情况等。农牧民按照村干部的评价，依据家庭富裕程度共分成了五等，如表 3 所示。

表 3　调研的 16 户农牧民的构成

上等 A	中上等 B	中等 C	中下等 D	下等 E	合计
户数:2	2	5	4	3	16
比重:12.5%	12.5%	31.25%	25%	18.75%	100%

---

① 李为虎：《西藏可再生能源的利用与农村能源的可持续发展》，《中国能源》2008 年第 9 期，第 10～13 页。

为了以下分析便利，可以将 16 户按照富裕程度分别简记为：A1、A2、B1、B2、C1、C2、C3、C4、C5、D1、D2、D3、D4、E1、E2、E3。

五 春堆村农牧民生活电力消费的现状特征

（一）电力消费的生活用途

生活能源用途主要用于实现或者说是满足炊事、照明、家电、取暖、沐浴、交通等 6 类生活需要。理论上电力能借助于电器设备可以实现对上述 6 个功能的全部满足，但实际中则可能只用于某个功能或一些功能中。

表 4 16 户农牧民中电力的消费用途

	照明	家电	炊事	取暖	沐浴	交通
户数	16	16	16	0	0	0
比重	100%	100%	100%	0	0	0

16 户农牧民中，电力的主要消费用途有三个：首先是照明，这是最为基本的；第二是家用电器，主要是电视，少数涉及洗衣机和冰箱等；第三是炊事领域，主要是电饭煲，少数涉及电炉和电饼铛。

而在取暖、沐浴和交通等领域则没有一户使用电力。通常该村成年农牧民较少在村里洗澡，学生通常在学校洗澡，在外打工的则在城镇中洗澡。交通领域中，尽管近年来西藏农村每百户电动自行车拥有量不断提高，2010 年每百户中约有 1 户使用；但是在我们调研的 16 户中没有使用电动自行车的。

（二）电力消费的规模水平

16 户农牧民的电力消费规模水平，用人均生活用电量来表征，如图 4 所示。图 4 表明：调研问卷样本并没有呈现出人均用电量随富裕等级的提升而增长的显著规律或趋势。这种变化特点，表明调研样本群体对电的消费，除了受收入财产因素影响之外，还受到其他因素的显著影响。

农牧民的人均生活用电量的绝对量，及与西藏和全国的比较，如表 5 所示。

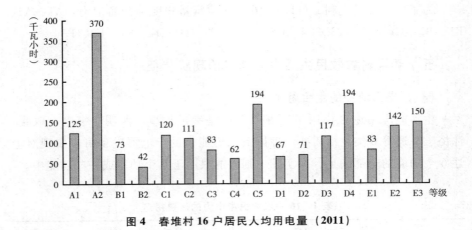

图4 春堆村 16 户居民人均用电量（2011）

表5 16 户农牧民生活用电量绝对水平与全国比较

单位：千瓦小时

	最大值	最小值	平均数	全国农村
户数	370	42	113	316

通过比较可以发现，16 户农牧民人均生活用电量不仅存在最大值与最小值之间的显著差距，前者是后者的近 9 倍；而且平均水平相对于全国农村地区来讲也显著较低，只是全国的约 1/3。

（三）电力消费阶段的判断

1. 能源消费的梯级演进

电力是众多能源消费品种之一，但是它却表征着一个区域或一个家庭能源消费的层次和阶段。通常，一个家族在生活能源消费方面会经历一个由传统生物能源为主向电力消费为主的阶段演进，这个演进如同一个梯子[①]。因此，国内外学者用能源梯子（energy ladder）来描述这种演进变化趋势，如图 5 所示。电力能源并不是直接替代生物质能，从传统和基本的能源服务向现代和高级的能源服务转变也不是一步到位。能源梯子

---

① Sovacool，"The political economy of energy poverty"，*Energy for Sustainable Development*，16
（2012）272 – 282.

的演进路径主要由能源可得性、能源是否被购买得起、消费习惯等三个主因影响。现实生活中，存在即使家庭有钱购买得起某种能源，但是人们却仍持续使用传统生物质能，尤其是当传统生物质能容易取得且近乎于免费时。

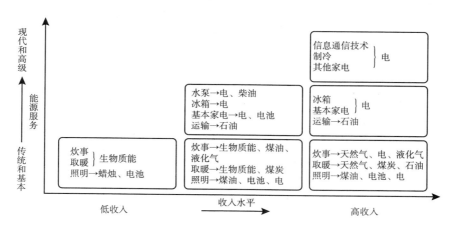

图 5　能源消费的梯级演进

低收入家庭偏好使用生物质能来做饭和取暖。随着收入增长，电力和现代能源开始用于照明、家用电器、水泵和通信，但是电力和现代能源的替代却并没出现在炊事和取暖领域。只有收入继续增加到一定程度，生物质能才会被完全替代。

2. 春堆村 16 户电力消费所处阶段

电力消费阶段的分析有三个关键指标：一是电力设施的接入情况，核心为是否有稳定的电力来源，例如国家电网比区域小水电的接入质量更高；二是电力的供电时间，或者说非停电时间，通常在欠发达情况下农牧区停电时间较长；三是电力在各个生活用能的使用情况。

第一，春堆村在电力接入和电力供给能力。春堆村所在的林周处于西藏最大的电网——藏中电网覆盖区域内，且附近就有较大的水电站旁波电站。因此，春堆村较早就接通了电网。2009 年，林周县为提供农村电网可靠性和电力传输效率，进行了农网改造，改造后春堆村在 2011 年基本较少停电，电价保持在 0.6 元每度（千瓦小时）的水平。

第二，春堆村电力在各个生活用能的采用程度。春堆村农牧民生活能

源主要品种有：电力、牛羊粪、薪柴、液化气、太阳能、汽油柴油。这些
能源在实现农牧民照明、炊事、取暖、家电、沐浴、交通上的主要用能排
序如表6所示。

表6　春堆村16户农牧民生活中用能排序

	照明	做饭	烧水	取暖	电视	冰箱/柜	摩托	沐浴
首选	电	电	牛羊粪	牛羊粪	电	电	汽油柴油	—
次选	—	牛羊粪	液化气	—	—	—	—	—
再选	—	液化气	太阳灶	—	—	—	—	—

照明用能情况，全部采用电力来照明。

做饭用能情况，做饭用能要根据所做食物来区别使用。做米饭全部采
用电饭煲来使用电力，做饼时部分采用电饼铛来使用电力，炒菜时部分采
用液化气、个别采用电炉，其他大部分时间是使用掺加了草和秸秆的牛羊
粪饼。

烧水用能情况，主要使用掺加了草和秸秆的牛羊粪饼，农忙时使用液
化气。

取暖用能情况，全部采用掺加了草和秸秆的牛羊粪饼。

家用电器例如电视、冰箱和冰柜则全部使用电力。

交通用能主要是在摩托车的使用，全部到林周或拉萨加油站加油。

沐浴用能则没有，学生通常在学校洗浴、在村里的成年人则较少进行
沐浴。没有一家有洗浴设施和用能设施。

太阳能的利用则相当少，16户民中没有一个有太阳能热水器，使用太
阳灶热水的也较少，只有5户。

第三，春堆村电力消费阶段的总体判断。春堆村电力供给方面的接入
已经实现、电力供给也得到保障；但是，在电力消费方面却处于能源服务
的传统基本阶段向中等阶段的转变过程当中，一方面生物质能仍占据炊事
取暖领域的主体地位；另一方面电力和液化气的使用户数和程度也在不断
提高，形成了重要的补充。

（四）电力消费的特征归纳

通过前面对电力消费的生活用途、规模水平和阶段判断的分析，我们

可以从 16 个抽样出归纳得出春堆村电力消费的如下特征：

第一，人均电力消费量并没有随着家族富裕程度的提升而增长。前面图 4 表明人均电力消费与富裕程度之间并不呈现同步增长趋势。

第二，虽然电力接入较早、电网停电时间较少，但是人均电力消费的规模水平相对于全国来讲并不高、传统生物质能仍占据炊事取暖主角。

第三，整体来讲，电力消费正处于传统能源服务向中等能源服务转变的阶段。此阶段，牛羊粪等传统生物质能仍居主体，但是电力、液化气等现代能源的增长较快。

六 春堆村农牧民生活电力消费的影响因素

（一）电力需求模型

能源经济学的需求函数理论表明，一个农户对电力需求函数包含多个因子，其能源需求函数，可表示为：

$$Q_{电力} = f(价格, 收入, 品质, 可得性, 人口, 替代能源情况)$$

能源电力需求函数的说明如下：

第一，能源是一种兼顾价格与品质的商品。能源燃烧过程中会产生环境污染、室内污染，以及单位体重体积的燃烧值也存在差异，因此各种能源之间存在品质上的差异。通常品质越高，同样燃烧值的能源的价格就会越高。

第二，能源的品质差异，导致一些商品是正常品，有些商品则是劣质商品。经济学中，将产品的消费数量会随着收入的增长而增加的商品称为正常品；反之，产品的消费数量随着收入的增长反而减少的商品称为劣质品。电力、煤气是典型的正常品能源，而秸秆则是典型的劣质品，薪柴和煤炭的正常与劣质品属性则存在阶段性变化。

第三，能源消费量与其价格通常成反比关系。因此，本处假定了所有类型的能源都不会是吉芬商品。

第四，能源消费还存在一个可得性问题。能源的可得性通常受当地能源资源的禀赋和能源的运输条件限制。例如秸秆在当地就能产出，可得性较强；而商品能源例如煤气需要管道或便利的交通与加气站，电力则更需要输电线路。所以，同样价格的能源例如煤气，在交通便利的 A 地区则可以被大量消费，而同样收入条件偏好条件但交通不便的 B 地区，则因无法得到此煤气而不消费此种优质能源。从经济学上讲，能源可得性，本质上是一个运输成本高得无法获取的问题。

第五，能源消费总量会随着人口总量的增长而增加。而且，同样数量的家庭人口，是否在家也相当重要，尤其是家中有外地上学的学生。

第六，能源消费量的其他因素则主要指其他类型能源的价格因素。

农村生活能源之间存在替代关系，例如薪柴和煤气都能用来做饭烧水，但是这种替代并不是完全替代，因为各种能源在满足生活的炊事、取暖、信息娱乐、照明等方面各具优势。因此，农村生活能源消费的结构比例关系，本质上是各种能源之间相互替代达到某种均衡的结果，并表征为能源消费结构。

（二）春堆村 16 户生活电力消费现状的影响因素

1. 家庭人口的常住与否，影响到了人均生活电力消费与收入不同步特征的出现

家庭人口中的所有成员虽然在户籍上存在，但是从常住在家的角度来讲，不同家庭却存在较大差异。一类是在校学生，包括大学生、高中生、初中生、小学生，在三包政策的支撑下，大学生、高中生和初中生基本上住在学校，较少回家；二类是外出打工人员，由于西藏乡镇企业缺乏和小城镇就业市场小，导致外出打工人员距离家的距离较远，再加上乡村交通道路较少油路化，因此外出打工人员也是较少回家。

这两类人员会使得以户籍人口统计的人均电力消费被低估。也使得人均电力消费受打工者在家时间长度不确定的影响。

2. 电力消费中的规模经济，影响到人均生活电力消费与收入不同步特征的出现

许多电器设施的使用存在人口的规模经济，例如用电饭煲做一个人吃的饭所用的电量不会比两个人饭量增加太多。如果我们将外出打工和上学的人员从家庭人口数中部分扣除之后（扣除系数是按照一年中在家 3 个月计算，即 9/12），我们重新得到调整后的常住人口数与人均用电量之间所呈现出的规模经济特点，如图 6 所示。

图 6 显示，随着家庭在家常住人口数量的增加，人均用电量总体上呈现出下降的趋势，出现用电的人口规模经济现象。

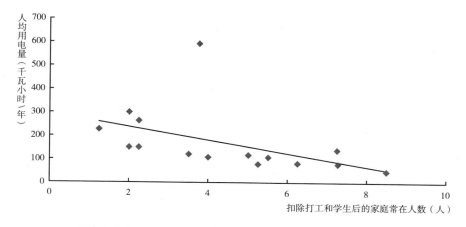

图6　考虑外出打工和上学后的电力使用中的人口规模经济

3. 农牧交错带的区位，便利了春堆村到林周北部甚至当雄进行"秸秆牛粪交换"的实现，使得传统生物质能的可获取性极大提高，从而出现传统生物质能占据炊事取暖能源主体，向现代高级能源服务阶段的转变较慢

春堆村虽然是偏农的半农半牧区，但是它距离较近的一个牧区只有10多公里，农作物秸秆和畜牧粪便运输较为容易。我们调研的16户中就有5户在2011年与牧区进行"秸秆牛粪交换"，有3户到牧区购买牛粪。

4. 安居工程、外出打工和学习促进了电力和液化气等现代能源的使用，使得传统能源服务向现代能源服务阶段转变的趋势出现

新房建设后，为了保护好新房的整洁，农牧民对能源的清洁品质的关注得到提升，从而引发中使用更多液化气来做饭，使用电饼铛来做饭。

外出打工不仅增加了收入，收入增长带来对高品质能源——电力的更多需求，而且外出打工人员和学生在经历了城镇生活之后，对电力的偏好增强，而且出现电力及其电器消费上"棘轮效应"，即他们回到家后，不习惯传统能源牛粪的继续使用。调研中发现2户家里有大学生和高中生的富裕家庭，购买了两个电视机，一个自己平时看，另一个孩子们回家看。1户虽然没有液化气，但是买了一个电炉，主要在拉萨打工的儿子买回来的，认为做饭时用起来方便。

七　春堆村农牧民生活电力消费的优化与保障

（一）既有能源消费模式的负面影响

春堆村目前仍处于传统生物质能源为炊事取暖能源主体的消费模式，对春堆村的生态环境和耕地产出能力产生了负面影响。

春堆村地处农牧交错带，而农牧交错带降水量有限，因此植被相对农区和牧区都较少，且难以恢复，容易沙化。我们在调研中发现，周边山下的草地植被较薄、风大时存在扬沙或扬尘现象。

春堆村以牛粪作为主要炊事取暖燃料，作为肥料返回草地的就少，出现"燃料—肥料"的冲突，使得草场退化。同时，牛羊缺少草料时，会到田间地里觅食，这样又会降低耕地的肥力，使生产受损。

与此同时，使用传统畜牧生物质能的负面影响还包括引发室内空气污染，损害人体健康[1]，尤其是当牛粪中加入杂草和秸秆之后，燃烧不充分，相对于牧区纯牛粪来讲更具危害。

由于春堆村与北部牧区存在较强的能源交易，使得与春堆交易的牧区可能面临"肥料输出—饲料输入"模式下，草场资源的退化。

（二）未来能源消费模式的优化方向

国内外对于能源消费的优化目标，已在生产角度产生了大量研究和取得了丰富的研究成果。这些研究成果将能源消费的目标称为"能源—环境—经济"3E系统的协调发展。对于居民的生活来讲，我们可以借鉴生产角度提出的3E协调发展理念和西藏协调发展的需求[2]，提出"能源—环境—民生"协调发展的目标。

能源是居民生活的基本投入资源，没有能源的充足保证农牧民的生存就会受到危险，没有优质能源的供给农牧民的生活品质就会受到影响；能源的使用过程中会带来室内污染和生态环境的破坏；而生态环境的破坏不仅直接影响到农牧民生存生活安全，而且还会通过影响生产系统来间接影响到农牧收入水平，导致民生下降，如图7所示。

---

① 顾庆平：《室内多环芳烃污染特征及其致癌风险》，复旦大学，2009。
② 金世洵：《西藏要坚持社会、生态和经济效益相协调的能源发展战略》，《宏观经济研究》2007年第9期，第20～26页。

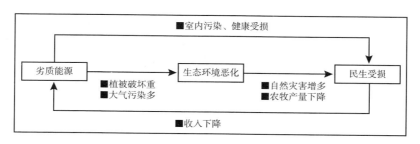

图 7　生活能源—环境—民生的恶性循环

　　为了打破上述恶性循环，通常的能源升级优化方向是三条：优质化、高效化和可再生化。优质化是指提升优质能源例如电力、煤气在总能源消费结构中的比重。可再生化指对生物质能进行转化处理。高效化指提升燃烧的燃烧值和燃烧充分程度称为燃烧的高效化，例如节能灶。

　　春堆村能源升级优化的方向：

　　优质化为首选、高效化次之，可再生化最后。理由有三点：第一，春堆村已较早接入藏中电网，且可靠性较强的有利因素，这为使用优质能源电力提供了有利条件；第二，春堆村地处半农半牧区生物资源和生物丰度不强的自然资源状态，太阳日照优势不显著、生态脆弱等因素，共同制约了沼气、可再生化的生物资源提供；第三，高效化不是针对能源品种，而重点针对能源的使用尤其是燃烧效率，针对能源设备，因此无论是哪种能源都需要推进高效化的能源利用。

（三）保障未来生活电力消费的措施

　　优质化方式能为实现经济—生态环境—民生改善良好循环的首选途径。如何促进春堆农牧民能源优质化、提升电力在能源消费中的比重，结合生活能源消费理论和春堆村的能源设施基础，提出未来保障农牧民生活电力消费的措施。

　　（1）提高农牧民收入，尤其是现金收入。提高农牧民收入水平，将扩大农牧民用于能源消费支出的收入总量，从而保证农牧民有钱买得起更多的优质能源，尤其是电力。

　　（2）改变电力相对于传统牛粪能源的相对价格。对优质能源进行补贴，降低电力价格。补贴的程度为实现传统生物质能当前能量提供值。补贴的资金筹集依据是西藏生态产业提供的生态公共品，提供来源是中央财政与各地市的生态补贴金，甚至世界性的生态补偿性，如碳交易①。

（3）推进与春堆村存在牛粪交易牧区的退牧还草和草原生态补偿工作。草原生态补偿机制的在西藏实施后，牧区牲畜数量将会有较大比例的下降，在此情况下，牧区可向春堆提供和交易的牛羊粪数量将下降，牛羊粪价格可能会提高，从而通过价格替代作用，引导春堆村农牧民选择更多电力消费。

上述分析、结论与建议是基于春堆村 16 户样本调研数据得出的，其是否代表了半农半牧区的基本情况，是否适合其他区域，需要以谨慎态度来进行参考。

---

① 于娟：《碳税循环政策在农村能源结构调整中的作用》，复旦大学，2007，第 28 页。

附录二　西藏农牧民生活能源消费及保障调研报告[*]

能源是人类赖以生存和发展的基础，随着人类进入现代社会，可持续发展成为主旋律。能源消费与保障作为上关生态环境保护、下关民生改善的"顶天立地"经济活动，已成为一个区域经济社会可持续发展不可或缺的重要内容。

一　调研背景和问题

（一）研究的背景

西藏自治区地处青藏高原，气温低，石化能源储量不足，再加上经济发展基础弱、能源基础设施不足等不利因素，导致西藏许多区域的农牧民陷入"能源贫困"状态，不仅不通电网人口比重多，而且农牧区人均生活电力消费量也处于全国落后水平。根据国际能源署 2002 年的研究报告，"能源贫困"被界定为电力缺乏和高度依赖传统生物质燃料。

能源贫困与通常说的贫困之间存在紧密联系。能源贫困是发展中国家贫困的重要标志，电力缺乏使大多数生产活动无法开展，相应地不会有就业机会。另外，能源消费支出的增加会带来潜在的健康损失和环境破坏，这些会加剧贫困、导致贫困局面长久难以改变。目前，世界上约有 14 亿人口处于能源贫困、中国也有近 4 亿人处于能源贫困。正因为如此，联合国秘书长潘基文在 2011 年联合国大会上，将 2012 年确定为"人人享有可持续能源国际年"，倡导发起"人人享有可持续能源倡议"，确保"全世界的

---

* 本报告是作者于 2013 年向西藏自治区政府办公厅提交的一个成果。

人口普遍享有现代能源服务"和"摆脱能源贫困"。

正是在这种国内外越来越重视农牧民生活能源的消费与保障,力求摆脱能源贫困的历史大背景下,本课题也希望对西藏农牧民生活能源消费和保障进行调研,了解目前西藏农牧民生活能源消费情况。

(二) 研究的问题

鉴于能源贫困的不利影响以及能源基本公共服务在国际上不断受到重视和改善,中央近年来也采取了多项积极措施来缓解能源贫困。中央第五次西藏工作座谈会,提出 2015 年基本公共服务要显著提高,到 2020 年基本公共服务要达到全国平均水平。国家在《能源发展"十二五"发展规划》明确将能源作为基本公共服务范围,并提出实施能源民生工程。

进入 21 世纪后,中央和西藏自治区政府也加大了对农牧区能源基本公共服务的资金投入和项目建设。其中重大的具有代表性的项目包括:2006 年大规模实施的沼气工程,2008 年正式实施的薪柴能源替代工程,2009 年正式实施的金太阳工程,以及 2011 年正式实施无电地区电力建设项目。

中央和自治区为这些能源项目投入了大量资金,这点可以从上述四大项目建设的投资金额中就能得到体现。2006 年实施的沼气工程投资约 8 亿元;2008 年实施的薪柴能源替代工程投资约 58 亿元;2009 年实施的金太阳工程投资约 10 亿元;2011 年实施的无电地区电力建设工程投资约 95 亿元。

这些投入巨额资金的重大能源项目实施至今已经 2 ~ 7 年了,它们的实施效果如何?当前农牧民生活能源消费和保障中存在哪些问题?出现了哪些新的重要趋势?今后采取哪些措施促进农牧民生活能源消费的结构优化升级和农牧区能源基本公共服务保障能力?这些问题就构成了本课题调研立项和研究的现实问题。

二 调研区域的选择

西藏自治区面积 120 多万平方公里,地广人稀,气候、植被和能源资源差别较大,农牧民的生活能源消费情况也各有不同。因此,课题调研组根据能源资源的自然禀赋差别,将西藏大体分成四类区域。

第一类区域:牧区。这类地区以牧业为主,通常气温较低,植被树木较少,而牛羊较多、牛羊粪也丰富。这类地区的典型区域是藏北那曲地区。

第二类区域：农区。这类地区以农业为主、兼存牧业，通常气温居中，牛羊数量有所减少，植被和农作物秸秆开始多起来。这类地区的典型是藏中地区，如山南与拉萨大部分地区。

第三类区域：林区。林区通常气温相对较多，雨水较多，植被丰富，森林资源多。这类地区的典型是林芝地区，低海拔地区如吉隆，河谷地带的山沟等。

第四类区域：城镇。城镇化是中国新一届政府的重点任务，再加上西藏目前城镇化水平不到30%，因此可以预期将来一段时期将是西藏城镇化水平快速提升的时期。在城镇化水平快速提升过程中，许多西藏农牧民进入城镇打工、经商和生活。他们虽然是农村户口，但是其生活能源消费数量和结构却发生了显著变化。因此，为了对比进城居住的农牧民，与仍住在农村的农牧民生活能源消费的差异与变化，本课题将城镇作为课题调研的第四类区域。

本着选择典型代表、样本容量丰富的原则，我们课题组在2012年年底和2013年，共选择了16个村庄和社区。这16个村和社区分布于西藏自治区6个地市、12个区县。它们空间分布、名称和类型，如图1和表1所示。

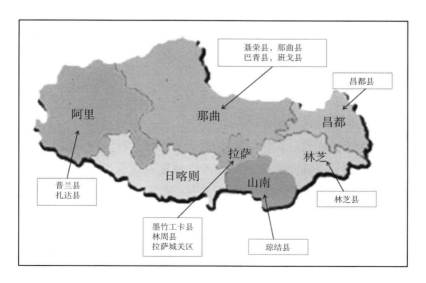

图1　调研区域的空间分布

表 1　调研区域名称和类型

区域类型	地市	县区	乡镇	村
牧区	那曲	聂荣县	色庆乡	帕玉村
		巴青县	雅安镇	11 村, 8 村
		那曲县	香茂乡	宗热格村
		班戈县	新吉乡	4 村
	阿里	普兰县	巴嘎乡	岗萨村
		扎达县	托林镇	不让村
	昌都	昌都县	妥坝乡	7 村
农区	拉萨	墨竹工卡县	门巴乡	达珠村
	山南	琼结县	拉玉乡	日玛岗村
			加麻乡	特日村
	拉萨	墨竹工卡县	唐加乡	冲尼村
		林周县	春堆乡	春堆村
林区	林芝	林芝县	鲁朗镇	扎西林村
城镇	拉萨	墨竹工卡县	工卡镇	工卡村
		城关区	扎细街道	雄嘎社区

三　调研方式和问卷

为了确保获取第一手数据，本调研报告的数据来源除了政府统计数据、公报和文件资料外，还包括来自于对上述 12 个区县的 16 个村庄与社区的实地调研。

（一）调研方式

调研方式以面对面的访谈和问卷为主，并采用一对一的问答方式。当场问卷，当场收回问卷。访谈对象主要是农牧民、村干部、驻村干部。此外，还访谈了部分乡县政府的干部。调研过程中，为了增加代表性，调研组按照生活水准高低将农牧民分成好、中、差三种类型，并对每种类型随机访谈 4~6 户。

（二）问卷设计

依据调研问题是围绕西藏农牧民生活能源消费及其保障议题，分别针对农区、牧区、林区和城镇的能源消费与资源特点，将调研问卷的议题归结为四类。

第一类：农牧民的能源消费现状和问题。包括能源使用设施和能源消费数量。能源使用设施涉及家用电器、煤气灶、钢炉、简易炉等。能源消费则涉及电力、煤气、牛羊粪、薪柴、煤炭或蜂窝煤、沼气、太阳能、风能等。

第二类：农牧民能源消费的影响因素。包括收入因素、家庭人口因素、气候温度因素、能源运输因素、能源价格因素、能源资源当地禀赋因素。

第三类：当地能源基本公共服务提供能力。包括电力接通时间、电力可靠性或停电情况、煤气销售网点分布、沼气维护技术与人力、节能引导投入与政策等。

第四类：农牧民对将来生活能源消费的希望。通过一对一访谈，让农牧民表露出今后对生活能源消费的希望，对政府在能源提供方面的要求。

（三）数据来源

调研报告的数据以微观农牧民调研问卷数据为主，同时采用宏观层面上政府部门统计数据和报告。具体来讲：

国家层面的统计数据：中国统计年鉴、中国能源统计年鉴、中国农村能源统计年鉴、国家"十二五"能源发展规划。西藏自治区的统计数据：西藏统计年鉴、政府能源发展规划、国民经济统计公报。乡镇统计数据：农牧民收入统计资料、农牧业生产统计资料。问卷数据：在16个村庄和社区，对220户农牧民和城镇居民生活能源消费与保障进行的问卷。

四　西藏农牧民生活能源消费中存在的问题与趋势

从西藏自治区农牧民生活能源消费的政府宏观统计数据和课题组入户访谈问卷数据来分析，目前西藏农牧民生活能源消费与保障中存在的主要问题和新趋势如下。

（一）西藏农牧民生活能源消费中存在的问题

1. 问题一：农牧民传统生活能源替代并不显著，距离规划目标仍有较大差距

2008年开始实施的《西藏自治区薪柴替代能源发展规划》，提出未来几年的目标：最大限度地减少城乡群众对木柴、牛粪、草根等传统薪柴能源的依赖，逐步实现全部依赖传统生物质能源向以利用可再生能源和新能

源为主的能源消耗结构转变。近期目标则是要求农牧民传统能源替代率达到50%。

2011年开始实施的《西藏"十二五"时期综合能源发展规划》（2011～2015）提出：优化农牧区用能结构，实施农牧区传统能源替代工程，薪柴畜粪等传统生物质能源的消费基本实现替代。

这些西藏自治区的能源规划都明确了要实施传统薪柴能源的替代，并且在替代程度上要在"十二五"时期基本实现，至少替代率达到50%。

今年是2013年，距离2008年开始实施的《西藏自治区薪柴替代能源发展规划》已经给5年了，距离2011年实施的《西藏"十二五"时期综合能源发展规划》已经快3年，"十二五"时期已过一半。因此，从时间控制点来讲，今年应当是西藏广大农牧区传统生活能源替代初见成效的年份、传统生活能源替代率应明显提高。

但是，根据我们对6个地市12个区县16个村庄社区的实地入户调研情况来看，广大农牧区传统生活能源替代的程度并不理想。目前基本上仍处于"靠山砍林、靠牛用粪、林粪结合"的传统能源消费结构状态，传统薪柴能源的替代率远低于50%。

调研的林区林芝县鲁朗镇扎西岗村、工布江达县的错高乡结巴村，村民日常做饭、烧水和取暖基本上用林木，偶尔使用煤气炒菜烧水，做米饭时则用电力。薪柴能源提供的生活用能热量约占全部生活用能的80%。

调研的牧区聂荣县色庆乡帕玉村、墨竹工卡县门巴乡达珠村、班戈县新吉乡4村、普兰县巴嘎乡岗萨村，村民日常做饭、烧水和取暖基本上为牛羊粪，偶尔使用煤气炒菜，做米饭时则用电力。牛羊粪能源提供的生活用能热量约占85%。

调研的农区墨竹工卡县唐加乡冲尼村、林周县春堆乡春堆村，村民日常做饭、烧水和取暖以牛羊粪为主，同时采集河谷地带的树木和荆棘用来炒菜，使用煤气炒菜比牧区林区更为普遍，做米饭时则用电力。牛羊粪能源和薪柴能源提供的生活用能热量约占70%。

调研的林区与牧区混合区域昌都县妥坝乡7村，村民日常做饭、烧水和取暖以林、粪结合的方式为主，其中又以林木居多，炒菜烧水以林为主，取暖热水以粪为主；偶尔使用煤气炒菜，做米饭时则用电力。薪柴和牛粪能源提供的生活用能热量约占85%。

调研的林区与农区混合区域琼结县拉玉乡日玛岗村、加麻乡特日村、扎达县托林镇不让村，村民日常做饭、烧水和取暖以林粪结合方式为主，薪柴和粪混合掺杂使用，其中又以牛粪居多；偶尔使用煤气炒菜，做米饭时则用电力。薪柴和牛粪能源提供的生活用能热量约占 80%。

因此，作为替代薪柴牛粪传统能源的电力、煤气、太阳能和沼气等现代能源只占生活能源消费总量的 15% ~ 30% 之间。电力主要是做中午一餐的米饭、电视、夏天时的冰箱和洗衣机。煤气则因其提供的火力大而被作为炒菜时用，在农忙时应急烧下水用。太阳能在林区很少被使用，既源于木材更好用，也源于太阳能在林区光照少，且容易发生火灾。太阳能热水器和太阳灶在藏中拉萨周边的农区使用较多，而广大牧区、林区使用较少。

图 2 ~ 图 5 是调研中了解的当前农牧民生活能源消费中对薪柴、牛粪的依赖场景。

图 2　林区工布达县一村民家的薪柴"长墙"

此外，生物质燃料项目进入实际推广阶段和市场化阶段，更是距离甚远。调研中发现，许多农牧民几乎没有听说过生物质燃料。林芝地区的生物质燃料项目也没有正式开始市场化运营。

2. 问题二：沼气实施效果差

2006 年开始，西藏自治区开始接受国家财政支持大力建设沼气项目，单口沼气的国家补贴力度也提高到 4000 元，建筑材料也更新升级到钢化结

图 3　林区林芝县一村民家的薪柴"堆"

图 4　牧区一牧民家的牛粪"堆"群

构。2008 年《西藏自治区薪柴替代能源发展规划》中计划用约 9 亿元建设沼气。

但是，根据我们对上述村庄中有沼气建设项目的村庄的调研，15 个村中建成沼气的共有 67 户。我们发现在这 67 户中，沼气项目的实际效果非常不理想，主要体现在以下三点：

一是，沼气池能产气的期限不长。67 户中，超过 2 年的用户为 8 户、

图5　农区墨竹工卡县一村民家的牛粪"墙"

只占约12%；超过1年的用户为32户、约占48%；超过半年的用户为55户、约占82%。甚至一些用户从3月份修好，到7月份仍没产过气的现象。

二是，沼气火力小。炒菜根本不行，只能勉强烧水、热菜。

三是，附着在其上的蔬菜大棚绝大部分在两年内就废弃掉。主要原因一是因为沼气不产气而废弃；二是因为上面的塑料风吹日晒而毁掉。

再加上沼气的维护与维修技术人员缺乏、到场处理时间滞后，使得多数沼气池被废弃、上面的蔬菜大棚成荒草地、家里的煤气灶成为其他餐具的放置点。

3. 问题三：小水电、小风电和柴油发电机可靠性差，虫草产区自供电力成本高、浪费多

调研中的巴青县雅安镇11村是一个虫草产区，但同时也远离能源电力传输线，2012年调研时仍没有通电。村里居民许多居民采集买卖虫草后，挣了钱，修建了新房大房，带动了家电的大量购买和使用。但是，由于村里没有通电网，他们就自购柴油发电机，我们在调研中发现，村里有11户有柴油发电机。这些农牧民每年花在发电上的经费就高达4000～5000元。柴油在高原缺乏氧气环境下，更容易不完全燃烧，产生大量含碳排放气体，对生态环境产生不利影响。

图 6　农区琼结县一村民家的沼气池（未能产气和种菜大棚）

注：沼气气压表为水平，表示无气。

图 7　农区墨竹工卡县一村民家的废弃沼气池

注：图中水泥地面是废弃沼气池的封口处。

　　此外，雅安镇 11 村有 5 户自己购买微型小水电，这种发电设施通常也在 3~5 年间就无法使用。微型小水电价格在 5000 元左右。即使是雅安镇政府所在地，也在我们调研期间，经常因为附近的小水电站因两个发电机组中的一个出现故障而停电。乡干部反映，这个小水电站近几年以来已维修多次了。

图8　虫草产区巴青县一牧民家的柴油发电机及熏黑的墙

图9　那曲巴青县小水电站（雅安电站已维修多次）

在那曲县香茂乡宗热格村，2010年投资建立的风光互补发电设备，在我们2012年10月调研时，已经损坏一台，发电能力只有原来一半了。

4. 问题四：城乡生活能源基本公共服务能力保障差距大

为了比较都是农牧民户籍身份的农牧民，因居住区域不同而产生的能源消费与基本公共服务保障能力差异，我们选择了拉萨市城关区雄嘎社区中的农牧民住户，以及墨竹工卡县县城所在地工卡镇中的农牧民住房。

经过访谈，我们发现这些居住在城镇的农户民，家庭人均用电量和

图10　那曲县宗热格村风光互补发电装置（2套中的1套已坏）

家庭电器化程度都远高于农村地区，电力消费是农村同等收入水平农牧民的1.5～2倍。导致这种情况的原因，除了在城镇收入水平高一些外，更主要的是电力和煤气对他们来讲，变得更可得，能源基本公共服务保障能力更强。不仅停电少，而且电力可靠性强；就连煤气因少了运输费用而更便宜些。

（二）西藏农牧民生活能源消费中值得推荐的经验和趋势

1. 经验一：节能灯的无偿发放和在校学生回家试用

调研中，我们发现上述多个村庄中节能灯得到了较好的推广。推广的方式中有两种较为有效：一是琼结县加麻乡特日村，由乡村政府补贴，无偿发放给农牧民。我们调研中发现，几乎在调研户中的客厅都使用上了节能灯。二是墨竹工卡县工卡村，由学校对在校学生进行节能教育，并同时给在校学生发放节能灯，让其带回家进行使用，从而带动整个家庭使用节能灯的观念变化。

2. 经验二：太阳房受到农牧民喜欢

调研中，我们发现无论是政府统一为农牧民修建的太阳房，还是农牧民自己修建的太阳房，农牧民都给了肯定性的认同。调研的村庄中，富裕户中有1/5修建了较大的太阳房。新建的房屋中，太阳房的数量也在增加，尤其是进城后的农牧民。

图 11 巴青县雅安镇一牧民家在 2012 年自建的太阳房

3. 趋势一：煤气的迅速被采用

煤气能够提供较强火力，对于炒菜非常适用；而且使用方便，适合在农牧民的农忙季节应急使用。再加上，近年来安居工程之后，为了保持室内空气质量，我们调研中发现，2006 年以来，煤气在广大农牧区得到了快速使用，尤其是 2008 年以后。

我们调研中的 6 县 16 个村庄社区中，几乎有 60% 的农牧民在使用或曾使用过煤气罐。即使是比较贫困的距离县城远达 160 公里的班戈县新吉乡，我们也发现那些政府曾经发放过煤气的牧民，尽管目前没再使用煤气，但他们表示，只要以后煤气运输如果更方便，他们还会重新使用。在比较富裕的虫草产区和调研村中的富裕家庭，煤气则已基本成为炒菜时的主要能源。

4. 趋势二：大电网达到的地方，家庭电器化率会迅速提高

电器安全与电力源稳定性和成本密切相关，国家大电网通常电费低且可靠性强。我们在调研中发现，排除农牧民的家庭收入因素之外，存在两个现象：

一是，有大电网通达的村庄，农牧民家里的电器数量会更多些，除了电视、冰箱之外，还会增加电烧水壶、电炒锅，甚至城市经常使用的电饼铛，如调研中的墨竹工卡县工卡镇工卡村；而有小水电的地方，农牧民家中的电器就会少些，除电视数量受影响较小外，冰箱和其他电器的拥有量

会更少些，如巴青县雅安镇 11 村；完全依赖户用光伏发电的农牧区，家中的电器就更少，经常限于电灯和电视。

二是，通国家大电网之后，同一村庄的农牧民，家庭购买电器数量会显著提升，或购买意愿会明显增强。我们 2012 年在班戈县接通青藏直流之前的调研发现，县上新开设了多家家用电器商店，在对农牧民的牧民调研时，许多农牧民表示出购买更多电器的打算。

图 12　农牧民家里的电饼铛

图 13　班戈县 2012 年赶在青藏直流开通前开设的电器商店

5. 趋势三：夏季牧场能源需求快速增长

传统上夏季牧场上放牧的牧民，生活燃料几乎全部取自于牛粪。但是，随着农牧民生活质量提高，以及在定居点电力和煤气使用习惯的形成，目前越来越多的牧民在夏季牧场放牧时，也增强了继续使用电力和煤气的愿意，并将之付出实际。

我们调研的牧区村庄中，有1/3的牧民在夏季牧场上，除了使用传统的牛羊粪外，开始使用煤气罐。只是这种煤气罐基本上是小瓶装的，灶也是单口的。有1/4的牧民在夏季牧场使用较大的户用太阳能（通常为两个1.5平方米的太阳能板），除了提供传统照明之外，还可以打酥油和看电视。只不过这种电视机通常尺寸较小不超过18寸。

图14　墨竹工卡县门巴乡牧民在夏季牧场上使用的煤气

另外一个新趋势就是，一些夏季牧场的居住场所，开始出现固定的趋势。一种固定的方式是建立一个单间单层的小房，砖结构，一个门没有窗，这种现象在我们对墨竹工卡县门巴乡牧区调研时发现。另一种固定方式是搭建临时活动板房，通常也是单间的，这种现象我们在拉萨纳木错乡时发现。我们在这两类房屋中发现，房屋中通常会带上煤气和电视，以提升夏季牧场上放牧的生活质量。

五　政策措施

根据调研中针对西藏农牧民生活能源消费和保障中出现的问题、出现

图 15　墨竹工卡县门巴乡一牧民在夏季牧场上的固定房子

图 16　当雄县纳木错乡牧民的活动板房与传统帐篷

的新趋势，提出如下政策措施。

（一）以能源供给为抓手，推进农牧区能源保障基本公共服务能力，促进农牧民能源消费结构升级

国内外居民生活能源消费的基本趋势会呈现出一个梯形渐进变化，经历一个由传统生物能源为主向电力消费为主的阶段演进，这个演进如同一个梯子，能源经济学中称为"能源阶梯"。能源梯子的演进变化主要由能源可得性、能源是否被购买得起（既能源价格）、居民消费习惯三个主因

所决定。

目前，西藏经过中央支持和西藏人民的努力，农牧民的收入已快速增长。而西藏则因石化能源缺乏，电力建设成本较高等原因，使得影响能源演进变化三个主因中的能源可得性因素，成为了当前影响农牧民生活能源消费结构升级的主因。

农牧区能源可得性属于供给范畴，与农牧区能源保障基本公共服务能力直接相关。我们在调研中了解到，农牧民对每度不到 0.5 元的电费并不觉得贵，关键在于能否将国家大电网拉到家门口来。这就是一个能源保障问题，能源基本公共服务能力建设问题。

综合来讲，当前阶段制约西藏农牧民生活能源消费结构升级的主因限制因素，不在于农牧民的收入和电价，而在于大的可靠的电网能否接入。只要突破这个因素，西藏农牧民生活能源将迈向一个更高的阶梯，快速提高家庭现代电器化率。

为此，可采取如下措施增进农牧民能源供给保障能力和能源投入资金的使用效率。

（二）确立农牧区生活能源供给形成"以国家大电网延伸和煤气销售系统县乡伸延为主，辅助以在林区适量使用薪柴、在牧区适量使用牛粪，在夏季牧场推广太阳能"的能源保障结构

电力消费在西藏农牧民随着收入水平提升和安居工程引发的电器购买高需求激发之下，会呈现不断增强。而要保障农牧民生活质量的提高，家电电器化率的提高是一个重要标准。

在可持续性、可靠性方面，水能和太阳能是西藏具有比较优势的电力源。因此，西藏形成大电网应当关注两个方面的建设：一是以大型水电和大型成规模的光伏电站为主。二是建设高效、长距离的输变线路，扩大西藏电网规模。将发展区域性小水电作为暂时性的电力保障措施。发展大型水电和大型光伏电站，相比小水电，更能与西藏将水电产业作为战略性支撑产业的经济发展目标相一致。建议：西藏自治区发改委和水利部门，将电力运输线路建设与维护的总费用，同小水电的建设与维护总费用，进行成本和可靠性比较。最终在建电网和建小水电两种方案之间比较和权衡。形成"大电站＋大电网延伸"模式，与"小水电＋小电网"模式的比较和权衡。

将煤气的销售系统推进到乡一级，甚至在偏远牧区到行政村一级。使煤气成为农牧区炒菜、农忙季节烧水的主要能源来源，成为夏季牧场牧民做饭的主要能源来源。建议：将煤气与商务系统的"万村千乡"工程的商店结合起来，对销售煤气的商店可进行运输补贴。

对于传统生活能源，并不能"一刀切"，要因地制宜。在森林资源丰富的林区，继续执行对农牧民林木限量采伐的同时，林业部门可以对林业资源进行保护性开发。建议：根据本地区森林资源更新情况，政府建立或与企业合作，建立生物质固体燃料企业，将过熟林和快死掉的林木加工成固体燃料，向能源资源匮乏的非林区进行销售。在采集、运输与生产过程中，政府对进行林木生物质燃料的企业可进行财政补贴。根据调研中了解到目前林芝生物质固体燃料项目仍没实现市场化的情况，建议采取措施、增加支持力度，促进其早日实现投产。

在牧区，发展固体生物质燃料存在收集成本高、单位体积生物质能提供的能量低等难题。在这类地区发展生物质能企业比林区存在更大的难度。建议：（1）对牛粪丰富地区，更多地采取市场诱导的方式，既让电力和煤气更具可得性、更便宜；又让电力和煤气等更具清洁性和便利率的现代能源，通过竞争方式替代传统能源牛粪。（2）但是，对于人均草场面积少、牛粪不足的地区，就可以借助村级行政机构，对牛粪的采集进行限定，防止过度采集而导致草场肥力下降。正如我们在那曲聂荣县帕玉村调研时，了解到村合作社派专人 3～5 人对村的牛粪进行收集，最后根据生活需要和各村民贡献，统一分配。

（三）降低沼气建设规模甚至停建沼气项目，将资金主要用在既有沼气的维修，甚至进行以"煤气替沼气"试点

调研中发现，无论是技术上论证为适合沼气的藏中地区，还是条件相对差一些的日喀则，既有沼气项目使用期限都非常短。另外，新建一个沼气的费用却不断上升，达到约 4000 元；而且修建过程中农牧民还要出工出力。但是建成之后，沼气不仅寿命短，而且产气量少，大棚蔬菜也随着沼气的废弃而荒废。

经过调研发现，造成既有沼气使用寿命短、产气量低的主要原因是缺乏维护和维修，尤其是缺少技术服务人员。许多农牧民向相关部门反映沼气坏了后，要等几个月才有人来维修，甚至就没有人来维修。于是，时间

图17　那曲聂荣县帕玉村合作社一专门负责拾牛粪的牧民

一久，家里的沼气也就废弃了。

　　建议：农牧部门和能源部门，暂停新建沼气也项目，将资金投入到既有沼气，尤其是近年来刚修建的钢化沼气池的维修上，增加农牧区沼气维护人员数量及其上门服务的补贴收入。

　　同时，进行"煤气替沼气"的试点。我们调研中了解到，农牧民喜欢使用煤气，并且这样算过一笔账：一个沼气池4000元，使用不超过2年；一户农牧民平均一年使用4罐煤气，每罐135元；这样一个沼气池的钱可以购买约30瓶煤气，够一个农牧户使用7.4年。远比沼气省钱，而且煤气使用起来更省事。尽管沼气相对于煤气来讲，除了经济效益外，还具有生态环境效益；但是对于理性的西藏农牧民来讲，没有经济效益为前提，讲究生态环境效益就不容易持久，相关政策就不容长期执行。所以，在调研中发现，许多农牧民见到沼气这样快就废弃了，只是感到惋惜，却没有感到痛惜。试点区域可以选择在被认为是技术可行性强的藏中地区，这样更容易比较出实际能源投入资金的效率。

后　记

本书是国家社会科学基金特别基金西藏项目（ZX1213）成果之一，同时也得到了《西藏经济产业结构布局研究》和《西藏跨越式发展背景下全面建设小康社会》课题的支持。在知道受西藏项目基金资助后，课题组于 2012 年和 2013 年两次到西藏自治区调研，先后对那曲地区的巴青县、班戈县、那曲县和聂荣县的 4 个村庄进行了问卷调查。通过这些调查，获取了那曲牧区经济发展、农牧民收入、能源资源以及农牧民生活能源消费的第一手资料。这些调研成果不断地被充实到课题申请时所确定的调研方案之中，最终形成了本书。

在写作过程中，遇到的一些理论上的困惑，一度使我的写作进度滞后，所幸西藏项目办的老师给了我更多时间来解决这些难题。因此，我非常感谢西藏项目办的老师，感谢他们的理解和宽容。

中国藏学研究中心的副总干事柳应华博士，对此课题的调研和写作给予了极大的帮助。社会经济研究所的旦增伦珠研究员、科研办的周炜研究员，都在课题申请和写作时，给了我很大的支持，并给予充足的时间让我完成课题工作。在此，我向他们表示诚挚的谢意！

此外，在西藏自治区调研期间，我的一些藏族朋友也为本书提供了大力帮助。他们为我联系访谈户甚至亲自带领我到农牧民家中，给我当翻译。没有他们的帮助和支持，我是无法完成课题调研工作的。在此，我向他们表示我真诚的谢意！

在藏区调研经常一去就是好几个月，出差期间家里的琐事只好让爱人一人承担，因此感谢她对我长期出差藏区的理解。

学无止境，藏学研究更是一个充满前景的研究领域，愿承"路漫漫其修远兮，吾将上下而求索"的精神继续前行，为建设美好西藏尽一点力。

2014 年 9 月，于北京

图书在版编目（CIP）数据

西藏那曲牧民定居后生活能源消费及其保障/杨涛著.
—北京：社会科学文献出版社，2015.8
（西藏历史与现状综合研究项目）
ISBN 978 - 7 - 5097 - 7492 - 2

Ⅰ.①西…　Ⅱ.①杨…　Ⅲ.①牧民 - 能源消费 - 研究 -
那曲地区　Ⅳ.①F426.2

中国版本图书馆 CIP 数据核字（2015）第 094597 号

·西藏历史与现状综合研究项目·

西藏那曲牧民定居后生活能源消费及其保障

著　　者/杨　涛

出 版 人/谢寿光
项目统筹/宋月华　周志静
责任编辑/周志静

出　　版/社会科学文献出版社·人文分社（010）59367215
　　　　　地址：北京市北三环中路甲 29 号院华龙大厦　邮编：100029
　　　　　网址：www.ssap.com.cn
发　　行/市场营销中心（010）59367081　59367090
　　　　　读者服务中心（010）59367028
印　　装/三河市尚艺印装有限公司

规　　格/开　本：787mm × 1092mm　1/16
　　　　　印　张：15.75　字　数：254 千字
版　　次/2015 年 8 月第 1 版　2015 年 8 月第 1 次印刷
书　　号/ISBN 978 - 7 - 5097 - 7492 - 2
定　　价/79.00 元